LE GOÛT DU ROI

Louis XV et Marie-Louise O'Murphy

CAMILLE PASCAL

LE GOÛT DU ROI

Louis XV et Marie-Louise O'Murphy

PERRIN
www.editions-perrin.fr

A Caroline

ISBN 2-262-01704-2

Prologue

De Marie-Louise O'Murphy, l'Histoire n'a retenu, ni le nom ni le visage, mais le *cul*. Un *cul* auquel Casanova, Boucher et Louis XV, trois fins connaisseurs, ont rendu tour à tour et chacun dans leur genre, un hommage émerveillé. Certes, le mot est inconvenant, il inaugure rarement un travail d'érudition et tranche abruptement avec la retenue habituelle du discours historique. Pourtant, il s'impose ici dans toute sa crudité car c'est par lui que tout commence. Le tableau est connu ; le cul de Mademoiselle O'Murphy, superbe et triomphant, aussi *indiscret* que les *Bijoux* de Diderot, s'épanouit sur les coussins voluptueux d'un canapé qui sans être *couleur de feu* n'en est pas moins incandescent. Lorsque François Boucher peint la jeune fille en 1752[1], il peint d'abord et avant tout une somptueuse paire de fesses qu'il place au centre de sa composition, alors que le regard du modèle se perd côté jardin. Le peintre des grâces laisse ainsi le spectateur, qui ne se trompe pas de sujet, contempler l'essentiel à loisir. Seul un orientalisme de pure courtoisie, inspiré des *Mille et Une Nuits*, offrait aux amateurs contemporains la distance indispensable à la déculpabilisation. Dans une version plus ancienne de la même pose, le peintre avait eu la bienséance de mettre en concurrence la chute de reins avec l'insistance d'une œillade. *L'Odalisque brune* préservait les convenances ; la femme se tournait vers le peintre, elle existait aussi par son regard[2]. Avec *L'Odalisque blonde,* monument de l'érotisme rocaille, François Boucher abandonne cet artifice et fait bien le portrait d'un *cul.* Les témoins du temps sont formels : c'est à lui, à ses courbes parfaites et — il faut bien le dire — à son exquise hospitalité que le jeune modèle, encore à ses débuts, devra son étonnante destinée.

Maîtresse royale éphémère, la petite Louison n'aura jamais les honneurs du Louvre et pas davantage ceux de l'Histoire. Elle ne sortira pas de la chronique scandaleuse du Parc aux Cerfs dont elle fut la première pensionnaire. La duchesse de Châteauroux, la marquise de Pompadour et la comtesse Du Barry sont tombées — si l'on peut dire — dans le domaine public. Les biographies qui leur ont été consacrées ne se comptent plus[3]. Ces trois femmes appartiennent à l'histoire du règne de Louis XV au même titre que la bataille de Fontenoy, la séance de la Flagellation ou l'expulsion des Jésuites. Si l'on excepte quelques allusions éparses et le chapitre que lui a réservé Jean Nicolle dans son étude généalogique sur la marquise de Pompadour[4], Marie-Louise O'Murphy n'a jamais fait l'objet d'un seul ouvrage. Elle n'a *point* eu *de lendemain.* Il faut dire que les maîtresses royales, petites ou grandes, sont un sujet bien déclassé. Si elles assurent encore aujourd'hui le fonds de roulement de vénérables maisons d'édition, elles ne sont pas dignes de l'intérêt de l'Histoire, telle qu'elle est forgée dans les séminaires, les écoles doctorales et autres centres de recherches qui fleurissent entre Sorbonne et Collège de France. L'historiographie française est comme l'Académie royale de peinture : d'un côté, le genre noble qui seul permet d'atteindre le sommet de la carrière et, de l'autre, les genres mineurs que l'on abandonne aux petites mains laborieuses et vénales. Sous l'Ancien Régime, un peintre qui présentait devant l'Académie un morceau de réception dont le sujet n'était pas tiré de la mythologie, de l'histoire sainte ou de Tacite n'avait aucune chance de devenir quelque chose, Coypel avait en tous lieux le pas sur

Chardin. Il en est de même aujourd'hui à l'
les sciences, même lorsqu'elles sont humaines,
les sujets trop incarnés. Etourderie d'éditeur
refoulé, l'histoire des maîtresses royales rest
chasse gardée de respectables chartistes, expertes dans l'art de la sublimation. Ce livre voudrait démontrer, au contraire, que la rigueur méthodologique élaborée par l'Ecole des Annales et ses différents héritiers permet de porter un nouveau regard sur l'histoire d'une *petite maîtresse* en révélant des mécanismes sociaux et des pratiques politiques dont l'étude reste à entreprendre. Faire, en un mot de la micro histoire en lieu et place de la petite histoire, ce qui rend, sur les hauteurs de la Montagne-Sainte-Geneviève un meilleur son. Pour cela, il aura fallu conduire une véritable enquête dans un maquis documentaire quasi inexploité, relire d'un œil neuf des mémorialistes embaumé par une érudition pudibonde, interroger les archives de police, extirper les secrets soigneusement enfouis dans les minutes notariales et même entreprendre une véritable archéologie versaillaise. En collectant les indices, en confrontant les témoignages, en dépouillant des archives dont l'austérité apparente rebute aujourd'hui la plupart de ceux qui prétendent écrire l'Histoire sans jamais la lire, il a été possible non seulement d'avancer des hypothèses mais de les étayer. Lentement s'est alors dessiné le portrait d'une femme insaisissable dont l'histoire était, dès l'origine, destinée à demeurer secrète, le portrait en creux d'une maîtresse royale mais aussi d'une époque, d'un système de cour et d'une économie libertine.

La vie de Marie-Louise O'Murphy n'est pas une simple suite d'anecdotes galantes comme en raffolaient les frères Goncourt, par ailleurs biographes inégalés, elle permet de décrire avec précision les liens étroits qui pouvaient exister entre la sexualité des Grands, — et du premier d'entre eux, le Roi de France —, le pouvoir d'influence et le fonctionnement de ces circuits financiers dont une brillante historiographie[5] a savamment démonté les rouages. Pas plus que la Pompadour ou la du Barry, la Morphise, puisque tel est le nom de guerre dont les courtisans l'avaient affublée, n'est le fruit du hasard ou du caprice. Cette très jeune fille arrive dans le lit du Roi portée par un véritable réseau de fournisseurs sexuels et d'intermédiaires prostitutionnels parfaitement identifiables et pourtant restés dans l'ombre. Ces entremetteurs appartiennent à des solidarités très structurées, celles-là mêmes qui entourent, soutiennent, surveillent et protègent la marquise de Pompadour, alors maîtresse toute-puissante mais frigide. La sexualité du Roi est un enjeu politique et financier d'une importance capitale pour les cabales et les partis de la Cour qui se disputent l'influence politique et la distribution des grâces. Une guerre sans merci se livre alors autour du corps sexuel du Roi. Guerre curiale dont dépendent, entre autres, portefeuilles ministériels, bâtons de maréchaux, promotions des ordres royaux et bénéfices ecclésiastiques. Faute de pouvoir en contrôler l'accès, les différents intérêts politiques désignés, un peu rapidement peut-être, sous le terme de *parti dévot,* utiliseront en vain, la culpabilité religieuse pour tenter de neutraliser la sensualité royale. Il n'est d'ailleurs pas interdit de voir dans cette guerre psychologique inaugurée en 1744 par les fameuses « scènes de Metz[6] », une explication des troubles sexuels que Louis XV rencontre à intervalle régulier.

La Morphise, comme tant d'autres, est l'un des éléments de cette machinerie complexe qui vise à transformer les pulsions sexuelles du monarque en instrument de pouvoir. Victime des pourparlers qui s'engagent en 1755 entre le « clan Pompadour » et le *parti dévot*, Marie-Louise devra brutalement rendre sa charge. Elle aurait pu disparaître, et de fait, elle disparaît du champ de vision des mémorialistes du règne, mais très vite reprend pied. Les réseaux financiers et familiaux qui l'ont conduite jusqu'au Roi ne l'abandonnent pas, ils continueront à l'utiliser comme elle continuera à s'en prévaloir. Louis XV lui-même ne renonce pas aussi facilement à sa petite maîtresse. La Morphise devenue comtesse de Beaufranchet d'Ayat puis de Flaghac finira même par mêler son sang à celui des Lenormant d'Etiolles. C'est dire la force des liens qui existent entre le « clan » et sa « créature ».

Avoir couché avec le Roi apparaît comme un avantage longtemps monnayable, même après la mort du Bien-Aimé et au-delà des bouleversements révolutionnaires. Parfum de scandale, puissance érotique de la faveur royale, sacralité du sang des Bourbons, apprentissage très précoce de l'intrigue, familiarité avec les pratiques financières de la Cour, maîtrise des circuits d'influence, autant d'éléments qui peuvent expliquer une brillante carrière mondaine et une étonnante fortune dont la formation et la composition n'ont rien à envier aux plus habiles financiers du temps. Marie-Louise O'Murphy est parvenue à séduire tour à tour plusieurs contrôleurs généraux des finances, le redoutable abbé Terray n'étant pas des moindres, et à obtenir d'eux qu'ils lui dévoilent les arcanes de ce système fisco-financier sans lequel il n'est pas de fortune possible sous l'Ancien Régime. Une formidable capacité d'adaptation et un charme certainement irrésistible, longtemps épargnés par les atteintes de l'âge, ne suffisent pas à expliquer un tel pouvoir au cœur même de ce Contrôle général des finances qui commande, alors, à tout l'appareil d'Etat. Les liens familiaux conditionnaient très puissamment la mobilité sociale dans la France d'Ancien Régime. Force est de constater que la pratique de la galanterie permettait de constituer, elle aussi, des solidarités d'une redoutable efficacité. *Putain par famille et par état*, selon l'expression mordante mais réaliste du marquis d'Argenson, Marie-Louise O'Murphy est un modèle de réussite sociale. La *jolie gueuse* qui offrait son beau fessier au pinceau de Boucher a très bien su parvenir, se maintenir et même traverser la crise révolutionnaire en gardant la tête sur les épaules et la majeure partie de ses biens. En 1814, alors que Louis XVIII, petit-fils de son royal amant retrouve le palais des Tuileries, Marie-Louise O'Murphy, comtesse de Flaghac, après avoir commencé sa vie comme *Margot la Ravaudeuse*, meurt en chaisière respectable. Ce sont les mécanismes sociaux, politiques, économiques et culturels de cette fulgurante ascension que cette étude veut décrire, comprendre et dévoiler.

PREMIÈRE PARTIE

UN MORCEAU DE ROI

1

« Putain par famille et par état »

L'inspecteur Meusnier et « les sœurs Morfi »

Le 19 août 1751, l'inspecteur Meusnier peut être satisfait, sa course dans un Paris étouffant n'a pas été vaine. Il est bon pour changer de chemise avant la nuit et faire dégraisser son chapeau, mais il a pu enfin éclaircir la véritable identité de la demoiselle Désirée. Celle dont les beautés s'épanouissent à l'Opéra, qui multiplie les protecteurs puissants, sans négliger néanmoins de faire quelques passes chez la Beaumont, « écossait des pois à la porte Saint-Antoine » un an plus tôt. Elle s'appelle en fait Clémence, on lui connaît même encore des parents. Voilà qui, à l'avenir, rendra la demoiselle plus coopérante avec monsieur l'inspecteur de la « discipline des mœurs ». Elle devra comme les autres venir au rapport et coucher avec lui à l'occasion. A moins, bien entendu, qu'elle ait pu mettre la main sur un protecteur suffisamment puissant pour intimider le Châtelet. « La Désirée » n'est pas la seule prise de la journée, les « mouches » placée par Meusnier dans tous les lieux de plaisir de la capitale viennent de lui signaler l'activité de trois sœurs jusque-là inconnues des rapports de police. En guettant leurs allées et venues, ou en les faisant suivre, il a pu non seulement les identifier mais, ce qui lui importe beaucoup, les situer dans Paris. La plus grande ville d'Europe, après Londres, compte alors près de

600 000 habitants, une part non négligeable de cette population n'est pas sédentaire et cette mobilité, le plus souvent forcée, est la hantise des pouvoirs publics. Ce qui est mouvant ne peut être contrôlé et ce qui ne peut pas être contrôlé représente un danger, une menace pour une société qui valorise alors l'immuable, le sédentaire, le permanent. Tout ce qui est suspect, et quoi de plus suspect que ces filles galantes, doit être fiché, identifié, localisé. Dès lors qu'elles vagabondent, sans feu ni lieu, la déportation vers le Mississippi n'étant plus de saison sous le règne de Louis XV, c'est l'enfermement à l'hôpital qui les guette.

Quelques années auparavant, en 1747, le lieutenant de police Nicolas-René Berryer a décidé, dans le cadre d'une vaste réforme de ses services de police, d'attacher un inspecteur à la surveillance des filles et des femmes galantes. Jean Meusnier sera le premier à exercer cette lourde charge. Rien ne semblait pourtant l'y destiner car avant d'entrer dans la police, Meusnier était « un commis de finance ». Il appartenait à cette bureaucratie modèle générée par les services de la Ferme générale. Rationnels, efficaces et bien rémunérés, ces fonctionnaires privés — ils travaillaient en vérité pour le compte des fermiers généraux —, accomplissaient une œuvre d'intérêt général universellement honnie : la collecte des impôts indirects. Employés aux vivres et commis aux Aides de 1734 à 1740, Meusnier est remarqué par le fermier général Savalette qui le charge de certaines missions délicates. Entré dans la police, il apporte au lieutenant général de police une connaissance très fine du milieu de la Ferme général et de ces « Messieurs des finances » qui sont, avec les nobles étrangers, les clients les plus recherchés des filles. Meusnier dont la femme elle-même donnait dans la galanterie — il la fera même enfermer au couvent de la Madeleine de La Flèche puis aux pénitentes d'Angers —, va déployer, peut-être pour cette raison, une activité et un talent hors du commun. Officier du Châtelet assermenté, cet inspecteur d'élite relevait de la seule autorité du lieutenant général. A ce titre, il pouvait mener toutes les investigations qu'il estimait nécessaires et procéder légalement aux arrestations « d'ordre du Roi ». Meusnier va employer ces pouvoirs aussi étendus que redoutables à infiltrer, surveiller et parfois même exploiter le milieu de la prostitution parisienne[1]. D'une certaine façon, son activité se situe à mi-chemin entre la « brigade mondaine » et les « renseignements généraux » car c'est bien la clientèle des filles qui est, en fait, le véritable objet de cette surveillance tatillonne. Princes du sang, le Roi lui-même, nous le verrons bientôt, ducs et pairs, prélats, maréchaux de France, nonce apostolique, moines et curés prébendés, ambassadeurs, fils de famille, fermiers généraux se retrouvent dans les mêmes bordels. L'Etat, lui, doit tout savoir, ce qu'ils y font, ce qu'ils y disent. L'inspecteur Meusnier a ainsi constitué un important réseau d'informateurs dans lequel filles galantes et maquerelles sont enrôlées de force. Son journal personnel auquel il livrait quotidiennement le fruit de ses enquêtes révèle ses méthodes de travail. L'inspecteur notait brièvement les informations rapportées par ses indicateurs, les fameuses « mouches », qui firent la célébrité de la police parisienne jusqu'à Fouché et dont les noms figurent parfois dans la marge pour indiquer la source du renseignement. Tirées de la pègre elle-même, ces mouches de bas étage transposent souvent dans leurs nouvelles fonctions des méthodes contestables, la délation, l'extorsion de fonds, la violence et le chantage sont monnaie courante. Ainsi, Geneviève Dion, dite *la Maréchale,* ancienne voleuse retournée par la police, est-elle chargée de surveiller vendeurs de libelles satiriques et prostituées pour le compte des inspecteurs. Un jour, elle propose à Geneviève Pommier, pauvre fille emprisonnée pour avoir gagné sa vie en vendant à la dérobée des textes interdits, une remise en liberté si elle accepte de devenir « l'esclave de ses plaisirs[2] ». Les Parisiens détestent ces informateurs sans scrupule sur lesquels ils n'hésitent pas à s'acharner lorsque l'émeute éclate. Cela étant, ces « mouches », aussi basses soient-elles, sont devenues les auxiliaires indispensables d'une police de renseignement moderne et efficace. Sans leur aide, Meusnier serait coupé de l'information. Les mentions « la faire suivre », « envoyer un agent chez la Montbrun[3] » ou encore « il faut que j'aille voir » émaillent quotidiennement les marges de son journal.

Les archives de ce « bureau de la partie des filles et femmes galantes » nous sont miraculeusement parvenues. Elles offrent un portrait bigarré et très largement pillé du Paris libertin au temps de Louis XV. A l'aide de cette main courante quotidienne, Meusnier constituait des dossiers individuels sur chaque fille et rédigeait des rapports très documentés destinés au lieutenant général de police. Ces rapports, beaucoup plus soignés dans leur syntaxe et leur présentation, sont de véritables exercices littéraires. Meusnier ne se contente pas d'informer, il veut plaire et divertir son lecteur. La rumeur ou la légende — c'est à peu près la même chose — veut que Louis XV se soit délecté de leur lecture. Le marquis de Sade parlera de ces rapports de police faits « pour réveiller l'engourdissement du souverain[4] », et les pamphlets révolutionnaires ne manqueront pas de broder sur ce thème du monarque voyeur. *La Bastille dévoilée* fait allusion à ces archives de police en accusant « nos graves lieutenants de police » d'avoir fait leur cour en cherchant « à charmer l'ennuyeuse oisiveté de Louis XV et la licencieuse curiosité de ses maîtresses[5] ». La suite montrera, au contraire, que le Roi n'était certainement pas destinataire de tous les rapports de Meusnier car il était, au même titre que ses sujets et sans doute à son insu, « fliqué » par son propre lieutenant général de police.

C'est ainsi qu'en ce mois d'août 1751, Meusnier trace un grand trait de plume et note, à la suite des quelques lignes consacrée à la Désirée, au bas de la même page : « Mlles Morfi sont trois sœurs. » Il livre ensuite le signalement relativement succinct de deux d'entre elles, « brune moyenne de taille » pour l'une, « peu marquée de petite vérole » pour l'autre. Cette particularité physique est bien évidemment un atout dans la carrière que la jeune femme semble vouloir embrasser mais n'est pas encore suffisante pour établir un véritable portrait. Rien pour la troisième. Soit les renseignements manquent, soit Meusnier n'est pas allé se rendre compte par lui-même. Il note ensuite leur adresse. Avec beaucoup de précision pour la première qui loge « rue des Deux-Portes-Saint-Sauveur, au premier, chez un ébéniste », à quelques pas du bordel de la célèbre Dhosmont, ce qui ne plaide pas pour sa vertu. La localisation s'avère plus imprécise pour la deuxième, dont il est simplement dit qu'elle vit rue Montorgueil. Voilà les sœurs Morfi dûment fichées. L'inspecteur Meusnier, lui, ne sait pas encore qu'il vient d'ouvrir le dossier le plus explosif de sa carrière. Les sœurs Morfi ne sont pas trois mais cinq, et la benjamine, la petite Marie-Louise, dite Louison, va prendre brusquement l'allure d'une affaire d'Etat.

Pendant de longs mois, pourtant, les cinq sœurs vont rester dans l'ombre. Filles entretenues, peut-être protégées, elles ne font pas suffisamment parler d'elles pour mériter de nouvelles mentions dans le journal de Meusnier. Or, le 8 mai 1753, celui-ci note une information inouïe et à laquelle il ne croit pas vraiment lui-même : « On prétend que la petite Morfi, la quatrième sœur et conséquemment la plus jeune » aurait été montrée au Roi, lui aurait plu et lui plairait encore. Quelques semaines plus tôt, la même rumeur était déjà parvenue aux oreilles du marquis d'Argenson. L'ancien ministre des Affaires étrangères disgracié pour sa mauvaise humeur et son incompétence, toujours à l'affût des nouvelles d'une cour à laquelle il ne pouvait que rarement paraître, écrivait dès le 1er avril dans son journal[6] que le Roi « a une maîtresse en règle », qu'« elle est de l'ordre des putains par famille et par état ». C'est la petite Morfi et « l'on prévoit qu'elle chassera bientôt la marquise ».

Cet aspect très politique des choses n'a pas non plus échappé à Meusnier qui note lui aussi qu'un bruit court, selon lequel la marquise de Pompadour pourrait être menacée. Le policier sait que Berryer, le lieutenant général de police auquel il doit lui-même sa carrière, est une créature de la marquise. Les liens entre la favorite et le lieutenant général sont même suffisamment étroits pour qu'un mariage entre le frère de la favorite et la fille de Berryer soit, un moment, très sérieusement envisagé.

Il va donc falloir, pour Meusnier, jouer de prudence car c'est toute la pyramide des protections qui peut, dans l'instant, s'effondrer sur la tête du malheureux inspecteur. Des filles qu'il faisait suivre et dont il connaît les pratiques, dans tous les sens du terme, peuvent-elles, comme hier les sœurs de Nesle, mais dans un tout autre genre, se succéder dans le lit du Roi ? Avec un sang-froid très professionnel, Meusnier note, à la suite de ces quelques lignes, les noms des indicateurs qu'il lui faut interroger pour vérifier les faits par lui-même, et tenter d'en savoir plus. La Baudoin, célèbre maquerelle parisienne, est du nombre. Cette « grande et grosse femme de bonne mine » mal mariée à un limonadier versaillais qui, après avoir bu son fonds de commerce, montre des ours sur le Pont-Neuf, tient un bordel qui attire une clientèle de « seigneurs » et même quelques princes de l'Eglise. La Baudoin qui « a de la conduite et connaît bien son Paris » aurait dépanné les sœurs Morfi dans la gêne en leur facilitant quelques passes bien payées. C'est donc chez elle que Meusnier se rend en priorité, le jour même. A son retour, il note dans son journal les premiers renseignements obtenus. La sœur aînée et la sœur cadette, dont les prénoms lui sont encore inconnus, ont fait, à partir de 1746, plusieurs campagnes en Flandre au cours desquelles elles auraient contribué au divertissement des officiers du maréchal de Saxe, en montant sur les planches d'une comédie itinérante et en se glissant parfois sous les tentes. Les sœurs Morfi avaient subi le même sort que l'ennemi : à peine arrivées sur le champ des opérations aussitôt prises. La première sœur aurait eu pour amant « le marquis d'Autichamp colonel d'infanterie qui a été tué ». Mort bien regrettable car, au dire de Meusnier, cet officier aurait sincèrement aimé sa maîtresse de campagne. Cette triste mésaventure n'a pas empêché les deux sœurs de continuer à suivre l'armée et de jouer la comédie avec une troupe de danseurs pendant le siège de Berg-op-Zoom puis à Gand et cela jusqu'à la fin de la guerre et la signature du traité d'Aix-la-Chapelle.

Peut-être que les deux sœurs Morfi ont, elles aussi, fait valoir leurs talents sur la scène du théâtre de Bruxelles dans *Les Nymphes de Diane*, opéra-comique représenté pour la première fois le 1er juin 1747 par les comédiens du maréchal de Saxe. Le chœur des Nymphes pouvait offrir à ces débutantes une occasion de montrer leurs gorges à défaut de faire entendre leurs voix[7]. Une chose est sûre, dès leur retour en France, Marguerite et Madeleine entrent à l'Opéra-Comique.

Ces quelques renseignements recueillis le 8 mai 1753 demandent encore à être vérifiés et précisés. C'est ce que laisse entendre Meusnier lorsqu'il écrit en fin de journée ; « celui qui peut me mettre au fait est Beneville ». Les jours suivants, l'inspecteur va mener son enquête, battre le pavé de Paris, traîner à l'Opéra-Comique, faire parler les filles, courir bordels et maisons de jeux, prier, menacer, payer pour obtenir de nouvelles informations. Les plus célèbres « femmes du monde[8] » de Paris vont être interrogées de sa voix rauque. Toutes celles qui ont fait appel à l'une ou l'autre des sœurs Morfi pour « faire des parties » chez elles vont devoir parler.

Le 12 mai, soit quatre jours seulement après la première mention du caprice royal pour la petite Louison, Meusnier est en mesure de consacrer trois pleines pages de son journal aux cinq sœurs. On compte dans l'ordre de primogéniture, Marguerite, Brigitte, Madeleine, Victoire et enfin

Marie-Louise, objet des rumeurs les plus folles. Ces quelques feuillets surchargés d'annotations, de ratures et de renvois, Meusnier les utilise ensuite pour rédiger une note récapitulative à l'intention du lieutenant général de police. Cette note, elle aussi conservée, a été très souvent citée par les quelques historiens de la vie secrète de Louis XV mais n'a jamais été directement comparée avec le journal de Meusnier. La confrontation des deux documents démontre clairement que l'inspecteur dissimulait parfois certaines informations et adaptait une réalité qui pouvait déplaire en haut lieu. Ainsi la situation financière de la famille est-elle systématiquement surévaluée. Les revenus du sieur Melon, le concubin de Marguerite, estimés à 1 200 livres dans les pages du journal se montent à 3 000 livres de rentes dans la note officielle. L'inspecteur de la police des mœurs est plus franc lorsqu'il est question de l'aspect physique des sœurs de la nouvelle maîtresse royale. Marguerite est décrite comme « une femme de vingt-six à vingt-sept ans, une grosse de bonne mine, le visage couperosé parce qu'elle boit, vilaines dents, brune, de taille avantageuse ». La seconde, Brigitte, « picotée de petite vérole, âgée de vingt-quatre à vingt-cinq ans », « n'est point jolie » dans le journal et « extrêmement laide » dans la version rédigée pour le lieutenant de police. La troisième, Magdelon, est « une grosse maman, de moyenne taille, âgée de vingt-deux ans picotée de petite vérole, brune ». Les choses s'améliorent avec les cadettes : Victoire, la quatrième, est « jolie, brune, le visage plein, un tant soit peu marquée de petite vérole, les yeux beaux et vifs, de moyenne taille, pas absolument bien faite, la jambe un peu forte, la gorge et la main jolie, âgée d'environ dix-neuf ans ». Enfin vient Louison, la benjamine, « bien faite, de taille à devenir grande, le visage fin, un peu long cependant, brune comme ses sœurs mais point marquée de la petite vérole, et du plus joli minois du monde. Elle a de la gorge et est très formée pour son âge ». Meusnier lui donne en effet quatorze ans. Dans son journal, il précisait qu'elle avait « de belles dents » et de « beaux yeux bleus », détails qui sont ensuite passés sous silence. Peut-être le policier craignait-il de prendre trop de liberté avec un sujet qui n'en était plus un pour Sa Majesté.

Malgré toute sa prudence et sa circonspection, Meusnier ne peut pas dissimuler au lieutenant de police Berryer la condition des demoiselles Morfi. L'enquête qu'il conduit méthodiquement depuis quatre jours n'a fait que confirmer ses premières informations. Marguerite l'aînée et Magdeleine sa cadette ont bien fait leurs campagnes en Flandre à la suite des armées françaises et c'est sur le terrain des opérations que Magdeleine, devenue Magdelon, a fait la connaissance de Corbin, un comédien avec lequel elle a vécu pendant toute la durée de la guerre. C'est ainsi qu'elle est connue depuis sous le nom de Madame Corbin, sans que cette liaison soit pour autant consacrée par l'Eglise. Cependant, Meusnier note que les deux sœurs n'en étaient pas à leurs débuts, car « avant de passer en Flandre », elles seraient souvent allées, en compagnie de leur troisième sœur Victoire, « faire des parties chez la Richardot, la Duval, la Baudoin, la Fleurance et autres femmes du monde ». Il faut entendre par là que les sœurs Morfi sont ou ont été « des filles à passades et à parties ». Sans être pensionnaires d'une maison close, ce qui sera la règle au siècle suivant[9], ces « demoiselles de journée » vivent à l'extérieur et viennent chez la mère maquerelle à la demande ou selon leurs propres besoins et disponibilités. Elles offrent leurs services sur place mais les clients peuvent aussi les faire conduire chez eux ou dans leurs « petites maisons » des faubourgs de Paris. Ces filles sont en fait des occasionnelles qui estiment insuffisants les appointements de leurs entreteneurs ou qui se trouvent dans l'obligation de faire la soudure entre deux amants. C'est ainsi que Victoire, abandonnée par l'homme qui l'entretenait depuis son adolescence, « se vit dans la nécessité de détailler et d'aller avec Marguerite et Magdelon, en partie bleue chez différentes femmes ». Par ailleurs, à une époque où de nouvelles habitudes de consommation très liées aux phénomènes de mode tendent à se généraliser à tous les niveaux de la société urbaine, la passade peut être un moyen de s'offrir le bonnet, les rubans ou les colifichets qui vous distingueront de la masse des petites bourgeoises parisiennes. La culture des apparences[10] a un prix et celui-ci peut facilement être acquitté avec le produit d'une prostitution épisodique dans la mesure où, contrairement à la rente d'un entreteneur, la passade se paie au comptant, « tant tenue tant payée ». De là une relative liberté dans l'exercice de cette prostitution d'un niveau assez relevé. Aucun contrat d'exclusivité ne lie les « demoiselles » avec les maquerelles, ce qui explique la diversité des noms de femmes du monde citées par le rapport de Meusnier et auxquelles les sœurs Morfi ont fait appel en période de vaches maigres. Les entremetteuses se plaignent souvent à l'inspecteur de cette concurrence entre leurs différentes maisons pour trouver et conserver les filles. Les sœurs Morfi se prostituent, c'est un fait, mais elles ne peuvent en aucun cas être assimilées à ces « putains plombeuses » ou « toupies à soldats » qui se livrent à l'abattage autour des casernes ou sur les bords de Seine et que Restif de La Bretonne désigne comme des « barboteuses » quant elles se donnent par terre à même la fange. Un monde donc entre les filles Morfi et les filles à soldats, mais des risques semblables néanmoins. Avant même de partir pour les Flandres, Magdelaine fut obligée « d'aller à Bicêtre pour s'y purifier la masse du sang ». Au retour de sa « campagne en Flandre », c'est une grossesse non désirée que doit affronter Magdelon. C'est l'autre danger auquel les filles publiques sont vite exposées lorsqu'elles ne maîtrisent pas avec suffisamment d'habileté les « funestes secrets ». Enfant dont la jeune femme prend soin. La même Magdelon, décidemment incorrigible, a mis ensuite au monde une petite fille qui n'a vécu que huit mois. Ainsi, filles galantes et prostituées du plus bas étage, même si elles appartiennent à des mondes totalement différents, se retrouvent confrontées aux mêmes malheurs : maladies vénériennes et grossesses intempestives.

C'est peut-être pour ces raisons que les demoiselles Morfi paraissent avoir abandonné la prostitution directe pour des situations moins exposées. Marguerite l'aînée vit, dès cette époque, retirée de la galanterie avec son ancien *greluchon*[11], un certain Melon. Ce dernier serait, selon les notes prises par Meusnier le 8 mai 1753, le « neveu d'un homme célèbre ». Quelques jours plus tard il est même qualifié, toujours par Meusnier, de « fils ou de neveu d'un Monsieur Melon, qui a, dit-on, été associé à l'Académie française ». Il s'agit en fait de Jean-François Melon, inspecteur général des fermes, cofondateur de l'Académie de Bordeaux, secrétaire de John Law et auteur, en 1738, d'un *Essai politique sur le commerce* qui marque une étape dans l'évolution de la pensée libérale en France[12]. Cette gloire familiale n'empêche pas Melon d'être depuis des années le maquereau des sœurs Morfi qu'il a « suivies pendant toutes les campagnes » de la guerre de Succession d'Autriche. Quoi qu'il en soit, Melon et sa compagne mènent désormais rue Comtesse-d'Artois, près la rue Montorgueil, une vie bourgeoise et passent « de ce temps » pour mari et femme. Ils prennent soin d'« un petit garçon de trois ans et demi, d'une jolie figure » qui « porte le nom de Melon » pour le voisinage mais qui « appartient à la demoiselle Victoire », la quatrième sœur. Melon, d'abord présenté par Meusnier comme un employé de la Ferme générale au traitement de 1 200 livres jouirait en fait de 3 000 livres de rentes, ce qui lui permettrait de donner « 6 livres par jour pour la dépense de la maison » mais, ajoute prudemment la note de Meusnier, son unique occupation se résume, semble-t-il à « jouer et tailler quelques fois au pharaon[13] ». C'est là une façon élégante de désigner la maison des faux époux Melon comme un tripot notoire. De la maison de jeux à la maison de passe, il n'y avait qu'un pas, vite franchi.

Les autres sœurs elles aussi se sont, peu à peu, rangées. Magdelon, la plus délurée, a « un jeune homme décoré de la croix de Saint-Louis qui lui fait quelque bien » mais Meusnier « n'a pu encore savoir son nom ».

Reste Victoire, la plus lancée des cinq sœurs, entrée à onze ans chez la Desportes, « et chose presque incroyable on assure qu'elle en sortit de même une année après » au point de faire sa première communion chez cette mère maquerelle bien connue des services de police. Elle trouve très tôt un protecteur. Le président de Saint-Lubin l'aurait, dit-on, placé en apprentissage. Comme Arnolphe, le vieux robin — il était président de la Chambre des comptes depuis 1724 — « payait sa pension et fournissait à son entretien jusqu'à ce qu'il pût vraisemblablement retirer les intérêts de son argent ». Mais, comme dans *L'Ecole des femmes*, « le sieur Desferrand petit-fils de Balon, fameux danseur, lui-même ingénieur de la Bastille, jouissant de 7 000 à 8 000 livres de rentes, le gagna de vitesse et la lui escamota ». On veut même qu'il en ait eu le pucelage, ajoute Meusnier, mais sur ce chapitre rien n'est tout à fait certain. D'autres, au contraire, prétendent que c'est Langlois, le marchand de tableaux chez lequel cette nouvelle Agnès faisait son apprentissage, qui l'aurait eu. « Elle seule pourrait éclaircir ce mystère », conclut, fataliste, le policier philosophe. Une chose est certaine, le petit chat est mort depuis longtemps. Force est de constater, d'ailleurs, que l'animal a une espérance de vie très courte dans cette étonnante famille. « Quoi qu'il en soit, le sieur Desferrand l'a mise dans de petits meubles et lui fit un enfant. » Il finit par se lasser et par l'abandonner. A la suite de cette mésaventure, Victoire entre à l'Opéra-Comique où elle se fait connaître sous le nom de Saint-Gratien. C'était parvenir au sommet de la hiérarchie galante car les actrices de l'Opéra bénéficiaient d'un statut privilégié qui les mettait à l'abri de la puissance paternelle. Protection essentielle aux yeux de riches amants, soucieux d'échapper à d'éventuelles poursuites. Certaines filles n'hésitaient pas à payer en deniers et en nature pour pouvoir ainsi monter sur les planches et faire carrière en toute sécurité. Cette situation très en vue va ainsi permettre à Victoire de faire plusieurs conquêtes. Deux conseillers au parlement, d'abord, qui, par mesure d'économie, se la partageront. Le comte Potocki, richissime Polonais venu brûler sa fortune à Paris, prendra la suite. Mais, écrit Meusnier, « celui qui la garda le plus longtemps et pour lequel elle marqua avoir le plus d'attachement, parce qu'il payait mieux que les autres fut Monsieur de Soissy, fils du receveur général des finances demeurant rue de Cléry ». Rien de mieux, en effet, pour une fille, que de s'attacher un financier. Les grands seigneurs oublient souvent de payer leur terme et vous font rosser par leurs laquais quant il leur plaît, ces Messieurs du parlement sont pingres, surtout lorsqu'ils vieillissent, mais la bourse d'un fermier général ne s'épuise jamais. Jusqu'au jour, bien sûr, où il part la vider chez une autre.

Seule Brigitte, le laideron de la famille, paraît échapper au monde de la galanterie, « son métier est de faire des perles fausses » mais « elle gagne davantage à servir de modèle chez différents peintres, particulièrement pour les mains, qu'elles ont toutes belles ». Apparemment sage, Brigitte est « toujours restée chez ses père et mère et n'a point eu d'aventures brillantes ni bruyantes ». Pourtant, avec un art consommé de la chute, Meusnier termine son rapport sur la jeune femme en précisant que « malgré sa laideur on assure qu'elle n'en est point à son début ». Brigitte ne pourra donc pas servir de caution morale à ses sœurs.

C'est dans ce contexte un peu particulier que sera élevée Marie-Louise, dite Louison, la benjamine, principal objet des investigations de Meusnier. La petite fille aurait grandi à l'ombre de ses sœurs. L'infatigable Meusnier a pu savoir qu'« elle allait dès sa plus tendre jeunesse, voir sa sœur Victoire chez Langlois, celle-ci engagea le président de Saint-Lubin, son bienfaiteur, de la mettre chez une lingère aux Halles. Il y consentit » mais « elle ne resta que trois à quatre mois dans cet endroit ». Ces informations sont vérifiées par le journal du marquis d'Argenson. Un mois et demi plus tôt, l'ancien ministre résumait la situation familiale de la façon suivante, « la nommée Morfi était revendeuse et tenait une petite boutique au Palais-Royal, il y a dix ans ; mère de quatre filles, elle a vendu leur pucelage l'un après l'autre, quand ils sont venus à maturité. L'aînée de ces sœurs se nomme Madame de Saint-Gratien, et est aujourd'hui entretenue par un conseiller ; les deux autres ont joué à l'Opéra-Comique sans autre talent que leur figure. La cadette qui est aujourd'hui sultane favorite, a travaillé chez une couturière[14]. » Malgré quelques imprécisions, rectifiées par les notes de Meusnier, postérieures de plusieurs semaines il est vrai au témoignage d'Argenson, les différentes versions concordent[15]. L'aventure royale se retrouve, aussi, mais avec moins de précision, dans le journal de l'avocat Barbier qui note au mois de mars 1753 : « On fait des contes à Paris, on dit que le Roi a trouvé dans son chemin, dans les jardins de Choisy, une jeune fille de quinze à seize ans extrêmement jolie, à laquelle il s'est amusé[16]. »

Telle est donc la belle-famille que le Roi vient de se donner de la main gauche. Ce n'est pas là, loin s'en faut, le meilleur monde mais bien ce demi-monde qui fournit des danseuses à l'Opéra, des figurantes à la Comédie, des modèles aux ateliers de l'Académie, des filles aux mères maquerelles. On y vit en ménage sans être tout à fait marié, on y fait des enfants sans père, ce n'est pas la misère car on « a des meubles », « du linge » et parfois « de la vaisselle d'argent », l'opulence peut même se présenter sous les traits d'un protecteur qui paye bien. Mais que la vérole survienne et c'est l'hôpital, les grands remèdes, la misère et la mort. Ce n'est plus le peuple mais c'est encore la *vie fragile*. Il y a là une sorte de petite bourgeoisie galante très proche dans ses modes de vie du monde de la boutique ou de l'atelier. Les deux univers ne manquent d'ailleurs pas de passerelles. Il est plus rare, en revanche, que tout ce petit monde s'invite à la cour de France.

Les « oies sauvages »...

L'enquête de Meusnier, pour précise et divertissante qu'elle soit, ne suffit pourtant pas à établir l'identité complète de la petite Morfi. Les origines et le passé lointain des sœurs Morfi échappent en effet totalement à l'inspecteur de police. Les renseignements les plus anciens les concernant remontent, au mieux, aux années 1747-1748, date des fameuses « campagnes en Flandre » pendant la guerre de Succession d'Autriche. De leurs parents on sait peu de choses et l'inspecteur ne dit jamais un mot des origines géographiques de la famille. Origines qui ne manquent pas, pourtant, d'intriguer les mémorialistes du temps. Les Morfi ne sont pas des Parisiens de souche, leur présence dans la capitale, pour voyante et turbulente qu'elle soit, est récente. Les cinq sœurs et leurs parents appartiennent à ces migrants de fraîche date attirés par le mirage parisien, ses plaisirs, son anonymat et ses multiples opportunités de s'enrichir. En fait, c'est à Rouen qu'il faut se rendre pour retrouver le berceau de la famille. Dans une étude déjà ancienne, René Rouault de la Vigne a établi une généalogie fiable[17]. La petite Morfi n'avait pas seulement quatre sœurs mais bien huit auxquelles il faut ajouter pas moins de trois frères. C'est ainsi qu'entre 1714 et 1737, douze actes de baptême ont pu être relevés dans les registres des paroisses Saint-Eloi et Saint-Sauveur, donnant à cette fratrie des dimensions considérables, même pour une époque et une ville à la démographie particulièrement féconde. Sur les cinq premiers enfants du couple, aucun ne survivra aux années de misère qui marquent la fin du long règne de Louis XIV et les premières années de la Régence. L'espérance de vie familiale s'améliore avec les années et le timide retour de la prospérité dans le royaume. Les registres paroissiaux livrent ensuite des prénoms connus, Marguerite-Louise, Marie-Brigitte, Marie-Magdeleine, Marie-Victoire, et enfin, Marie-Louise, la célèbre petite cadette, portée sur les fonts baptismaux de l'église Saint-Eloi par Louis-Jean-Baptise Gondoüin et Marie-Anne O'Brienne le 13 décembre 1737. Par ailleurs, deux fils paraissent avoir survécu, Jean-François, né le 4 octobre 1719, et Michel-Augustin, baptisé au mois d'avril 1730. Il n'en sera pourtant plus jamais question, même lorsque l'incroyable destin de leur petite sœur placera la famille dans une situation sociale à laquelle elle n'aurait jamais pu prétendre et qui verra toute la parentèle chercher à profiter de la faveur royale. Les Morfi, qui tirent leur origine de la lointaine Irlande, sont Normands depuis un demi-siècle tout au plus. C'est ce que confirment, là encore, les archives rouennaises alors que le marquis d'Argenson, mieux informé de ce point de vue que Meusnier, s'était déjà fait l'écho de cette origine irlandaise dès les débuts de Louison à Versailles. Preuve que la chose était connue ou tout au moins revendiquée par la jeune maîtresse royale.

Ainsi, la présence d'un Irlandais, un certain *Daniel Morfil,* grand-père paternel des petites Morfi, est-elle attestée à Pont-Audemer à l'extrême fin du XVIIe siècle. C'est là que meurt sa première femme, Marguerite Connar, Irlandaise comme lui. Soldat perdu de l'armée jacobite défaite à La Boygne par les armées de Guillaume d'Orange le 11 juillet 1690, il aura suivi en France Jacques II Stuart venu mettre ses derniers régiments catholiques au service de Louis XIV. Le parlement orangiste d'Irlande ayant condamné à mort par contumace tous les soldats restés fidèles au roi Jacques II après 1688, le retour au pays de ceux qui avaient gagné le sobriquet d'« oies sauvages » auprès de leurs anciens compatriotes était absolument exclu. Beaucoup de ces Irlandais firent souche en Normandie et se regroupèrent à Rouen autour des clochers de Saint-Maclou et de Saint-Eloi. Là, ils continuèrent à se marier entre eux, fidèles à leur foi et à la dynastie des Stuarts, éternels prétendants aux trois couronnes. Daniel Morfil, Morfi, Morfy ou Morphy selon les différentes orthographes retrouvées, s'installe ainsi à Rouen au mois de décembre 1699, rue Porchequin, pour épouser en deuxième noce sa voisine Brigitte Quoin, Irlandaise comme il se doit. Nous ne savons à peu près rien du grand-père Morfi, sinon qu'il a peut-être fait partie des soldats licenciés après la paix de Ryswick et troqué l'habit militaire pour le tablier du savetier. Un acte de la paroisse Saint-Eloi le qualifie de « maistre cordonnier » à l'occasion du mariage d'un certain Laurent Butler, son compatriote. Au mois de janvier 1714, le vieux Daniel Morfil marie son fils, lui aussi prénommé Daniel, avec une autre Irlandaise, la belle Marguerite Iquy. Quelques épaves documentaires éclairent d'un jour très particulier la vie du jeune couple qui donnera naissance à la petite Louison et à ses sœurs. Daniel O'Murphy, puisque tel est son véritable nom, et Marguerite O'Hicky, dite « l'Anglaise » dans certains milieux, ne semblent pas avoir eu des conduites tout à fait irréprochables. Le père a séjourné à la Bastille et la mère a reçu la flétrissure d'un séjour à la Salpêtrière.

Le milieu jacobite dans la France du XVIIIe siècle est assez mal connu. Cette diaspora anglaise éparpillée aux quatre coins de l'Europe catholique, protégée par Louis XIV et par Rome, pourchassée par les Orange-Nassau, a donné des soldats aux belligérants du moment, fourni quantité d'espions à toutes les diplomaties parallèles et donc autant de fripons. Déracinés, souvent déclassés, ballottés au gré des revirements d'alliances avec l'Angleterre, portés par le fol espoir d'une restauration des Stuarts, ces exilés formaient une population turbulente et gyrovague étroitement surveillée car politiquement sensible. La situation de ces exilés évoluera ainsi au rythme des oscillations de la diplomatie française et de la situation européenne.

Lorsque Jacques II Stuart trouve refuge en France, il est reçu en Roi par Louis XIV qui l'installe avec sa petite cour au château de Saint-Germain-en-Laye en lui allouant aussitôt 600 000 livres de rente annuelle. Louis XIV vivant, les Stuarts et leurs partisans garderont l'espoir d'un retour rapide en Angleterre mais, déjà, les négociations du traité d'Utrecht, qui devait mettre un terme à la guerre de Succession d'Espagne, achoppaient sur le sort de ces derniers. A la suite des différentes tentatives de Jacques III, fils de Jacques II, pour s'emparer de la couronne d'Ecosse en 1708 et en 1715, Londres considérait la présence du « prétendant » à Saint-Germain-en-Laye comme une provocation autant qu'une menace. La mort de Louis XIV sonne le glas des espérances pour la cour de Saint-Germain et les Stuarts vont devoir reprendre le chemin d'un exil qui les conduira jusqu'à Rome. La politique étrangère du Régent, servie par le cardinal Dubois, travaille à un grand renversement des alliances et Jacques III sera la victime toute désignée de ce rapprochement entre Paris et Londres. Dès 1716, il doit quitter Saint-Germain-en-Laye pour Avignon, possession pontificale, puis pour l'Italie. La dynastie déchue n'est plus désormais qu'un instrument encombrant de la diplomatie française. Rappelée et même encouragée dans leurs chimères dynastiques lorsque les relations avec l'Angleterre se détériorent, les Stuarts sont lâchés et exilés dès que des négociations s'engagent de nouveau entre les deux puissances.

Pendant toute la première partie du XVIIIe siècle, Saint-Germain-en-Laye reste néanmoins un foyer actif du jacobisme. Toute une population de réfugiés s'installe en ville, laquelle ne compte pas moins de deux à trois mille Anglais au début du siècle[18]. Le château, quant à lui, abrite la famille royale anglaise jusqu'en 1716 et les principales grandes familles britanniques restées fidèles à leur roi et à leur foi conserveront le droit de continuer à occuper le château-vieux après le départ du prétendant. Il faut imaginer une cour en exil, intrigante comme toutes les cours mais sans pouvoir et sans espoir, en proie à d'incessants problèmes financiers et elle-même assiégée par les plaintes lancinantes de tout un petit peuple jacobite de soldats réformés et de prêtres extatiques soucieux de toucher le salaire de leur inutile fidélité. L'indigence et le sentiment d'abandon dans lequel vivaient beaucoup de ces réfugiés et leur famille les conduisaient à vivre le plus souvent de charité, quelquefois d'expédients, parfois de trahisons.

C'est dans ce contexte troublé que le père des demoiselles Morfi apparaît au détour des archives de la Bastille[19]. Le 23 février 1735, par une journée glaciale, il est arrêté puis conduit à la Bastille « pour affaire d'Etat » sur ordre d'Hérault, lieutenant général de police. Arrestation confirmée par une apostille manuscrite du cardinal de Fleury. Pour que l'arrestation d'un personnage aussi mince ait été soumise en dernier ressort au tout-puissant ministre de Louis XV, c'est qu'elle dissimule un enjeu politique. Les portes de la Bastille vont alors se refermer sur l'Irlandais pour sept longs mois. Une note jointe à son dossier présente ce prisonnier d'Etat comme le « secrétaire de M. O'Brien ». Il s'agit là de Charles O'Brien, vicomte de Clare[20] et futur maréchal de France. Ce grand soldat servait la France avec zèle et loyauté mais n'oubliait pas les devoirs dus à son souverain légitime, le roi Jacques III, dont il défendait la cause avec dévouement. D'après les mêmes archives de police, O'Brien accuse son ancien secrétaire d'être un espion à la solde de l'Angleterre. Collaborateur indélicat, O'Murphy aurait ouvert les tiroirs de son maître « avec quelque fausse clef » et pris connaissance des papiers qu'il contenait au sujet de « toutes les négociations secrètes » qu'O'Brien « faisait en faveur du roi Jacques ». Riche de ses découvertes, O'Murphy aurait eut l'impudence d'écrire à ce Roi sans trône pour le faire chanter. L'Irlandais confiait alors très imprudemment « à un ami » que dans le cas où il ne recevrait pas une réponse favorable de ce monarque, « il pourrait passer la mer » et aller vendre ses informations à la cour d'Angleterre. Pour preuve de son forfait, au moment de son arrestation, O'Murphy était trouvé en possession d'une lettre d'O'Brien au duc d'Osmond, ministre du gouvernement en exil de Jacques III. La lettre ayant été décachetée, il ne pouvait y avoir de doute sur les intentions du secrétaire espion, ni sur l'étendue de ses informations. De là un grand embarras à Versailles car, quelques années plus tôt, en 1730, Chavigny, ambassadeur de France en Angleterre, avait travaillé à une éventuelle restauration des Stuarts[21] en étroite collaboration avec des membres de l'opposition au gouvernement Walpole. Il est fort probable que les papiers O'Brien pouvaient compromettre le gouvernement français et plusieurs responsables politiques anglais. Pour la première fois, et ce ne sera pas la dernière, le secret d'Etat va s'abattre sur la famille de Daniel O'Murphy. Sa femme et ses filles sont enfermées d'autorité à l'abbaye d'Arcis, à une lieue de Nogent-le-Rotrou où leur mari et père les rejoint dans leur exil à sa sortie de la Bastille. L'homme devait détenir des informations importantes car, dans un courrier au lieutenant général de police Hérault, lui aussi, joint, au dossier, O'Brien insiste sur la nécessité de le tenir à l'écart de la capitale, « où il n'a ni emploi ni affaire, et où il serait dangereux de le laisser, parce qu'il s'y trouve plusieurs personnes qui lui offriraient de l'argent de la part du gouvernement d'Angleterre, pour le faire parler sur ce qu'il peut avoir appris ». O'Brien, sibyllin, ajoute que de telles confidences « ne seraient nullement indifférentes par des raisons que j'ai eu l'honneur de dire à M. le Garde des Sceaux ». La demande d'éloignement est même appuyée directement par le « Prétendant » lui-même en exil à Rome. Lettre curieuse pourtant dans laquelle le représentant de Jacques III alterne menaces voilées et tentatives d'ouverture à destination de son ancien secrétaire. Il est d'abord question de « lui faire sentir qu'il s'y trouverait un grand inconvénient pour lui s'il parlait dans le public d'avoir été à la Bastille ». A la suite de quoi O'Brien ouvre un espace de négociation, O'Murphy, pour « sa subsistance, pourra en écrire à Rome, et s'il se conduit sagement, je suis bien persuadé qu'on ne lui en refusera pas, quand ce ne serait que pour l'empêcher de faire du mal, ce qu'il pourrait faire aisément si l'on ne prenait pas toutes ces précautions ». Cette proposition, qui revient à céder au chantage initial de l'espion, en dit long sur la capacité de nuisance du personnage et sur les craintes qu'il inspire. O'Brien a peut-être des raisons de se méfier et d'exiger l'exil de son ancien collaborateur au regard de certaines pièces contenues dans son dossier. Fatigué de son long exil à Nogent-le-Rotrou qui dure depuis bientôt un an, Daniel O'Murphy va alors adresser deux courriers au lieutenant général de police dont le ton et le contenu surprennent. Dans le premier, daté du 7 septembre 1736, il évoque son rappel et s'adresse à Hérault en homme de connaissance auquel il peut écrire : « Mille pardons de mes importunités. J'en reviens toujours aux bontés dont il vous a plu de m'honorer, qui semblent m'autoriser à m'adresser à vous avec confiance. » Ce ne sont pas là les mots d'un espion au service d'une puissance étrangère à l'autorité qui le retient en résidence surveillée et les bontés auxquelles il est fait allusion ne peuvent être qu'antérieures à l'arrestation. Dans un autre courrier, écrit quelques jours plus tard, Daniel O'Murphy se plaint ouvertement de la façon dont il a été traité, comme si sa fidélité au Roi de France ne faisait aucun doute, et fait même directement allusion à une prochaine rencontre avec son correspondant en terminant par cette formule : « J'omets mes réflexions sur la conduite que l'on tient à mon égard, dont j'espère avoir l'honneur de vous faire part en temps et lieu. » Ces différents courriers laissent clairement entendre que l'Irlandais connaissait Hérault avant son arrestation et qu'il entretenait avec lui des rapports de confiance. Daniel O'Murphy n'était pas un simple agent double trahissant la cause jacobite au profit de l'Angleterre mais bien un agent triple qui, dans le même temps, devait faire parvenir au lieutenant général de police des informations sur les faits et gestes de la petite cour de Saint-Germain-en-Laye. Ces contacts officieux expliquent tout à la fois la promptitude avec laquelle O'Murphy fut mis au secret après la plainte O'Brien et la relative clémence dont il fut ensuite l'objet dans la mesure où il est rappelé de son exil le 21 décembre 1736, avec permission d'aller où bon lui semble, excepté Paris. C'est à Rouen qu'il retourne alors avec ses filles et sa femme qui mettra au monde la petite Marie-Louise dix mois après avoir retrouvé son mari. La famille ne fera plus parler d'elle pendant près de quinze ans et s'installe définitivement à Paris dans cet intervalle.

Marie-Louise O'Murphy ne reniera jamais cette hérédité irlandaise, au contraire, elle tentera même de l'utiliser pour asseoir et légitimer sa stupéfiante trajectoire sociale. Des années plus tard, en 1773, alors qu'elle cherche à faire avancer la carrière militaire de son fils, Marie-Louise va agiter ses nombreuses relations et ressusciter devant notaire l'ancienne armée jacobite pour accréditer sa très noble ascendance irlandaise. Sollicités par l'ancienne maîtresse royale, les grands noms de la vieille Irlande catholique vont accepter de se déplacer chez maître Duclos du Fresnoy pour attester « bien connaître la maison des Ô Murphy ou Ô Murroughoue de Ballymollymore, pour être des anciennes familles nobles et militaires du royaume d'Irlande dans le comté de Wexford, et qu'elle a toujours joui des privilèges et prérogatives attachés à la qualité de gentilhomme dans ce pays où cette maison a fait des alliances illustres et qu'elle a perdu ses biens par la révolution arrivée dans le royaume de Grande-Bretagne ». Dès lors, ils « lui doivent la justice de déclarer [que son père] était de bonne maison, susceptible de toutes les décorations auxquelles tous les officiers irlandais peuvent aspirer en France ». Pour le reste, ces dignes descendants de l'aristocratie irlandaise se bornent à constater que la longue généalogie qui leur est présentée a été « expédiée dans la forme ordinaire des généalogies qui viennent du royaume d'Irlande » et se gardent bien de se prononcer sur son contenu. Certes, il ne fait aucun doute que les O'Murphy sont des jacobites irlandais mais leur statut social avant la « glorieuse révolution » de 1688 reste une énigme. Certains officiers nobles ayant servi Jacques II durent accepter de rentrer dans le rang comme simples soldats lors de leur exil en France et tel a été peut-être le cas des O'Murphy père et fils. Cela étant dit, l'obscurité de leurs alliances en France, la médiocrité de la situation du grand-père, cordonnier à Rouen, tout comme celle des différents homonymes qui ont pu être retrouvés, ne plaident pas en faveur d'une origine particulièrement relevée.

Pour l'heure, il n'était pas question d'entrer dans de telles considérations et encore moins de remuer de très anciens souvenirs. Marie-Louise était riche, généreuse et très protégée, un mot d'elle pouvait faire augmenter une pension ou obtenir une gratification. Il n'est pas impossible cependant qu'au moment de poser leur signature au bas de l'acte, l'un ou l'autre de ces vieux soldats ait eu du mal à réprimer un sourire en pensant à Marguerite O'Hicky, la mère de Marie-Louise, qui quarante ans plus tôt se vendait dans les jardins du château de Saint-Germain-en-Laye sans trop se soucier des glorieux ancêtres de son mari. Celui-ci fermait-il les yeux par nécessité ou bien supervisait-il les activités de sa femme ? Le marquis d'Argenson, lui, plaide pour le maquerellage conjugal lorsque le 7 mai 1753, il écrit à propos de Daniel O'Murphy, père de la nouvelle favorite : « Il a été soldat dans un régiment irlandais et on lui a refusé les Invalides, d'autres prétendent qu'il avait été officier dans un autre régiment et qu'il en était sorti pour quelques affaires, et l'on sait que la plupart des soldats ont quelque métier pour gagner plus que leur solde[22]... »

La prostitution de la mère de Marie-Louise ne fait pour sa part aucun doute. Marguerite O'Hicky épouse O'Murphy, a aussi laissé sa trace dans les papiers de la Bastille. Elle a été arrêtée le 10 mai 1729 en compagnie d'une certaine Anne Galtier et conduite à la prison de Fort-l'Evêque avant d'être enfermée à la Salpêtrière. Surnommée « l'Anglaise », alors âgée de vingt-neuf ans, elle est dite originaire de Saint-Germain-en-Laye ce qui laisse entendre que le couple n'habitait plus Rouen à cette époque. L'inspecteur de police qui les arrête déclare que « ces deux femmes prostituées vivaient en débauche avec un jeune homme de famille ». Le crime est assez répandu au lendemain de la Régence mais il y a plus grave car « l'on assure que c'est à la sollicitation de ces femmes débauchées que ce jeune homme avait fait à sa tante consanguine un vol considérable ». Le vol se monte à plus de douze mille livres, mais ces « prostituées raccrocheuses » n'ont pas eu le loisir d'en profiter, « la somme volée a été rendue à la tante » dépossédée et « les deux créatures » ont pris le chemin de l'hôpital. Le jeune fils, lui, a été rendu à sa famille et les archives n'indiquent pas à quelle date Marguerite a retrouvé la sienne. On le voit, les sœurs Morfi avaient de qui tenir. Elles appartiennent sans conteste à l'une de ces familles *prostitutionnelles* qui n'étaient pas rares dans le monde de la galanterie parisienne. La petite cadette atteindra, à Versailles, le sommet de la carrière.

La « jolie gueuse » de Casanova

Lorsqu'un aventurier vénitien, vivant du jeu et du charlatanisme, grand amateur de femmes et de spectacles arrive à Paris, il n'est pas étonnant qu'il soit assez rapidement adopté par ce petit monde interlope niché dans les rues chaudes de la capitale, au nord des Halles, entre le rue Montorgueil et la rue Saint-Denis, à quelques pas de la Comédie-Italienne. Casanova est à Paris au printemps 1750, il a suivi, depuis Milan, son vieil ami Antonio Balletti, célèbre *primo amoroso* du théâtre italien, pour venir profiter des « fêtes superbes[23] » prévues pour l'accouchement de la Dauphine. Il compte bien, à cette occasion, non seulement découvrir la France et parfaire son français, mais aussi tenter fortune et bonnes fortunes, ce qui chez lui, a souvent partie liée. Au cours de ce long séjour qui s'étend de juin 1750 à la fin de l'automne 1752, le Vénitien va croiser la route des sœurs Morfi et laisse dans ses Mémoires une description détaillée et particulièrement suggestive de leur rencontre. Personne, jusqu'à ce jour, n'a réellement pris au sérieux ce témoignage toujours cité avec précaution, parfois avec dédain. Casanova passe pour avoir enjolivé, voire inventé, une partie de son existence. Il est vrai que ses Mémoires écrits au soir de sa vie dans le sinistre château de Dux, n'ont pas l'instantanéité administrative des archives de la Bastille car plus de quarante ans séparent le souvenir des faits. Pourtant, une lecture attentive de ces quelques pages et leur confrontation critique avec les autres sources disponibles permet d'atténuer très largement cette condamnation. Casanova a bien rencontré la petite Morfi et l'une de ses sœurs et ce, quelques mois avant que l'inspecteur Meusnier ne se mette en chasse.

Lorsqu'il arrive à Paris, Casanova est immédiatement accueilli et pris en charge par la famille de son ami Balletti qui se confond alors avec la troupe de la Comédie-Italienne. Sa mère n'est autre que la célèbre Sylvia, connue pour avoir été la grande interprète de Marivaux et « la meilleure comédienne du royaume de France » selon le Grand Frédéric lui-même. Agée de cinquante ans à l'époque, elle n'aurait peut-être pas été insensible au charme du vigoureux Vénitien, allant jusqu'à l'entretenir. L'inspecteur Meusnier qui tient à l'œil tout ce petit monde note abruptement dans son journal, « Casanova, Italien, vit présentement sur le compte de la demoiselle Sylvia de la Comédie-Italienne ». Les casanovistes comme Georges Capon ou Charles Samaran ont longuement argumenté contre cette interprétation policière des liens qui unissaient Casanova à la mère de son meilleur ami. Le lieu n'est pas ici d'en juger, Casanova lui-même ne s'est pas étendu sur cette conquête, mais cette note de Meusnier prouve que le célèbre Italien fréquentait bien ce demi-monde chamarré dont l'inspecteur chargé de la discipline des mœurs[24] assurait l'étroite surveillance.

A sa descente de diligence, Casanova pose ses malles chez une dame Quinson, tenancière d'une maison meublée rue Mauconseil, tout près de la Comédie-Italienne et de la rue des Deux-Portes-Saint-Sauveur[25] où habite la famille Balletti. Ces détails topographiques sont essentiels car ils font de Casanova, le voisin direct de la famille O'Murphy. Il faut se souvenir, en effet, que dès les premiers signalements policiers des sœurs Morfi, à l'été 1751, l'une d'elles, il s'agit de Victoire, est déjà domiciliée par Meusnier, rue des Deux-Portes-Saint-Sauveur. Soucieux de préciser l'adresse de cette fille dans une ville qui ne connaît pas encore de système de numérotation, l'inspecteur situe même très exactement la maison « vis-à-vis Mlle Sylvia ». Ce réflexe policier apporte un indice essentiel, les fenêtres de l'appartement des Balletti, où pendant plus de deux ans Casanova dîne et soupe presque tous les jours, avait pour vis-à-vis la maison de Victoire qui fera bientôt son entrée à l'Opéra-Comique. Observateur, volontiers voyeur, le Vénitien n'a pas perdu son temps en regardant par la fenêtre. La suite montrera qu'il ne s'est d'ailleurs pas contenté de regarder. Pour l'heure, il lui était possible de croiser tous les membres de la famille O'Murphy qui logeaient à quelques pas les uns les autres dans ce quartier populaire et animé du centre de la capitale où chacun se connaît, s'apostrophe et s'invective. Rappelons que si

Victoire habite rue des Deux-Portes-Saint-Sauveur, ses parents ne sont pas loin qui occupent, avec Brigitte, une maison qui existe toujours à l'angle des rues Beaurepaire[26] et Montorgueil. A proximité, rue Comtesse-d'Artois, vivent Marguerite et son protecteur le sieur Melon qui font office de parents pour le jeune fils de Victoire. Quant à Madeleine, également connue sous le nom de Corbin, elle loge non loin de là, rue Pavée-Saint-Denis[27].

Muni d'une épée et d'un domestique, pour faire le gentilhomme, Casanova découvre Paris et fait le tour de tous les lieux à la mode. C'est dans les jardins du Palais-Royal où il a pris l'habitude de déjeuner d'un verre d'orgeat, le chocolat et le café français étant « détestables » selon lui, que l'aventurier vénitien, curieux de tout et lui-même objet de curiosité, fait la rencontre d'un certain Patu, avocat au parlement[28], poète à ses heures et fin connaisseur des bordels parisiens. Cet entremetteur de haute volée jouera, bientôt, un rôle central dans le recrutement de la petite Marie-Louise O'Murphy au service des plaisirs de Louis XV. Les deux hommes sont donc faits pour s'entendre, ils deviennent inséparables, déjeunent ensemble au Palais-Royal ou aux Tuileries et courent les lieux de débauche dont Patu se fait l'indispensable cicérone. Quarante ans plus tard, Casanova se souvient de ce qu'il doit à cet ami et confesse : « Patu me fit connaître toutes les filles de Paris qui avaient quelque renommée », mais l'orgueil italien reprend ses droits car Casanova s'empresse d'ajouter à propos de son ami : « Il aimait le beau sexe autant que moi, mais malheureusement pour lui, il n'avait pas un tempérament si fort que le mien. Il est mort à l'âge de trente ans[29]. »

C'est Patu qui ouvre à Casanova les portes de l'hôtel du Roule, l'une des maisons closes les plus huppées et les plus courues de la capitale, tenue par la célébrissime Madame Paris. A l'époque cet établissement est une nouveauté car il se distingue des autres bordels par le luxe inouï de sa décoration, une domesticité nombreuse et le choix de la clientèle. Enfin, les prix sont fixes, ce qui est alors un progrès unanimement salué[30].

Entre deux parties chez l'une ou l'autre des bonnes maquerelles de la capitale, les deux compagnons de bamboche ne négligent aucun lieu de divertissement ou de plaisir. Un jour, c'est la foire Saint-Germain et, le lendemain, la Comédie-Italienne où Casanova est en terrain de connaissance.

Mais la grande attraction de ces années-là reste le retour de l'Opéra-Comique à la foire Saint-Laurent. Cette foire est, chaque année, un événement très attendu des Parisiens et des étrangers de passage. Comme pour sa cousine de la rive gauche, la foire Saint-Germain, s'y retrouvent « pêle-mêle, les maîtres avec les valets, les filous avec les honnêtes gens et les courtisans les plus raffinés, les plus jolies filles, les filous les plus subtils sont comme entrelacés ensemble[31] ». C'est là, en cet été 1752, que vont se retrouver dans les coulisses de l'Opéra-Comique tous ceux qui doivent sceller, ou plus exactement négocier, le destin de la petite Marie-Louise O'Murphy qui n'a pas encore fêté ses quinze ans. La foire Saint-Laurent est en fait un immense parc d'attractions qui occupe une surface considérable entre les actuelles rues des faubourg Saint-Denis et Saint-Martin, de Strasbourg et Saint-Laurent[32]. Ouverte du 24 juillet au 29 septembre, elle attire les soirs d'été de nombreux Parisiens heureux de se divertir tout en prenant le frais, d'autant que la foire possède, avantage commercial unique en son genre à l'époque, un préau des carrosses où l'on peut laisser son cocher stationner. Un tracé régulier d'allées se coupant à angle droit, bordées de boutiques ou « loges », abrite, dans un joyeux désordre, estaminets, salles de spectacles, marionnettes et montreurs d'animaux[33]. Le retour de l'Opéra-Comique et de ses belles actrices, après des années d'absence est donc un événement. A aucun prix, Casanova, qui pour l'occasion retarde son départ, pas plus que Patu ne veulent manquer cette fête. Elle devrait le dédommager de l'ennui mortel qu'il a éprouvé devant les ballets de l'Opéra. Talons rouges et petits maîtres sont déjà hors d'haleine, la publicité a été remarquablement faite et le bouche à oreille fonctionne à plein régime. On dit que Jean Monnet, le directeur de l'Opéra, a fait édifier en trente-sept jours une salle de spectacle somptueuse, Arnoult, machiniste-ingénieur du Roi, supervise les travaux et le peintre François Boucher lui-même a été retenu pour le décor intérieur de la salle, du plafond jusqu'aux toiles de scène. Il n'existe pas en France de théâtre aussi bien équipé. Tout cela promet d'être magique car les habitués se souviennent encore des décors fastueux composés par le maître, dix ans plus tôt, pour la représentation en 1743 du *Ballet des dindons*. Cette parodie délirante des *Indes galantes* du grand Rameau avait alors remporté un véritable triomphe[34]. Personne ne doute que les plus belles actrices viendront se produire et que le spectacle pourrait bien réserver l'apparition de quelques beautés neuves, dans tous les sens du terme, pour le plus grand plaisir des loges et du parterre. Pour reprendre un mot de Crébillon fils, le « marché aux putains » est donc ouvert. Quant aux laquais portant livrées, que Monnet a chassé de l'Opéra pour ne plus les entendre dire toutes sortes d'ordures aux belles figurantes, ils pourront tuer le temps en répondant aux sollicitations des « raccrocheuses » auxquelles une ordonnance de police du 27 décembre 1724 interdit de louer boutique à l'intérieur de la foire et qui en colonisent les entours.

En fait de nouveauté, Casanova a la surprise de découvrir sur scène Mimi Quinson, la fille unique de son ancienne logeuse rue Mauconseil, dont il avait cueilli la fleur, lui laissant un enfant en échange[35]. « Je fus enchanté dit-il, lorsque je l'ai vue sur le théâtre de la foire. Je l'ai trouvée très jolie. » Au lendemain de ses couches, la pauvre fille déshonorée s'était « enfuie de la maison maternelle pour aller représenter à l'Opéra-Comique de la foire Saint-

Laurent chez Monnet » où « elle n'a pas eu de peine à trouver un amant qui l'a prise pour pucelle ». Casanova, toujours bon compagnon, prie aussitôt Mimi, « de donner à souper à son ami Patu, qui la trouva charmante... ».

Mais ce n'était là qu'un hors-d'œuvre, car à l'occasion de l'une de ces parties fines, où l'on joue au diable à quatre, Casanova fait la connaissance de ces fameuses sœurs Morfi qui intriguent tant le lieutenant général de police.

Le récit de cette rencontre souvent cité, toujours suspecté, est connu. « Mon ami Patu à la foire Saint-Laurent conçut l'envie de souper avec une actrice flamande qui s'appelait Morfi, et m'invita à être de moitié de son caprice ; j'y ai consenti. La Morfi ne me tentait pas ; mais c'était égal : le plaisir de l'ami intéresse assez. Il proposa donc deux louis qui furent acceptés, et nous allâmes après l'Opéra à la maison de la belle dans la rue des Deux-Portes-Saint-Sauveur. »

En quelques lignes Casanova fournit de précieux indices, jusqu'au prix de la passe, qui accréditent son témoignage. Ainsi, la présence en cette année 1752 des deux sœurs Morfi sur la scène de l'Opéra-Comique est-elle confirmée par les rapports de police de l'inspecteur Meusnier, dont les mouches pullulent autour des baraques de foire et de la nouvelle salle d'Opéra. Le marquis d'Argenson[36], ayant peut-être puisé aux mêmes sources, est tout aussi précis dans ses comptes rendus. Reste à déterminer laquelle de deux a fait les délices de Patu. Selon les archives de la police, la présence cet été-là, de Madeleine, la troisième sœur Morfi, ne fait aucun doute : « la D^elle^ Magdelon ou Corbin a aussi paru à l'Opéra-Comique pendant la foire Saint-Laurent dernière, et a joué dans *Pygmalion* ». En effet, pour la réouverture de son théâtre, Monnet avait affiché au programme, un ballet-pantomime, intitulé *Pygmalion et les petits sculpteurs*[37]. Dans la pure tradition de la foire, ce ballet parodiait le *Pygmalion* de Jean-Philippe Rameau. Les mauvaises langues laissaient surtout entendre que la Corbin avait obtenu un rôle à la mesure de ses talents en incarnant la statue animée dont la nudité grecque permettait toutes les audaces sans pour autant exiger des qualités scéniques hors norme. Pour Victoire, la quatrième sœur, Meusnier est, encore une fois, catégorique : « Victoire a été connue à l'Opéra-Comique sous le nom de Saint-Gratien » et « en 1752, à la foire Saint-Germain, époque du rétablissement de l'Opéra-Comique en faveur de Monnet, elle entra à ce spectacle. » La foire Saint-Germain se tenant au début de l'année pendant les mois de février et mars, Victoire était déjà parue sur scène. Faisait-elle encore partie de la distribution prévue pour la foire Saint-Laurent ? C'est d'autant plus probable que d'après les notes de Meusnier, la jeune Victoire couche alors avec Monsieur de Champeron, protecteur bien connu des jeunes débutantes et qui poussera le goût du spectacle jusqu'à devenir l'un des actionnaires de l'Opéra-Comique[38]. Ce respectable conseiller à la troisième Chambre des enquêtes du parlement de Paris est même l'un des six investisseurs parisiens auxquels Monnet doit sa mise de fonds initiale. La recommandation d'un tel amant devait primer sur les qualités vocales de l'actrice lors de la distribution des rôles. En revanche, il paraît peu probable que Victoire ait eu besoin, à cette époque précise, de faire une « passade à deux louis », un soir de représentation. Le jeune Patu et ses deux louis ne pèsent pas lourd mis en regard du principal financier de l'Opéra-Comique, d'un comte polonais fou à bourse déliée et du propre fils d'un Crésus de la finance[39].

Par ailleurs, le fait que la nouvelle conquête de Patu soit qualifiée d'« actrice flamande » par Casanova désigne sans doute possible l'aînée. Pourtant c'est bien chez Victoire, rue des Deux-Portes-Saint-Sauveur, en face de la maison Balletti, que Casanova et son ami Patu vont souper, ce soir-là, après le spectacle, Madeleine logeant selon les indicateurs de police au troisième étage, « rue Pavée-Saint-Denis, une porte cochère vis-à-vis un boulanger ». Les deux sœurs habitaient-elles ensemble ? Madeleine avait-elle récupéré le logement de Victoire, celle-ci ayant été provisoirement mise dans ses meubles par un riche protecteur ? Casanova fait-il lui-même la confusion entre l'aînée et la cadette dont il connaissait au moins le vis-à-vis ? Une chose est vérifiable, Madeleine profitait parfois du logement de sa sœur. C'est là, consigne Meusnier dans son journal, qu'elle accoucha d'un garçon à son retour des Flandres.

Enfin, un dernier détail plaide en faveur de Marguerite : sa laideur. Meusnier ayant laissé d'elle une description peu aimable, on peut comprendre, en effet, que Casanova n'ait pas été tenté. Victoire, jolie brune aux yeux beaux et vifs, avait davantage de chance de plaire.

Quoi qu'il en soit, après le souper, Patu eut envie de coucher avec la fille. Casanova s'éclipse et demande pour lui un canapé dans quelque coin de la maison. C'est à cette occasion que prenant un peu d'avance sur Louis XV, le Vénitien profitant de la nuit et du moment aurait fait la connaissance de Louison. Le texte est suffisamment savoureux pour être longuement cité : « La petite sœur de la Morfi, jolie gueuse[40], et sale, me dit qu'elle me donnerait son lit, mais qu'elle voulait un petit écu ; je le lui ai accordé. Elle me conduit dans un cabinet, où je ne vois qu'une paillasse sur trois ou quatre planches. »

Un dialogue s'engage ;

« — Et tu appelles cela un lit ?

— C'est mon lit.

— Je n'en veux point, et tu n'auras pas le petit écu.

— Est-ce que vous pensiez de vous déshabiller pour y dormir ?

— Sans doute.

— Quelle idée ! Nous n'avons pas de draps.

— Tu dors donc vêtue ?

— Point du tout.

— Eh bien ! Va donc te coucher toi-même, et tu auras le petit écu. Je veux te voir.

— Oui. Mais vous ne me ferez rien.

— Pas la moindre chose. »

Casanova ajoute : « Elle se déshabille, elle se couche, et se couvre avec un vieux rideau. Elle avait treize ans. Je regarde cette fille ; je secoue tout préjugé ; je ne la vois plus ni gueuse ni en lambeaux, et je trouve la beauté la plus parfaite. Je veux l'examiner toute, elle refuse, elle rit, elle ne veut pas ; mais un écu de six francs la rend douce comme un mouton, et n'ayant autre défaut que celui d'être sale, je la lave toute de mes propres mains ; mon lecteur sait que l'admiration est inséparable d'une autre approbation, et je trouve la petite Morfi disposée à me laisser faire tout ce que je veux, hormis ce que je n'avais pas envie de faire. Elle me prévient qu'elle ne me permettrait pas cela, car cela au jugement de sa sœur aînée, valait vingt-cinq louis. Je lui dis que nous marchanderions cela une autre fois [...]. En respectant donc toujours mon petit trésor, j'ai passé avec elle délicieusement tout le temps que Patu passa avec l'adulte[41]. »

Rien ne permet bien sûr de vérifier cette rencontre et la réalité de ce petit dialogue de comédie et de ses suites plus libertines. Meusnier pourtant s'accorde lui aussi à présenter la jeune fille comme une nouvelle Cendrillon, « occupée à laver la vaisselle chez la D[am]e Melon sa sœur aînée, les mains encore sales d'avoir décrotté les souliers de son prétendu beau-frère », mais il n'indique à aucun moment qu'elle ait vécu chez Madeleine ou Victoire. Le portrait qu'il fait de cette perle est, nous l'avons dit, tout aussi flatteur que celui de Casanova. Les deux témoignages concordent sur un autre point, l'âge de la petite Louise. Meusnier lui donne quatorze ans au mois de mai 1753. Casanova, parle, pour sa part, d'une jeune fille de treize ans, mais sa rencontre avec les deux sœurs Morfi peut être datée avec précision de l'année précédente grâce à la représentation de *Pygmalion* sur la scène de l'Opéra-Comique. Ainsi, l'âge concorde parfaitement[42]. En revanche, Meusnier et Casanova se contredisent sur un élément de sa physionomie, la couleur de ses cheveux. Pour l'inspecteur de police, elle est brune comme ses sœurs mais avec des yeux bleus, pour l'aventurier vénitien, elle est blonde. François Boucher ne tranche pas vraiment, son modèle est châtain clair. Quarante ans plus tard, avec toutes les transformations que le temps implique, les geôliers de la Terreur décriront une femme brune aux yeux clairs. Pour l'heure une chose est sûre, Meusnier n'a probablement jamais vu la cadette des sœurs Morfi, il a pu seulement la dépeindre d'après témoin, car lorsqu'il commence à enquêter véritablement sur la famille, la jeune fille fait déjà les délices de Louis XV depuis plusieurs mois. L'inspecteur avoue lui-même ne pas savoir où elle se trouve au moment où il consigne le résultat de ses recherches dans son journal. Casanova, lui, a connu Louison avant son aventure royale. La précision des détails qu'il donne, un demi-siècle après les faits, la concordance exacte des dates, les recoupements possibles avec d'autres témoignages, un voisinage géographique incontestable avec la famille Morfi, le monde équivoque dans lequel il évolue pendant les deux années de son premier séjour parisien ne laissent pas de place au doute. Casanova a bien été le témoin, sinon l'acteur, des débuts de la petite Morfi. Son récit est ici trop concret pour ne pas être crédible. A-t-il eu pour autant avec la petite Louise les privautés dont il se vante ? Rien n'est moins sûr. Louison est un morceau de Roi, qui va être sélectionnée par des rabatteurs d'une autre force que cet aventurier vénitien. Casanova a sans aucun doute croisé le chemin de Louise, couché avec l'une ou l'autre de ses sœurs, surpris des conversations sur le sort de la petite benjamine mais il est assez peu probable que la famille Morfi et ses puissants protecteurs aient laissé un étranger venu de nulle part jouer aussi dangereusement avec « leur petit trésor ».

2

Battue royale

Fournisseurs et rabatteurs

La traque de la petite Morfi se situe dans un contexte fétide. Une folle rumeur naît et prospère dans Paris en ce début des années 1750. Des enfants seraient enlevés puis égorgés pour permettre à un prince lépreux de soigner sa maladie en se baignant dans leur sang. Ce prince n'est autre que le Roi lui-même. A Versailles, ces soupçons populaires attisés par un clergé janséniste particulièrement frondeur, horrifient la Cour. Deux jours plus tard, Madame de Pompadour, dans une lettre à son frère, dénonce cette rumeur atroce avec un mépris souverain : « A propos de folie, vous aurez su celle des Parisiens. Je ne crois pas qu'il y ait rien d'aussi bête que de croire qu'on veut saigner leurs enfants pour baigner un prince ladre. J'avoue à ma honte que je les croyais moins imbéciles. » Le Roi ne pardonnera pas et pour ne plus avoir à traverser Paris quand la Cour se rend à Compiègne, il fait ouvrir à travers le bois de Boulogne une route qui deviendra le chemin de la Révolte. La légende noire de Louis XV est née. Elle lui survivra longtemps.

A cette rumeur folle, à laquelle les gens sensés ne prêtent pas réellement attention, va aussitôt s'en substituer une autre, plus crédible celle-là, et colportée de Versailles à Paris. Le Roi, pourtant le plus bel homme de son royaume, fait appel à des sergents recruteurs d'un genre un peu particulier pour trouver un exutoire à ses plaisirs. Lassé des étreintes glacées de la marquise de Pompadour, le monarque chercherait à se satisfaire ailleurs. Timide, défaillant parfois, soucieux de sa santé, il serait grand consommateur de jeunes filles à peine nubiles, arrachées à des familles misérables mais grassement dédommagées. Dès le mois de février 1753, le marquis d'Argenson, toujours à l'affût de toutes les rumeurs courtisanes, se fait l'écho de ce vagabondage sexuel : « Le Roi donne dans les passades. Il jette le mouchoir à de jeunes filles ou femmes qu'il aperçoit à la messe ou au grand couvert. » Quelques jours plus tard, le mémorialiste apporte de nouvelles précisions, loin de limiter son terrain de chasse à Versailles et à ses environs directs, le Roi trouve son plaisir avec « quelques beautés parisiennes » parmi lesquelles se glissent parfois de « plus jeunes filles[1] ». Malgré son éloignement du pouvoir, le marquis d'Argenson croit tenir une explication à ce nouveau goût. La chose peut être tenue pour certaine car « un homme de la Cour et de l'intrigue des cabinets » le lui a affirmé, « le Roi n'a plus la marquise de Pompadour comme maîtresse, elle n'a plus aucune fonction près de lui ». Quelques jours plus tard, le 6 mars 1753, un autre courtisan lui aurait assuré que le Roi était dégoûté de la Marquise qu'il ne voit même plus en particulier. Maîtresse déclarée depuis bientôt dix ans, la marquise de Pompadour souffrait d'affections gynécologiques douloureuses qui la rendaient inapte au service du Roi. Quelques années plus tôt, circulait déjà à Versailles un méchant petit couplet adressé à la favorite par des muses anonymes :

Par vos façons nobles et franches,
Iris, vous enchantez les cœurs,
Sous nos pas vous semez des fleurs,
Mais, hélas ! Ce sont des fleurs blanches[2] !

L'allusion aux leucorrhées de la Marquise était claire, elle fut immédiatement attribuée au comte de Maurepas, ministre efficace, courtisan spirituel et ennemi signalé de la favorite. Cette *poissonnade* précipita néanmoins la chute du ministre, qu'un billet de la main de Louis XV informait de sa disgrâce le 23 avril 1749. Il n'en demeure pas moins que ces indispositions fréquentes jointes au peu de tempérament de la favorite en titre laissait le corps sexuel du Roi en souffrance et « la marquise dégotée de ses principales fonctions[3] ». La Cour se trouvait là devant une situation inédite, la maîtresse déclarée ne remplissait plus son principal office mais restait l'amie de cœur et de tête. Certes, le Roi n'avait jamais été amant fidèle, il n'était pas insensible aux occasions de passage, désormais il fallait pourvoir aux plaisirs royaux sans déstabiliser l'équilibre politique de la Cour ni faire prendre de risques à la santé du monarque.

Le goût du Roi pour les très jeunes filles a fait couler beaucoup d'encre. Dans un ouvrage récent, Maurice Lever, généralement mieux inspiré, a voulu dresser un portrait de Louis XV en pervers polymorphe. Il paraît bien aventureux, pourtant, de se livrer à l'expertise psychologique d'un roi qui a emporté les mystères de son inconscient avec lui[4]. Louis XV n'a jamais marqué une attirance exclusive pour les très jeunes filles, la plupart de ses maîtresses sont des femmes parfaitement achevées. Il est vrai que, dans une lettre adressée au maréchal de Richelieu le 16 avril 1748, Louis XV confessait : « Quand on passe cinquante ans, il n'est pas surprenant de vieillir vite. Cependant, quelquefois des péronnelles rajeunissent ou du moins font qu'on se retrouve encore[5]. » Cette inclination restait avant tout prophylactique. Le marquis d'Argenson est très clair sur ce point lorsqu'il écrit : « Le Roi craint la vérole avec grande raison[6] » aussi « il a résolu de se servir de petites filles les plus neuves qu'on pourra trouver ». Cette crainte des maladies vénériennes est ancienne. En 1738, le roi qui ne détestait pas s'encanailler incognito dans les rues de Versailles ou de Saint-Germain-en-Laye aurait contracté une infection bien embarrassante. La nouvelle de cette indisposition gagna Paris où elle parvint aux oreilles de Barbier. « Suivant les bruits de la Cour, écrit l'avocat parisien, il ne paraît plus douteux que le Roi a eu une chaude-pisse que l'on dit lui avoir été donnée par la fille d'un boucher de Poissy ou de Versailles, que le Roi a trouvée fort jolie et qu'il s'est fait amener par Bachelier, son premier valet de chambre et son maquereau[7]. » Le Roi ne sachant pas quel mal le frappait, ou le sachant trop bien mais n'osant pas s'en plaindre, gardait la chambre sous prétexte d'un gros rhume. Un garde du corps, auquel la jolie bouchère avait fait le même cadeau, inquiet de l'état de santé de son maître et informé de ses amours, courut faire part de ses inquiétudes au vieux cardinal de Fleury. C'est à La Peyronie, le grand chirurgien montpelliérain que l'on confia la guérison du Roi. Louis XV conserva un souvenir cuisant de cette escapade et jura, mais un peu tard, qu'on ne l'y reprendrait plus[8]. Les femmes de la Cour semblaient plus sûres mais elles étaient moins expertes ou se montraient par coquetterie d'une pruderie assommante. La Pompadour avait su, à ses débuts, allier le piquant de la Parisienne à la sécurité d'une bonne éducation. La maladie jointe à la frigidité et de véritables calculs politiques la rendaient désormais inaccessible au Roi. Elle restait cependant indispensable au bon fonctionnement de la vie de cour dont elle était le véritable « ministre. » Il n'était pas question, pour autant, de brider le tempérament exigeant de Louis XV. La Marquise fut d'abord tentée de rassembler autour d'elle de jolies femmes, pour la plupart issue de sa parenté, dans le but de former une sorte d'escadron volant au sein duquel le Roi pouvait vagabonder sous surveillance. Deux cousines de la Pompadour, la comtesse d'Estrades et plus dangereusement encore, la jeune comtesse de Choiseul-Beaupré, eurent l'honneur de plaire à Sa Majesté. Ces intrigues tournèrent assez rapidement à la menace politique pour la maîtresse en titre et ses partisans.

Les femmes admises à la Cour, même lorsqu'elles appartenaient à la clientèle de la favorite, n'étaient pas sûres. Après une passade avec le Roi, il était tentant d'exiger le renvoi de leur protectrice pour prendre officiellement sa place. Tous les biographes de la marquise de Pompadour ont dénoncé l'ingratitude de ces « petites cousines » qui, au lieu de remercier leur puissante parente de ses nombreux bienfaits, cherchaient à la supplanter dès la première occasion. La répétition de ces mésaventures n'a rien d'une cruelle fatalité. En réalité, la présence de cette jolie parenté faisait partie d'un système de substitution, la Marquise délégant à des amies ou des cousines plus jeunes et moins rétives les plaisirs du Roi. Les dangers de cette première politique obligèrent à recourir à d'autres arrangements, moins avouables encore.

C'est dans ce contexte que rabatteurs et pourvoyeurs vont se mettre en chasse pour trouver une doublure sexuelle à la marquise de Pompadour. Une lecture attentive des sources montre que se constitue, à cet effet, un véritable réseau avec ses fournisseurs, ses intermédiaires et ses enjeux financiers. Réseau occulte mais dont le fonctionnement présente des similitudes avec les autres circuits d'approvisionnement de la Cour. Comme pour la viande et le poisson fournis au Roi par des sociétés de pourvoierie où se retrouvent les intérêts croisés des familles de valets de chambre et du puissant notariat parisien[9], les besoins sexuels du monarque sont pris en charge par les mêmes réseaux et les mêmes acteurs[10]. Marie-Louise O'Murphy n'arrive pas par hasard dans le lit du Roi ; même si Casanova et Meusnier y voient pour l'un, « les chemins secrets de la très puissante destinée[11] » et pour l'autre « un exemple de la bizarrerie et des caprices de la fortune ». Elle a été repérée, choisie et négociée avec soin.

Plusieurs versions de cette « présentation » de Marie-Louise au Roi ont été avancées par les témoins du temps. A première vue elles paraissent contradictoires, perdant l'historien dans les méandres de sa propre enquête, mais en vérifiant chacune d'entre elles et en les confrontant, une reconstitution des faits devient possible.

Pour la plupart des mémorialistes, cette battue est avant tout l'œuvre de Lebel, premier valet de chambre du Roi. D'Argenson est formel sur ce point, c'est Lebel, qui depuis la mort de Bachelier, « le vieux valet de chambre » de Louis XV, pourvoit aux plaisirs de son maître. C'est lui qui sélectionne les jeunes filles et les fait monter dans son appartement pour les présenter au Roi après les avoir « fait visiter par d'habiles chirurgiens[12] ». Il est vrai que le rôle joué par Lebel auprès du Roi et ses liens avec le monde de la prostitution parisienne est confirmé par maintes sources. Dufort de Cheverny, jeune introducteur des ambassadeurs entré en charge auprès de Louis XV en 1751 a laissé un portrait sans équivoque du personnage. Lui aussi présente le premier valet de chambre comme « le survivancier » du vieux Bachelier[13] dans l'organisation des plaisirs de son maître. A quoi il ajoute : « Ce Lebel aimait beaucoup les dames de moyenne vertu, et les pourvoyeuses de Paris n'en laissaient jamais manquer les amateurs » et de préciser : « Les plus jolies femmes de Paris, soit par ambition, soit par vanité, soit par l'espérance d'en tirer quelque utilité, ne se refusèrent pas à son ministère[14]. » Dominique-Guillaume Lebel n'était pas le fils d'un barbier comme certaines mauvaises langues de la Cour cherchaient à le faire accroire, il appartenait à l'une de ces puissantes dynasties de valets royaux qui régnaient sans partage sur les arrière-cabinets et donc sur la vie domestique du monarque. D'abord simple valet de chambre du Roi en remplacement de son père Michel, démissionnaire depuis 1711, il alterne dans cette fonction avec son frère Alexandre jusqu'à la mort de ce dernier en 1740. Ensuite c'est l'ascension : premier valet de la garde-robe en 1742 à la mort de Quentin de la Corbière, il devient premier valet de chambre du Roi deux ans plus tard. Dès lors Lebel va accumuler les responsabilités et les charges. Il sera, tour à tour, inspecteur général des châteaux de Versailles et de Marly puis gouverneur du vieux Louvre, de la conciergerie de Saint-Germain et du palais des Tuileries. En plus de ses émoluments et du logement auquel il a droit dans toutes les résidences royales, ce premier valet de chambre aux pouvoirs très étendus perçoit, à partir de 1748, une pension de 4 000 livres. L'ancienneté et la proximité du service placent bien entendu Lebel dans une relation privilégiée avec le monarque qui le tutoie et ne l'appelle que par son prénom. Il faut rappeler que le premier valet de chambre couche toutes les nuits dans la chambre royale sur un lit de veille au pavillon de taffetas rouge. Le duc de Luynes affirme même dans ses Mémoires qu'un cordon reliait le poignet du premier valet à celui de son maître[15]. Le Roi ne peut pas quitter son lit au milieu de la nuit sans que le premier valet de chambre en soit immédiatement informé. En outre, seul un premier valet de chambre ayant accès à tous les arrière-cabinets du Roi dont il connaît parfaitement le dédale et détient la totalité des clés — c'est même là un des plus anciens privilèges de sa charge — peut guider nuitamment une jeune femme jusqu'au lit du Roi. Comme il est aussi le premier et le seul à pouvoir réveiller « officiellement » le Roi par la célèbre formule : « Sire, voilà l'heure », il dispose de tout le temps nécessaire pour faire disparaître une visite nocturne qui se serait un peu attardée. Ainsi, conclut Barbier, « il n'est pas possible que le Roi fasse quelque chose et le moindre pas seul, cela est toujours su des personnes intérieures et qui sont dans l'intimité du château[16] ». C'est d'ailleurs exactement par les mêmes voies que la jeune Jeanne-Antoinette Lenormant d'Etiolles, future marquise de Pompadour, fut introduite auprès de Louis XV par son cousin, Gérard Binet de Sainte-Preuve, alors premier valet de chambre du Dauphin et futur premier valet de la garde-robe du Roi. La favorite, elle-même, entretenait donc des liens étroits et familiaux avec le monde des « valets intérieurs ». Lien très ancien et particulièrement solide, car une rumeur insistante attribuait à Lebel une aventure avec Madame Poisson, la propre mère de la future marquise de Pompadour. Cette domesticité au pouvoir d'influence redoutable lui restera toujours acquise.

C'est donc bien le premier valet de chambre préféré de Louis XV qui aurait négocié la petite Morfi et cela par les voies habituelles, celles de la galanterie parisienne. Dès le 1er avril 1753, le marquis d'Argenson raconte que Lebel, parti en reconnaissance à Paris « pour y marchander un nouveau pucelage », s'est rendu chez une couturière du nom de Fleuret « qui procure des amants à ses ouvrières » et tient boutique rue Saint-Honoré. Boutique parfaitement connue de Meusnier qui la situe vis-à-vis l'église Saint-Roch à la vieille enseigne des « Ecuries du Roy ». Cette double fonction de véritables *magasins prétextes*[17] n'est pas rare. Quinze ans plus tard, c'est aussi chez un marchand de mode que la future comtesse du Barry commencera une carrière prodigieuse dont les prémices présentent bien des similitudes avec celles de Marie-Louise O'Murphy. C'est donc la couturière-maquerelle qui aurait « abouché » le premier valet de chambre avec la mère de Marie-Louise, connue pour avoir « vendu le pucelage de ses filles l'un après l'autre quand ils sont venus à maturité ». Là il aurait vu la petite Morfi, « l'aurait trouvée bien » et réservée pour « un seigneur de Versailles ». Un mois et demi plus tard, Meusnier confirme le rôle déterminant joué par Lebel. Soucieux de « faire emplette de marchandises d'un meilleur aloy que celles qu'on lui avait déjà présentées », le premier valet de chambre aurait été charmé par le jeune sujet qui lui était proposé. Enchanté de sa trouvaille, il n'a pas perdu de temps : « Sur-le-champ on la débarbouille, on l'habille et, sous prétexte d'en faire emplette pour lui-même, il revient le lendemain la chercher. » Les deux récits concordent donc parfaitement.

La jolie petite fille ayant réussi son premier examen de passage dans l'entresol de la Fleuret, une négociation s'engage et c'est encore à Lebel que le marquis d'Argenson et l'inspecteur Meusnier attribuent le marchandage. La virginité de Louison ne lui donne que plus de prix. En effet, la Fleuret aurait assuré à son prestigieux client « que celle-ci venait de faire sa première communion dans un couvent » et le marquis d'Argenson d'ajouter goguenard, « cela a fait croire qu'elle était plus sûre qu'une autre ». Il est vrai qu'en cette matière il est peu de certitude, les trucages plus ou moins grossiers étant alors monnaie courante. « L'eau de pucelle[18] » avait alors la réputation de rendre aux filles, même les plus délabrées, ce qu'elles ne peuvent perdre qu'une fois. Meusnier confirme néanmoins cette pieuse éducation dans ses propres notes auxquelles il confie que la cadette des sœurs Morfi a bien été mise au couvent pendant six mois pour y faire sa communion. De délicats pourparlers commencent car débaucher une fille novice n'était pas sans risque pour les mères maquerelles qu'une simple plainte des parents pouvait envoyer à Bicêtre. Ces transactions se font donc le plus souvent en dehors des maisons de débauche entre le client, les parents consentants et l'entremetteuse. Dans ces conditions la police ne trouve rien à redire. Elle n'est pas là pour protéger la virginité des filles mais l'autorité des pères de famille.

Sur les conditions financières de cette négociation, les avis divergent. Pour le marquis d'Argenson, Lebel a donné « mille écus à la mère et cent louis à la couturière appareilleuse ». Meusnier de son côté avoue ne pas connaître le montant du pot-de-vin touché par la Fleuret pour avoir « brocanté cette affaire vis-à-vis du sieur Lebel » mais il « sait que quelques jours après, le père et la mère ont touché 200 louis qui leur ont fait grand bien ». La somme ayant été immédiatement partagée dans la famille, Madeleine a pu ainsi « payer une partie des meubles qu'elle a actuellement rue Pavée-Saint-Denis ». Casanova, qui prétend avoir été lui aussi informé de cette transaction avance le chiffre de « mille louis ». Une conversion générale de ces différentes indications monétaires en livres tournois, la monnaie de compte utilisée à l'époque, chiffre le pucelage de Marie-Louise O'Murphy à 6 000 livres, selon le marquis d'Argenson. Somme à laquelle il convient d'ajouter les 2 400 livres reçus par l'entremetteuse. Ce chiffre n'est pas très éloigné de l'estimation de Meusnier qui fixe d'abord la transaction à 20 000 livres dans son journal, avant de se raviser et de communiquer au lieutenant général de police le chiffre de 4 800 livres hors commission de la Fleuret. Casanova, lui, avance dans ses Mémoires un montant de 24 000 livres. Par mesure de comparaison, le prince de Conti, débauché quasi légendaire et grand consommateur de très jeunes filles aurait lui aussi offert 200 louis de pot-de-vin aux parents de la demoiselle Martin qu'il entretiendra ensuite pendant quelques mois[19]. Ce chiffre montre que l'estimation de Meusnier est certainement proche de la réalité du marché même si, à n'en pas douter, la perspective de traiter, pas procuration, avec le Roi ou un prince du sang aiguise les appétits des familles et des entremetteuses.

De tels marchandages n'ont alors rien d'exceptionnel. Il suffit de continuer à feuilleter le journal quotidien de Meusnier pour s'en convaincre. Le goût de l'innocence était, semble-t-il, assez largement répandu dans le petit milieu des grands libertins. Ainsi, le 27 avril 1753, l'inspecteur de la discipline des mœurs note l'étrange commerce d'une femme « âgée d'environ quarante ans se disant veuve d'un officier chez le Roi », qui prostitue l'aînée de ses filles âgée de quatorze à quinze ans. Cette dernière « extrêmement formée, menue, bien faite, le visage pâle, point de rouge, fort blanche, les yeux bleus et grands », a de l'éducation et chante à merveille mais elle a déjà servi. Il en a tout de même coûté 5 louis, soit 120 livres, au comte d'Aranda, ambassadeur de Sa Majesté Très Catholique, grand amateur de filles. La sœur cadette âgée de douze à treize ans, elle aussi « fort jolie », « a encore son pucelage ». La police reste pessimiste sur ses chances de le conserver longtemps. Le même jour, une autre affaire, tout aussi sordide, a mobilisé les mouches de la police. Un couple vivant « rue des Petits-Carreaux » a vendu sa petite fille âgée de quinze à seize ans, « blonde, formée, blanche, des taches de rousseur sur le visage » avec « de l'embonpoint et un nez retroussé ». Le comte d'Aranda toujours à l'affût de ce type de gibier a manqué l'occasion. Il n'a « pas vu » la jeune fille comme le précise Meusnier avec une certaine malice. La concurrence était rude sur le marché parallèle des filles neuves.

Il serait facile de multiplier à satiété ce type d'anecdotes. Elles éclairent d'un jour sombre les bas-fonds du Siècle des lumières. Dans un tel contexte, Louis XV apparaît comme un client parmi d'autres qui partage les mêmes plaisirs que bien des grands seigneurs de sa cour. Les papiers de Meusnier puis de Marais, son successeur, ne laissent aucun doute à ce sujet. Les plus grands noms de France, princes du sang en tête, y sont immortalisés la culotte baissée sur leurs bas de soie en compagnie de toutes jeunes filles. Il est certain que dans l'entourage direct du monarque, les mauvais exemples ne manquent pas, le duc de Richelieu n'étant pas des moindres. Connu des services de police pour être l'un « des plus grands gamahucheurs[20] du royaume[21] », l'arrière-petit-neveu du Cardinal est un « pilier de bordel ». D'après le marquis de Valfons, c'est même sur les conseils de ce libertin de haut vol que le Roi aurait pris goût aux amours tarifés. Il raconte : « Mademoiselle Morphise [...], fut la première fille que le roi prit après une conversation avec Monsieur de Richelieu à qui il avait demandé comment, à soixante-cinq ans[22] qu'il avait, il se trouvait les mêmes désirs et la même force qu'à vingt-cinq. » A quoi le vieux roué aurait répondu : « Sire, je change souvent d'objet, la nouveauté a son effet ; la beauté n'est point une illusion puisqu'elle crée la réalité[23]. » Barbier, va encore plus loin lorsqu'il avance : « On pense communément que c'est M. le maréchal de Richelieu qui a procuré ce nouvel amusement au Roi[24]. » Pourtant, rien ne vient réellement apporter la preuve que le maréchal de Richelieu ait été impliqué directement ou indirectement dans la découverte et le marchandage de Marie-Louise O'Murphy.

Si son innocence ne fait aucun doute, la version des faits qui résume la « découverte » de la petite Louison à un échange direct entre le premier valet de chambre du Roi et une entremetteuse du haut pavé exonère trop rapidement la plupart des complices de ce maquerellage royal. D'autres témoignages proposent en effet une lecture différente des événements. Loin d'être contradictoires, ils permettent de révéler les rouages d'une mécanique de recrutement bien plus complexe qu'il n'y paraît et dont les ressorts souterrains sollicitent un grand nombre d'intermédiaires. C'est le cas de Casanova dont le récit, bien que tardif, apporte un autre éclairage sur les circonstances de la rencontre de Louis XV et de la petite Louison.

En effet, l'infatigable Vénitien ne prétend pas seulement avoir joui de « la petite Morfi » toute une nuit « en la laissant intacte », il assure avoir négocié avec sa sœur une plus longue exploration des charmes de sa cadette. Ainsi mise à bail, Louison, rebaptisée Hélène par Casanova, aurait rapporté, en deux mois, plus de 300 francs[25] « à la grande Morfi » persuadée d'être tombée avec cet Italien sur « la plus grande dupe » du monde. Le contrat aurait été pourtant établi, Casanova pouvait profiter de sa découverte à raison de 12 francs la nuit mais à condition de respecter sa virginité. Pour l'obtenir tout entière, il lui fallait débourser 600 francs, ce qui joint aux 300 francs déjà versés faisait une belle somme. Avec une tempérance très inhabituelle chez lui, Casanova aurait refusé de payer pour aboutir car, de son propre aveu, il aurait « cru d'y perdre ». Bien évidemment, il est difficile de suivre le narrateur dans un récit aussi acrobatique. Impossible en effet d'imaginer qu'un tel accord ait pu passer inaperçu aux yeux de Meusnier ou même être respecté ! Que pouvait-il rester d'une virginité confiée aux mains d'un amant comme Casanova pendant vingt-cinq nuits ? Pourtant la sauvegarde de cet hymen est essentielle à la suite de l'histoire et c'est pour cette raison que le Vénitien construit ce conte à dormir debout qui, tout en préservant l'avenir de la jeune fille, ménageait son orgueil. Casanova, amoureux légendaire, ne pouvait pas avoir vu passer sous ses yeux un morceau de Roi et se contenter de le caresser du regard. Car le mémorialiste prépare une autre version de la « présentation » de Marie-Louise O'Murphy à Louis XV. Une version dans laquelle il va chercher, comme toujours, à se donner un rôle central, alors même qu'il n'a peut-être été qu'un témoin réel mais partiel. Ebloui par la jeune fille, « blanche comme un lys » et « rassemblant tout ce que la nature et l'art des peintres pouvaient mettre ensemble de plus beau », Casanova — toujours bon camarade — « voulut que Patu voie cette fille telle qu'il l'avait vue pour le faire avouer qu'il n'était pas possible de voir une beauté plus accomplie ». Enfin, de façon à immortaliser cette bonne fortune, il se décide à « dépenser 6 louis pour la faire peindre toute nue d'après nature par un peintre allemand ». La pose est sans équivoque et rappelle curieusement un tableau, aujourd'hui célèbre, Morfi « était couchée sur son ventre, s'appuyant de ses bras et de sa gorge sur un oreiller, et tenant sa tête comme si elle était couchée sur son dos ». Le peintre « avait dessiné ses jambes et ses cuisses de façon que l'œil ne pouvait pas désirer voir davantage ». Non content de la faire peindre, Casanova prétend avoir donné son nom de guerre à la jeune fille en faisant inscrire sous le tableau : « O-Morfi », « mot qui en grec signifie Belle ».

C'est là qu'intervient, selon Casanova, « la très puissante destinée ». Non content d'avoir admiré le modèle, Patu demande une copie de ce portrait. Soucieux de lui être agréable, le généreux Italien cède à la requête et fait exécuter par le peintre une copie de son œuvre. Mais voilà, ce peintre qui, semble-t-il, ne manquait pas de relations, part à Versailles avec cette nouvelle version du portrait — encore que le terme soit ici impropre —, la montre à un certain Monsieur de Saint-Quentin qui aussitôt s'en empare pour la faire admirer au Roi. Ici, Casanova dément la rumeur générale qui attribuait au seul Lebel la « surintendance des plaisirs du Roi ». Dès son voyage à Fontainebleau, un an auparavant, il présentait ce Monsieur de Saint-Quentin comme « le ministre secret des volontés particulières du monarque[26] ». L'Italien n'invente rien, il existait bien un Saint-Quentin dans la domesticité de Louis XV. François Balligant de Saint-Quentin avait été écuyer de la cuisine-bouche du Roi dès janvier 1726 avant de succéder à son père, Marc-Antoine, comme garçon de la chambre du Roi vingt ans plus tard, en 1746[27]. Certes, un garçon de la chambre n'a évidemment pas l'importance d'un premier valet de chambre comme Lebel mais il appartient à ce monde des « valets intérieurs » qui entourent quotidiennement le monarque, surtout la nuit. En effet, pour éviter au premier valet d'avoir à s'éloigner de son maître en cas de nécessité, deux garçons de la chambre dormaient à proximité immédiate des portes de la chambre royale. Ils partageaient donc avec le premier valet de chambre la proximité et la complicité nocturne du monarque. C'est, en tout cas, ce que laisserait entendre, si elle est authentique, l'apparition de ce nouveau personnage. Lebel n'ayant pas seul la confiance du Roi pour ce genre d'affaire pouvait parfaitement déléguer une partie des démarches à des garçons de la chambre. Quoi qu'il en soit, d'après Casanova, Louis XV, charmé par le tableau qui lui était présenté, devint curieux de voir le modèle dans le souci, bien sûr, de vérifier la fidélité du portrait. Si tel était le cas, « le monarque prétendait d'avoir droit de condamner l'original à éteindre le feu qu'il lui avait allumé dans l'âme ». Les désirs du Roi étant des ordres, Saint-Quentin demande au peintre à voir l'original, celui-ci reprend alors immédiatement contact avec son client vénitien pour « lui communiquer l'affaire ». De son propre aveu, Casanova la trouva bonne et la « grande Morfi », quant à elle, « tressaillit de joie » à l'idée d'accompagner sa sœur à la Cour. Le lendemain la petite sœur débarbouillée et habillée décemment partait pour Versailles[28]. Casanova reconnaît avoir reçu 25 louis pour prix de son portrait mais ajoute que son plus « grand plaisir fut celui de voir la joie de cette bonne Flamande qui, contemplant cinq cents doubles louis, se croyait devenue riche » et le regardait « comme l'auteur de sa fortune ». Cet argent rembourse très largement Casanova des 300 livres versées à la « grande Morfi » pour s'amuser de la petite sœur et des 144 livres payées pour le portrait. Remboursement qui s'apparente ici à une véritable commission de proxénète. Bien des années plus tard, Casanova prétendra de nouveau avoir favorisé les amours de Louis XV, en la personne, cette fois-ci, de Mademoiselle de Romans[29]. Preuve que les fonctions de maquereau de haut vol, qu'il a peut-être effectivement exercées en d'autres circonstances, ne lui répugnaient pas. Lui-même n'hésitant pas, d'ailleurs, à faire commerce de son endurance au plaisir. La vieille marquise d'Urfé, qui sera longtemps sa protectrice, n'appréciait certainement pas chez lui ses seuls talents de cabaliste.

Pour autant ce récit, trop bien enlevé, n'a jamais véritablement été pris au sérieux. Beau parleur et habile conteur, Casanova, aurait, au soir de sa vie, brodé cet épisode à partir des ragots et des pamphlets qui circulaient très librement en Europe à la fin du XVIIIe siècle. Certains *casanovistes* ont cru pouvoir y déceler des traces de vérité mais aucun n'a véritablement soutenu que le voyageur vénitien avait pu servir d'entremetteur à Louis XV. Pourtant, là encore, certains détails qui émaillent le récit gagnent à être approfondis. C'était déjà le cas avec Saint-Quentin, garçon de la chambre du Roi, dont l'existence, parfois contestée, ne peut plus être remise en doute et qui laisse entendre que les plaisirs du souverain mobilisaient plus d'un domestique. Il en est de même pour l'ami Patu. Ce dernier apparaît en ombre chinoise dans toute cette aventure mais pourrait avoir joué un rôle bien plus important que Casanova ne veut bien le dire. L'amitié entre les deux hommes était certainement aussi forte que leur rivalité sexuelle, l'aventurier vénitien aimant à comparer ses prouesses de bordel avec celles de l'avocat parisien qu'il tient pour moins vigoureux et moins regardant que lui. Une lecture attentive de ce passage des Mémoires du chevalier de Seingalt suffit à établir le rôle stratégique du jeune avocat au parlement. C'est lui qui enseigne à Casanova la géographie coquine de la capitale, c'est lui qui, voulant coucher avec une des sœurs Morfi, entraîne son ami rue des Deux-Portes-Saint-Sauveur et lui donne l'occasion de faire la connaissance de Louison, c'est à lui que Casanova, toujours partageux, montre la jeune fille au naturel puis le portrait qu'il a fait tirer d'elle. C'est encore Patu qui, exigeant une copie de ce portrait, déclenche la cascade des curiosités qui se termine dans la chambre du Roi. Ce personnage n'a jamais retenu l'attention ; néanmoins, il ne manque pas d'intérêt et son rôle dans le recrutement de la petite Morfi pourrait bien avoir été central. Ce jeune libertin qui écume les mauvais lieux n'est pas le premier venu. Avocat au parlement de Paris, il est le fils d'un payeur des rentes qui, après avoir été premier commis de Nicolas Desmarets, dernier contrôleur général des finances du Roi Louis XIV[30], puis commissaire de marine, termina sa carrière comme secrétaire en chef du cardinal Dubois, Premier ministre du Régent[31]. L'on sait que ce prélat se distinguait davantage par ses qualités politiques que par la pureté de ses mœurs. Avant d'accéder à l'archiépiscopat, au cardinalat, puis au ministère, l'abbé Dubois avait été le percepteur et le pourvoyeur du futur Régent dont il alimentait la vie sexuelle, tout en la contrôlant. Son entourage était dénoncé, à l'époque, pour sa corruption et son libertinage. Les réseaux ayant servi à orchestrer les parties fines du Palais-Royal sous la Régence existaient-ils encore ? Avaient-ils été réactivés pour servir le petit-neveu après avoir assisté le grand-oncle ? L'hypothèse est hardie mais elle n'est pas invraisemblable surtout si l'on se souvient que le sieur Melon, beau-frère par la main gauche de Marie-Louise O'Murphy, était lui-même le fils ou le neveu d'un secrétaire de John Law, comme si l'ombre des mœurs de la Régence planait sur les amours tarifés du Roi Louis XV. A ce qui ne pourrait être que pure coïncidence s'ajoute une autre parenté troublante. Il apparaît en effet que Claude-Pierre Patu est aussi le neveu de Jean-Baptiste Patu, notaire royal à Paris[32]. Or, ce respectable homme de loi gérait en secret les affaires très privées de Sa Majesté. C'est lui qui établira le futur contrat de mariage de Marie-Louise O'Murphy lorsque le temps sera venu de la marier et de la doter, et c'est dans son étude que le Roi se portera acquéreur, sous un prête-nom, de la célèbre « petite maison » du Parc aux Cerfs. Enfin, c'est encore lui et son successeur, Charles-Nicolas Duclos du Fresnoy qui enregistreront toutes les donations masquées, pour ne pas dire les détournements de fonds effectués au profit de la petite favorite. Replacé dans son contexte familial, ce qui n'avait jamais été fait jusqu'ici, « l'ami Patu » prend un relief très particulier. La fréquentation et la parfaite connaissance des bordels parisiens, salués à plusieurs reprises par Casanova lui-même, en fait le rabatteur idéal, surtout si ses liens de parenté l'associent à des réseaux érotico-financiers plus anciens, nés sous la Régence et toujours actifs. Dans une société d'Ancien Régime où les charges et les fonctions se transmettent au sein d'une même famille sur plusieurs générations, il n'y aurait rien d'étonnant que ce type de pourvoierie ait eu aussi ses dynasties secrètes.

Ainsi l'on comprend mieux ce mélange d'approximations et de détails véridiques caractéristique de ces quelques pages de l'*Histoire de ma vie*. Il faut les lire à la façon d'un palimpseste médiéval en essayant de retrouver, derrière le récit de Casanova, la trace des témoignages directs et des indiscrétions qu'il a lui-même utilisés pour construire ses souvenirs. Casanova n'a jamais joué le rôle qu'il s'attribue dans les amours de Louis XV mais, voisin immédiat des sœurs Morfi, ami et confident de Patu, il a vu et entendu, à une période clé, celle de l'été 1752, un certain nombre de choses dont il a ensuite fait son miel. Tout est vrai dans le récit de Casanova, sauf le rôle qu'il s'attribue.

Les fesses de Louison et le pinceau de Boucher

Il est un dernier complice suggéré par Casanova, c'est le peintre. Casanova n'est pas le seul à rendre compte de la façon très romanesque dont le Roi aurait eu envie de la petite Morfi après avoir découvert ses charmes généreusement reproduits sur une toile. Un pamphlet visant directement Madame de Pompadour et publié à Londres en 1759 par une religieuse défroquée[33], tombée dans la littérature puis la galanterie, insiste longuement sur cet épisode. Alors qu'un grand nombre de courtisans travaillaient à l'envi à présenter à Louis XV un objet qui pût le charmer, « un de ceux que cette noble émulation échauffait le plus, un jeune homme de naissance, fit voir au Roi, un portrait en miniature qui avait été fait dans cette vue. C'était celui d'une jeune fille extrêmement belle ; plus belle mille fois que tout ce qu'on peut imaginer de plus beau ». Comme dans le récit de Casanova, le Roi ne put croire à la réalité du modèle, « ce ne pouvait être qu'un portrait de fantaisie, qu'il ne regardait que pour cela » car, bien entendu, « il ne pouvait pas imaginer que la nature pût offrir un original si beau ». Aussitôt, le gentilhomme entremetteur — on ne parle pas ici de valet — assure à son maître, non seulement que la fille dont il avait vu le portrait existe, mais encore qu'il ne trouverait aucune difficulté à disposer d'elle comme il lui plairait. La sensualité et la curiosité du Roi mises en éveil, il exige de pouvoir comparer le modèle au portrait. « Ce fut assez dit au gentilhomme qui sur-le-champ se mit en devoir de la faire venir. » La similitude avec le témoignage de Casanova est frappante, au point que l'on peut, à bon droit, se demander si le Vénitien n'a pas un peu nourri sa mémoire de la lecture de ce petit livre qui pouvait très bien se trouver dans la bibliothèque du château de Dux dont le comte Waldstein lui avait confié la charge à la fin de sa vie. C'est en tout cas ce que fera, quelques années plus tard, l'abbé Soulavie dont l'ouvrage consacré à la Marquise[34] reproduit, sans vergogne, des passages *in extenso* de *L'Histoire de Madame de Pompadour*[35].

Dès l'époque des faits, pourtant, l'intervention possible d'un peintre était connue. Meusnier y fait référence dans sa note récapitulative sur la famille Morfi au lieutenant général de police datée du mois de mai 1753. Il livre d'ailleurs déjà cette autre version de la présentation de Louison comme une alternative possible au rôle de Lebel et de la Fleuret. Soucieux d'exhaustivité dans ses informations, l'inspecteur note que « l'on rapporte cet événement différemment en disant que ce fut sur la copie peinte par Boucher pour M. de Vandières, que le Roi devint curieux de voir l'original ». L'inspecteur se désolidarise aussitôt d'une telle rumeur dont l'énormité lui paraît un démenti en elle-même et ajoute : « Il n'est pas probable d'adopter ce sentiment, ou bien il faudrait supposer bien peu de jugement à M. de Vandières. » Le propos, il est vrai, a de quoi surprendre. Comment soupçonner le propre frère de la marquise de Pompadour d'avoir cherché à lui trouver une rivale avec la complicité active de François Boucher, son portraitiste officiel ? Pour Meusnier, la piste de la Fleuret et de ses marchandages avec Lebel paraît bien plus sûre, à tous égards. Même l'auteur de *L'Histoire de Madame de Pompadour*, pourtant peu suspecte d'indulgence, enrobe son récit de multiples précautions tant l'histoire paraît invraisemblable. En effet, « concevoir de l'amour à la vue d'un portrait, est une chose qu'on trouve dans tant de nouvelles, dans tant de romans, qu'on craindrait de donner à cette histoire les airs d'une fiction, si l'on disait que le Roi devint amoureux d'avoir vu le portrait en question[36] ». Et encore ce pamphlet ne pousse pas la provocation jusqu'à citer nommément le frère adoré de la Marquise et son peintre favori comme complices de ce conte de fées. Il faut dire que les pamphlétaires des années 1750, même lorsqu'ils écrivent depuis l'étranger, s'expriment avec prudence. Mademoiselle Bonnafon, femme de chambre de la princesse de Montauban arrêtée en 1745 pour avoir écrit un petit conte oriental qui faisait allusion de façon transparente aux amours de Louis XV et de la duchesse de Châteauroux[37], fut enfermée quatorze mois à la Bastille puis pendant douze ans au couvent des Bernardines de Moulins. Pendant toutes ces années elle fut mise au secret. La police de Louis XV ne plaisantait pas avec les libellistes[38]. Pour le plus grand malheur de sa femme, Louis XVI se montrera beaucoup plus tolérant sur ce chapitre.

De son côté, le marquis d'Argenson, sans citer nommément la jeune Morfi, dont le nom lui est encore inconnu, fait allusion dès le 30 mars 1753 à « une petite fille qui servait de modèle au peintre Boucher » et que le Roi « aurait vu chez Lebel son valet de chambre[39] ». Ces divers témoignages, avec une mention particulière pour celui de Casanova qui décrit le tableau soumis au Roi avec beaucoup de précision, ont été associés à une œuvre célèbre de François Boucher : *L'Odalisque blonde* dont une version est aujourd'hui exposée à la Alte Pinakothek de Munich. Dès 1909, date à laquelle le tableau, jusque-là conservé dans les collections privées du château de Schleissheim, est exposé au public, le rapprochement a paru évident. Certes, Casanova ne cite pas directement François Boucher mais un peintre, un miniaturiste allemand, dont il tait le nom. Plusieurs identifications ont été avancées, John Anton Peters, connu pour avoir été un copiste de Boucher, ou encore Kisling, miniaturiste allemand actif à Paris à cette époque. Cela étant dit, Casanova qui aime parfois à brouiller les pistes peut avoir doté le peintre d'une nationalité de fantaisie comme il le fait avec le modèle lui-même. Une chose est sûre, c'est que la description du tableau faite par Casanova, correspond presque exactement à celle de *L'Odalisque blonde*. Le modèle de Boucher est allongée nue, sur un immense lit de travers[40] dit « à la turque » ou « à la sultane[41] », se soutenant, comme dans la description de Casanova, de ses bras et de sa poitrine sur un large coussin adossé à la crosse du dossier. Une jambe légèrement pliée semble glisser du lit pour se soutenir sur la traverse et c'est presque naturellement que les jambes se présentent écartées, offrant au regard un panorama parfaitement impudique[42]. Insouciante du trouble qu'elle peut provoquer, aussi bien chez l'artiste, que chez le spectateur, la jeune fille s'occupe à nouer, ou à dénouer, la tresse de ses cheveux que retient un ruban bleu. Ce geste en apparence anodin avait un double sens parfaitement équivoque pour les libertins du XVIIIe siècle[43]. Au sol, un brûle-parfum, un coussin rose et voluptueux qui évoque de façon à peine voilée l'endroit du jeune modèle et une fleur fraîchement coupée qui ne demande qu'à être cueillie. Ce tableau n'est, au fond, qu'une invitation au plaisir, et une invitation « par l'attitude la plus facile, la plus commode et à ce qu'on dit la plus naturelle, ou du moins la plus avantageuse... », selon les propres mots de Diderot. Louis XV ne l'entendit pas différemment.

Le signalement de Marie-Louise O'Murphy, conservé dans les registres d'écrous de la maison d'arrêt de Sainte-Pélagie où elle fut incarcérée pendant la Révolution, décrit une femme au « visage ovale » avec un « menton rond », « un front bas » et un « nez aquilin », qui correspond assez bien malgré les outrages du temps et les incertitudes de ce type de description à ce que l'on peut apercevoir de la figure du jeune modèle sur le tableau de François Boucher.

Pourtant, il y à vingt ans de cela, à l'occasion d'une importante rétrospective Boucher au Grand Palais, un historien d'art anglais, spécialiste du peintre, consacra plusieurs pages du catalogue à réfuter l'identification du modèle de *L'Odalisque blonde* avec Marie-Louise O'Murphy[44]. La démonstration, pourtant bien documentée, repose sur une lecture trop partielle des sources. Pour répudier la petite Louison, l'auteur de l'étude invoque lui aussi le marquis d'Argenson et l'inspecteur Meusnier. A la date du 30 mars 1753, le journal du premier fait état, nous l'avons vu, d'un jeune modèle de Boucher qui aurait plu au Roi. Le jour suivant, il évoque de nouveau « la petite fille de quatorze ans qui a servi de modèle à des peintres » et que le Roi entretiendrait à Versailles. Le lendemain, le mémorialiste tente de mettre un peu d'ordre dans les informations contradictoires qui lui parviennent et note que pendant l'hiver, le Roi « a joui quinze jours d'une petite fille qui servait de modèle à des peintres » mais qu'« a présent il a une maîtresse en règle d'un ordre encore inférieur à celle-là s'il se peut[45] », la demoiselle Morfi. La distinction entre la petite Louison et le jeune modèle de Boucher semble sans appel. Or, rien n'est moins sûr. Le marquis d'Argenson, pour égayer son exil, recueille au jour le jour les différentes rumeurs qui agitent la Cour. Son journal est émaillé de contradictions, d'affirmations et de repentirs et c'est là tout ce qui en fait le charme. Il note un jour une chose et le lendemain son contraire. En cette fin mars 1753, le voici en proie à une très grande fébrilité. Jamais peut-être le règne de la marquise de Pompadour, son ennemie irréductible, n'a paru si proche de sa fin. Les rumeurs des deux mois précédents venaient lui apprendre, puis lui confirmer, la séparation de corps survenue entre le Roi et la favorite. L'apparition d'une nouvelle concubine peut accélérer le renversement politique auquel il aspire depuis sa disgrâce et qu'il ne verra jamais venir : le renvoi de la Pompadour, la mainmise absolue de son frère, le comte d'Argenson, sur le ministère et son propre retour aux affaires. Dans l'excitation de la revanche, le ministre déchu note tout et ne s'y retrouve pas. Lui-même prend d'ailleurs ses distances avec les rumeurs qu'il recueille et a soin de préciser à propos de ces révélations qu'il les tient d'un tiers : « L'on m'a conté ces amours secrets de notre monarque », écrit-il avant de se lancer dans sa relation. Ses notes trahissent les approximations et les contradictions de ses informateurs. Comment peut-il écrire le 30 mars que le Roi couche « présentement » avec un modèle de Boucher et affirmer le lendemain que cette passade remonte à l'hiver et n'aurait duré que « quinze jours » ? L'affirmation est d'autant plus incohérente que d'Argenson lui-même a noté avec une précision maniaque le nom des quelques passades qui ont semblé retenir l'attention du Roi au cours de la saison qui vient de s'écouler[46]. Il y eut la fille de cette Madame Truchon[47], qui se produisait aux côtés de la Pompadour sur le théâtre des Petits Appartements, puis la belle Madame Niquet, une jeune beauté montpelliéraine[48], fille d'un grave magistrat que l'on disait sur le point d'être maîtresse déclarée. Ensuite, lorsque à la mi-avril le marquis d'Argenson parle d'une nouvelle aventure du Roi, il en donne l'identité de façon précise et ne fait, cette fois-ci, aucune confusion entre la petite Morfi et cette « nièce d'une coiffeuse, nommée Madame de Saint-André[49] » dont Lebel, là encore, aurait fait l'emplette. Le 7 mai, croyant pouvoir discerner par les différents racontars de courtisans qui l'alimentent, un début d'inquiétude chez la favorite en titre, il note que « la marquise de Pompadour espère que cette nouvelle amourette pour la Morfi passera comme les deux précédentes de cet hiver[50] ». Soit les demoiselles Trusson et Niquet, déjà citées. Il n'est donc déjà plus question de la troisième petite fille, distincte de la jeune Morfi. Ces multiples contradictions affaiblissent son témoignage et laissent penser que la jeune fille qui inspirait le pinceau de Boucher et la demoiselle Morfi ne font, en fait, qu'une seule et même personne. Il paraît évident que dans les derniers jours de mars 1753, le mémorialiste marche à tâtons dans l'obscurité des amours royaux[51]. Par ailleurs, le marquis d'Argenson est le seul témoin du temps à voir double car aucun autre mémorialiste ne fait allusion à une deuxième petite maîtresse au début de la liaison du Roi avec Morphise. En revanche tous, ou presque, font le lien avec François Boucher. Certes, Meusnier lui aussi n'a pas semblé vouloir donner foi à la rumeur qui compromettrait le frère et le peintre de la favorite dans un maquerellage. Et pour cause, la note dans laquelle il fait état de ses réticences sur cette version des faits est écrite à la demande de Berryer, le lieutenant général de police, âme damnée de la favorite en titre. Dénoncer simultanément Boucher et Vandières dans une note d'information c'est dénoncer la Pompadour elle-même pour complicité de maquerellage, c'est ravaler la toute-puissante maîtresse royale au rang d'une Madame Paris ou d'une Baudoin, la comparer à l'une de ces « mamans » du pavé parisien qui fournissent à la demande des filles à partis. En un mot, c'est donner raison aux filles de Louis XV qui ont affublé la favorite du joli sobriquet de « maman putain ». C'est, enfin, pour un modeste et docile inspecteur de police, prendre le risque de recevoir le ciel sur la tête. Sagement, il préfère s'en tenir à la première version, la version officielle en quelque sorte, qui charge Lebel et une certaine Fleuret dont c'est au fond le métier. Or, Meusnier a deux vérités : celle des notes rédigées à l'intention du lieutenant général et celle qu'il confie à son seul journal. Le 8 mai 1753, il écrit très précisément « on prétend que la petite Morfi quatrième sœur et conséquemment la plus jeune servait de modèle à Boucher peintre, qu'il la peignit nue et donna ou vendit ce tableau à M. de Vandières qui l'ayant fait voir au Roy, [celui-ci] ne put s'imaginer que le peintre ne l'ait ici beaucoup flattée, il demande à voir la petite Morfi et la trouve encore supérieure au tableau ». Meusnier ajoute, mais ses notes lui sont d'un usage personnel, « l'on dit qu'il l'a prise pour maîtresse » et qu'en conséquence, la Marquise va être renvoyée. Ces quelques lignes, jusque-là quasiment inconnues, prouvent que la rumeur liant le destin de la demoiselle O'Murphy à Boucher et Vandières était parfaitement claire et tout à fait prise au sérieux par la police elle-même. Meusnier note d'ailleurs scrupuleusement le nom de ses différents indicateurs en marge de sa note, parmi lesquels se trouve la fameuse Baudoin. L'histoire de la petite Morfi et de son étonnant portrait courait donc Paris comme une certitude au mois de mai 1753 alors que les hésitations du marquis d'Argenson sur l'identité de la « petite fille qui servait de modèle » remontent à plus d'un mois. Elle accrédite de façon presque certaine l'identification de Marie-Louise O'Murphy avec *L'Odalisque blonde* de François Boucher. Si le Roi avait eu deux maîtresses distinctes au début de l'année 1753, la chose aurait été publique au printemps. Or, il n'en est rien, bien au contraire. Enfin, un document inattendu trahit l'implication de Vandières et vient corroborer les soupçons de Meusnier. Dans une lettre du 19 février 1753 adressée au peintre Natoire, qui se trouvait alors à Rome, le tout-puissant directeur des Bâtiments du Roi depuis la mort de Lenormant de Tournehem passe une commande très personnelle : « J'ay, écrit-il, un cabinet particulier que j'ay voulu enrichir de quatre morceaux des plus habiles peintres de notre Ecole. J'ay déjà en place un Vanloo, un Boucher et un Pierre[52]. Vous jugez bien qu'il m'y manque un Natoire. » Précis dans sa demande et soucieux d'un résultat qui lui tient vraisemblablement à cœur, il joint au courrier un gabarit exact de la toile dont les dimensions doivent avoir 27 pouces de large sur 22 pouces et demi de haut. Enfin, il ajoute que « comme ce cabinet est fort petit et fort chaud, je n'y ay voulu que des nudités : le tableau de Carle représente Antiope endormie ; celui de Boucher, une jeune femme couchée sur le ventre, et celuy de Pierre une Io. Choisissez le sujet que vous voudrés, pourvu qu'il n'y ait aucune ressemblance avec ceux cy-dessus nommés et qu'il n'y ait pas ou au moins presque pas de draperies[53] ». Après un long voyage en Italie où la Pompadour l'avait envoyé faire son Grand Tour à la manière des jeunes aristocrates anglais, voyage qui jouera un rôle essentiel dans l'évolution du « goût » français, Vandières revêtu de la charge de directeur des Bâtiments du Roi s'installe dans l'ancien hôtel de Lesdiguières, rue Saint-Thomas-du-Louvres[54] dont le Roi lui a accordé l'usufruit. Dès 1752, il entreprend de réaménager l'hôtel afin de pouvoir loger confortablement en rez-de-chaussée son père paralysé par la maladie. Ses propres appartements occupent la totalité du premier étage et c'est à l'extrémité de l'aile sud[54] que se trouve sa chambre à coucher. Derrière l'alcôve vient un arrière-cabinet par lequel on accède à un cabinet de commodités. Ces lieux à l'anglaise sont équipés de tout le confort moderne soit une chaise d'aisances maçonnée dans le mur et relayée à une fosse en sous-sol et un poêle en faïence qui assure une douce température en toute saison et dont la chaleur se communique au petit cabinet voisin. Restait à décorer cet arrière-cabinet, « fort petit et fort chaud », discret parce qu'aveugle, mais antichambre de la nuit, de ses rêves et de ses plaisirs. C'est dans ce « cabinet des nudités[56] » que Vandières a l'intention de placer les quatre tableaux auxquels il fait allusion dans sa lettre. Le tableau de Boucher est certainement l'un des premiers en sa possession dans la mesure où il passe commande à Carle Vanloo en octobre 1752 et à Natoire en février de l'année suivante. Peut-être même le nu de Boucher, nu parfaitement provocant car il n'utilise aucun prétexte mythologique pour exposer la nudité[57], a-t-il inspiré l'idée de cette collection libertine.

Bien des années plus tard, en 1782, le catalogue des biens du marquis de Ménars, le dernier titre porté par le frère de la Pompadour avant sa mort, confirme encore la présence du tableau de François Boucher dans ses collections. La description donnée par les commissaires-priseurs est même plus précise que la lettre de 1753, elle donne

« une femme nue et couchée sur un sofa avec de gros oreillers d'étoffe de soie[58] ». Les dimensions, 27 pouces de large sur 22 pouces de haut correspondent aux dimensions imposées par Vandières[59] trente ans plus tôt. *L'Odalisque blonde* était donc bien en sa possession comme l'affirmait Meusnier.

Ainsi, « le jeune homme de naissance » qui fut si empressé à montrer au Roi le tableau d'une jeune fille disponible n'est autre que le petit « frérot » de la Pompadour, puisque tel est le surnom dont elle l'affublait. Faire au Roi ce type de proposition exige bien sûr un degré d'intimité confirmé par tous les contemporains. Louis XV avait de l'amitié pour le jeune frère de sa maîtresse auquel il réservait toujours des marques appuyées de considération. Vandières était de toutes les fêtes, même les plus restreintes. En 1746, il est un des très rares privilégiés à pouvoir applaudir sa sœur dans *Tartuffe*, pièce jouée pour le Roi par la Marquise et ses familiers sur les planches du théâtre installé dans l'escalier des ambassadeurs. Trois ans plus tard il participe à la folle équipée du Roi et d'une partie de la Cour vers Le Havre. On le compte aussi parmi les convives triés sur le volet des fameux soupers donnés par Louis XV dans les arrière-petits cabinets. Parfois, il lui arrive même de dîner seul avec le Roi et sa sœur. Un jour que le Roi venait dîner avec la Marquise, il la trouva en compagnie de son frère, celui-ci se retire mais il est aussitôt invité à partager leur tête-à-tête. Une telle faveur dépassait l'entendement, au point que le propre père des enfants Poisson n'en revenait pas lui-même. D'après le comte Kaunitz, il se serait un jour étonné « que ma fille soupe avec le Roi, cela ne m'étonne pas, puisqu'il couche avec elle, mais pour Nicolas Vandières, je n'en reviens pas[60] ! ». Cette grande familiarité qui frappait les courtisans de stupéfaction était donc assise sur des connivences plus secrètes et qui, de ce fait, leur échappaient. Le frère de la Marquise avait, lui aussi, ses grandes entrées dans les bordels de la capitale. Il passe pour avoir fait honneur à plus d'une partie fine.

Pour autant, Vandières ne peut pas avoir vanté au Roi les beautés d'un tableau pour en faire apprécier le modèle sans l'étroite complicité du peintre. François Boucher a joué là un rôle équivoque. Le duc de Croÿ s'en fait lui aussi l'écho. Témoin digne de foi, ce courtisan ambitieux était admis par le Roi et la favorite aux soupers des petits cabinets. Observateur privilégié, il parle lui aussi de « cette jolie fille que l'on prétendait que le peintre Boucher, qui avait souvent de beaux modèles, avait procuré au Roi depuis quelques mois[61] ». Boucher aurait donc su, le premier, repérer les charmes hors du commun de la petite Marie-Louise et cherché à les faire fructifier. Voir un peintre célèbre jouer les entremetteurs de haut vol ne doit pas surprendre. A la même époque, le peintre François-Hubert Drouais, lui aussi protégé par la marquise de Pompadour et Vandières, possédait une maison de rendez-vous en plein Paris qu'il louait avantageusement à des filles entretenues[62]. Le peintre se fera d'ailleurs une clientèle dans le milieu des femmes de débauche qu'il portraiturait avec talent lorsqu'elles étaient au sommet de leur carrière[63].

Attribuer définitivement les fesses peintes par François Boucher à la petite Marie-Louise O'Murphy oblige à établir l'existence d'un lien irréfutable entre le peintre et son modèle. Or, ces liens existent et ils sont même nombreux.

Le relâchement des mœurs du peintre était connu. Marmontel en témoigne, parlant de Boucher il écrit : « Il n'avait pas vu les grâces en bon lieu, peignait Vénus et la Vierge d'après les nymphes des coulisses et son langage se ressentait ainsi que ses tableaux des mœurs de ses modèles et du ton de son atelier[64]. » De leur côté, les sœurs Morfi entretiennent des relations assez étroites avec le monde des peintres et de leurs ateliers. Meusnier le confirme. Brigitte malgré sa laideur sert « de modèle chez différents peintres ». L'auteur de *L'Histoire de Madame la marquise de*

Pompadour prétend même qu'une des sœurs de Morphise « servait d'original à l'Académie de peinture et qu'elle-même était destinée à lui succéder dans cette fonction[65] ». On se souvient que Victoire, protégée par le vieux président de Saint-Lubin, a été placée dans sa jeunesse en apprentissage chez Langlois, célèbre marchand de tableaux. Si l'on en croit la rumeur publique, ce professeur de peinture n'en demeura pas avec elle à ce seul apprentissage. Or, il n'est pas impossible que Boucher ait eu des contacts professionnels réguliers avec ce marchand que l'on peut facilement identifier comme le propriétaire de la paire de *Paysages, ornés de figures sur le devant* peints par l'artiste, exposée par le peintre au Salon de 1750 et désignée comme appartenant à un certain Monsieur Langlois. Par ailleurs François Boucher était un habitué de ce quartier, son père tenait boutique place du Vieux-Louvres et lui-même avait longtemps vécu non loin de là, rue Saint-Thomas-du-Louvres à côté de l'hôtel de Longueville. Le peintre, galamment accoudé au vieux comptoir du marchand de tableaux, a pu badiner avec l'une ou l'autre des sœurs Morfi dans la boutique de la place du Vieux-Louvres. Une tradition colportée par quelques bons auteurs assure même qu'il appelait familièrement ces demoiselles, les Miss Morfi. Les aînées, après avoir elles-mêmes servi de modèle, proposèrent-elles au maître le corps de la petite Louison comme nymphe d'après nature ? C'est parfaitement possible. Meusnier, auquel aucun détail n'échappe, note, en effet, que dès « sa plus tendre jeunesse elle allait voir sa sœur chez Langlois ». Quelle meilleure vitrine pour une jeune beauté parisienne que la boutique à la mode d'un marchand de tableaux où se rencontrent artistes en vue et riches amateurs ? Marie-Louise aurait même fait là un début de carrière. Le peintre Joseph-Marie Vien, dont on connaît les liens avec Boucher, assure avoir fait poser la petite Louison pour une commande de la première importance. Ses Mémoires sont sans aucune ambiguïté sur ce point. En juillet 1752, le marquis de Vandières cherche, pour sa sœur, un artiste capable d'orner l'église paroissiale de Crécy à laquelle il s'agit d'offrir un maître autel digne de sa nouvelle châtelaine[66]. Trois toiles devaient en faire l'ornement, une de grande dimension dont le sujet serait laissé au libre choix du peintre et deux médaillons ovales aux sujets imposés devaient représenter un saint Eloy et un saint Jean-Baptiste. Jeune peintre montpelliérain de talent, admis à l'Académie l'année précédente, Vien est alors chaudement recommandé à Vandières par Lépicié. La commande est achevée dans les premiers jours de 1753. Vien, pour trancher avec les figures masculines imposées par le commanditaire, a pris pour parti de peindre une Visitation. Une fois achevées les toiles sont exposées à Versailles dans le salon de la Pompadour sous les exclamations nécessairement élogieuses des courtisans. L'artiste raconte : « Madame la Marquise montra mes ouvrages et ce fut une pluie d'éloges, car les adroits courtisans se seraient bien gardés de trouver le moindre défaut dans ce que la favorite ne se laissait pas d'admirer. » Cependant, un détail intrigue tout à coup la Marquise qui, à force d'admirer « sa » Visitation, croit « reconnaître une jeune personne qui depuis peu de jours, était au Parc aux Cerfs ». En faisant le « tour du cercle », la favorite s'approche du peintre et lui demande d'après quel modèle il avait fait cette tête. Sans se démonter le jeune Languedocien répond « que de pauvres gens » lui « avaient procuré une belle demoiselle » mais qu'il ne s'était pas préoccupé de savoir comment elle se nommait. Fine mouche, « la Marquise parut d'abord satisfaite de la réponse » mais un instant après, elle fait à nouveau la même question sans plus de résultat. Quelque temps après, elle revient à la charge, prend le peintre « par l'habit » et lui dit : « Vous ne voulez pas me dire le nom de votre Vierge, vous êtes un coquin, vous le savez ! » L'arrivée de Vandières permet de détourner opportunément la conversation. En marge de ce passage de ses Mémoires, Vien note au soir de sa vie, que le modèle n'était autre que « la belle Morphise[67] ». Avec le visage de Marie-Louise, cette Visitation de la Vierge à sa cousine sainte Elisabeth prend bien évidemment un double sens dont l'impertinence, sinon le sacrilège, sans échapper à la Marquise, n'a pas nui à la carrière du peintre. Il faut dire que l'artiste n'a pas poussé la plaisanterie jusqu'à donner les traits de la Pompadour à sainte Elisabeth. Le message aurait été trop clair...

Autre lieu de rencontre entre François Boucher et la famille O'Murphy, l'Opéra-Comique. Non seulement François Boucher tirait son inspiration du théâtre de la foire mais il en était aussi le décorateur très recherché. C'est à lui, nous l'avons dit, que Monnet, directeur de l'Opéra-Comique, fait appel pour toute la décoration intérieure, du plafond jusqu'aux moindres détails de l'ornementation et des décors de scène, du théâtre flambant neuf de la foire Saint-Laurent en 1752. Là il a pu rencontrer ou retrouver les deux filles Morfi, Victoire et Magdeleine, et discuter avec elles de l'avenir de leur petite sœur. Néanmoins, une autre version de *L'Odalisque blonde*, conservée à Cologne et portant le date de 1751, plaide pour une rencontre entre le peintre et son modèle antérieure à la reprise des spectacles de l'Opéra-Comique. Peut-être même cette version est-elle celle qui fut présentée et « donnée ou vendue » au marquis de Vandières. L'autre copie autographe, conservée à Munich et datée de l'année suivante, c'est-à-dire l'année de la foire où tout se joue pourrait être la version exposée aux yeux du Roi. Elle fut acquise à cette époque par le duc des Deux-Ponts, ami intime de Louis XV et de la marquise de Pompadour. Ce libertin notoire connu pour vivre entouré « d'intrigants et d'espèces », épousa même très officiellement une fille d'Opéra, Mademoiselle Gamache, dont il fit une comtesse de Forbach. C'est lui qui, quelques années plus tard, présentera son mari, le marquis de Cavanac, à Mademoiselle de Romans, autre maîtresse secrète de Louis XV. La présence du tableau de Boucher dans les collections d'un prince qui partageait plus d'un secret d'alcôve avec le Bien-Aimé confirme l'existence d'une commande érotique. Ainsi, plusieurs versions de cette effigie callipyge ont circulé dans l'entourage direct de Louis XV et de Madame de Pompadour. L'inventaire après décès du fastueux Le Riche de la Pouplinière décrit, sous le numéro 37 des collections conservées dans son château de Passy, un tableau « représentant une femme nue couchée sur le ventre par François Boucher[68] ». De son côté, le catalogue des tableaux de feu Monsieur de Billy, ancien premier valet de la garde-robe du Roi, dressé pour la vente du 15 novembre 1784 signale « un tableau très agréable » de Boucher qui « représente une jeune femme nue étendue sur un lit de repos et des draperies de différentes couleurs ; sa tête vue de profil porte le caractère de l'attention ; le devant du tableau est orné de quelques accessoires [...] dont une cassolette, un coussin à parfum et une rose[69] ». Le propriétaire de ce tableau n'est autre qu'Armand-Pierre-François Châtre de Billy, ancien gentilhomme ordinaire de la chambre du Roi et premier valet de chambre de la garde-robe depuis 1743 et ce jusqu'en 1774[70]. Il n'en demeure pas moins que c'est là encore la très proche domesticité du Roi qui paraît avoir pris de l'intérêt à la jeune fille[71].

Au regard de ces différents éléments, il est aujourd'hui possible de reconstituer les faits de la façon suivante : Marie-Louise est présentée comme modèle à François Boucher par l'entremise de l'une ou l'autre de ses sœurs dans les années 1750-1751. Subjugué par cette beauté naissante qui tranche avec la médiocrité des autres petits modèles ramassés dans le ruisseau de Paris, le maître lui consacre un véritable portrait, après l'avoir peut-être utilisée dans d'autres projets de compositions[72]. Ce tableau est soumis au marquis de Vandières qui rentre alors de son voyage d'Italie pour trouver sa sœur dans une situation intime pour le moins délicate. Boucher vante le modèle plus que son talent. La petite Louison est superbe, elle paraît vierge mais appartient à une famille où ces choses-là se négocient. La mère et les sœurs sont connues pour leur galanterie. La jeune fille pourrait faire un morceau de Roi. Peut-être même est-elle mise à l'abri quelques mois dans un couvent pour préserver ce qu'elle a de plus précieux et où elle fera sa communion. Vingt ans plus tard le libraire Hardy, véritable chroniqueur des rumeurs et ragots de la capitale, notera à propos de la « demoiselle Morphise » que « le sieur Lebel valet de chambre du Roi l'avait d'abord placée pendant un an ou deux chez les Ursulines de Saint-Germain-en-Laye ». La pratique était courante à l'époque car certaines mères maquerelles préféraient confier de trop jeunes pensionnaires à des maisons religieuses plutôt que de prendre le risque de les loger chez elles[73]. A l'été 1752, un accord est passé à l'occasion de la foire Saint-Laurent où se retrouvent, comme par hasard, la plupart des protagonistes de ce vaudeville royal, François Boucher, les sœurs Morfi, le neveu de Patu, notaire des affaires privées de Sa Majesté et Casanova qui observe, écoute et ne perd rien de tout ce petit manège. Une nouvelle version du portrait est exécutée. Elle est montrée à Louis XV par l'intermédiaire de Vandières. Le Roi s'enflamme, il confie à Lebel, le soin de lui ramener la jeune fille et de régler les problèmes d'ordre matériel. Des négociations s'engagent avec la famille et la Fleuret, son entremetteuse habituelle. Peut-être sont-elles alors en partie déléguées par Lebel à d'autres valets intérieurs, comme Saint-Quentin ou même Billy ? Le marché est passé ; il en coûtera, selon les témoignages entre 6 000 livres et 20 000 livres. Marie-Louise, « débarbouillée », jetée « dans un pot de chambre[74] » part pour Versailles où son destin l'attend.

Ainsi, contrairement à ce qui a toujours été dit à ce propos, les différents témoignages du temps ne sont pas contradictoires mais bien complémentaires, chacun ayant livré à l'Histoire une parcelle de vérité. Il est certain que la sélection d'une fille pour le Roi a mobilisé plus d'un intermédiaire et même une véritable « chaîne d'entremetteurs de toute espèce, en chef et en sous-ordre, s'agitant pour découvrir et aller relancer [...] les objets de leur recherche, pour les amener à destination, les décrasser, les habiller, les parfumer et leur procurer tous les moyens de séduction que l'art peut ajouter[75] ». Véritable réseau sur lequel plane, sans aucun doute possible la froide détermination de la marquise de Pompadour. En cette même année, François Boucher obtient de Vandières un privilège qu'il convoitait depuis longtemps[76] ; l'atelier et le logement au Louvre du premier peintre du Roi, Charles-Antoine Coypel, mort récemment[77]. Quelques mois plus tard, il recevait commande de Madame de Pompadour pour le grand plafond du nouveau cabinet du Conseil à Fontainebleau dont la gratification s'élevait à 4 000 livres. Celui que l'on surnommait alors « le peintre des grâces » savait aussi les monnayer.

Dans les bras de Morphise

Marie-Louise découverte et négociée fut donc enfin présentée à Louis XV, mais cette rencontre d'abord tenue secrète échappa quelques mois à la curiosité des mauvaises langues de la Ville comme de la Cour. Les amours de Louis XV et de la petite O'Murphy commencent à alimenter les conversations au début du printemps 1753. Le marquis d'Argenson, rapporte les premières rumeurs d'une nouvelle passade du Roi à la fin du mois de mars, il en découvre l'identité dans les tout premiers jours du mois d'avril. Il n'est pas le seul. Le duc de Croÿ, courtisan très bien informé et qui, contrairement au marquis d'Argenson, vit en permanence à Versailles, fait lui aussi allusion à cette aventure clandestine exactement à la même période. Dans le même temps la nouvelle se propage à Paris car l'avocat Barbier, qui n'a pas de contact direct avec Versailles mais note scrupuleusement tout ce qui se dit dans la capitale, intercepte la nouvelle à la fin du mois de mars. L'inspecteur Meusnier, lui, signale le commerce des sœurs Morfi dès la fin de l'été 1751, mais il ne note l'incroyable aventure de la petite cadette qu'au début du mois de mai 1753, avec un retard de plus d'un mois sur la plupart des mémorialistes. Cette éclosion de témoignages ne date pas, contrairement à ce qui a toujours été dit, les débuts de l'aventure. Celle-ci remonte en fait à plusieurs mois. Si Casanova a bien été le témoin, plus ou moins direct, de la prospection et des tractations qui ont conduit la plus jeune des sœurs Morfi jusqu'à Versailles, elles ne peuvent avoir eu lieu qu'avant son départ de Paris pour Dresde au mois d'octobre 1752. D'autres éléments, plus sûrs qu'un témoignage *a posteriori*, plaident eux aussi pour une rencontre à l'automne ou au début de l'hiver 1752. Le 12 mai 1753, alors qu'il rassemble les premiers éléments de son enquête sur la nouvelle maîtresse royale, Meusnier note à propos de Louison, « il y a six ou sept mois qu'elle n'est plus à Paris et qu'on la croit à Versailles dans le Parc aux Cerfs ». Cette indication situe donc la rencontre de Marie-Louise O'Murphy et de Louis XV au mois de novembre ou décembre de l'année précédente au plus tard. Au jour de l'an 1754, alors que la faveur de la belle O'Murphy est désormais publique, le duc de Croÿ croise à la messe une « très jeune et très jolie personne ». Il reconnaît alors la petite favorite « que l'on croyait qui amusait le roi depuis dix-huit mois et qui commençait à faire du bruit, depuis un an[78] ». Ces indications d'une très grande précision, comme le sont toutes les observations du duc de Croÿ, prouve que la petite Morfi avait bien été présentée au Roi plusieurs mois avant que la rumeur de sa faveur ne devienne un bruit public et ce à une date que l'on peut donc raisonnablement fixer aux premiers jours de novembre, soit au retour de la Cour de Fontainebleau[79]. Pendant près de six mois, sinon plus, le secret de cette liaison fut donc bien gardé. Cette chronologie des amours de Louis XV et de Mademoiselle O'Murphy dément de façon définitive les hésitations du marquis d'Argenson qui ont permis, ensuite, de remettre en question l'identité du modèle de *L'Odalisque blonde* de François Boucher. Il faut dire que le marquis s'est contredit lui-même en affirmant le 24 octobre 1754 que la petite Morfi est « la maîtresse du Roi depuis trois ans[80] », ce qui fait cette fois remonter l'aventure à l'automne 1751. Il est donc désormais certain que « la petite fille de quatorze ans qui a servi de modèle à des peintres », dont le Roi aurait joui « quinze jours » pendant l'hiver et la petite Marie-Louise O'Murphy ne sont bien qu'une seule et même jeune femme[81] et que la rencontre avec le Roi peut être datée des derniers mois de l'année 1752. Cette datation permet de mieux comprendre le récit de Barbier qui, s'amusant des « contes » entendus à Paris où l'« on dit que le roi a trouvé sur son chemin dans les jardins de Choisy, une jeune fille de quinze à seize ans extrêmement jolie[82] », situe la première entrevue des futurs amants dans ce petit château de plaisance, étape de la Cour sur la route du retour de Fontainebleau[83]. La jeune fille aura donc été montrée discrètement au Roi, sur son passage, pour s'assurer de son choix avant de lui être amenée à Versailles. L'on avait usé de même, huit ans plus tôt, avec la marquise de Pompadour, habilement postée sur la route des chasses royales.

C'est Casanova qui donne de la scène de cette première rencontre le récit le plus savoureux bien que, de toute évidence, il n'y ait pas participé. Accompagnées à Versailles par le peintre lui-même, — comment ne pas voir là l'ombre de Boucher ? —, la jeune fille et sa sœur sont invitées à visiter les jardins du château pendant que l'artiste va retrouver le valet de chambre. Après avoir renvoyé le peintre-maquereau à son auberge, celui-ci aurait conduit les deux sœurs dans un cabinet de verdure du parc où il les enferme à double tour. Une demi-heure plus tard, le Roi fait son apparition, et tirant « de sa poche le portrait regarda bien la petite, et dit : “Je n’ai jamais rien vu de plus ressemblant[84].” » Casanova aura probablement ragoûté à sa manière les ragots du temps, car son récit ajoute sans cesse à son témoignage oculaire ou à des informations obtenues de première main, des rumeurs douteuses et des lectures souvent beaucoup plus tardives.

Il est plus probable que la première rencontre amoureuse entre Louis XV et le jeune modèle ait eu lieu à l’intérieur du château Versailles, à proximité des petits appartements du Roi. Dès le mois de février 1753, alors que l’identité de la nouvelle petite maîtresse est encore très floue, le marquis d’Argenson fait allusion à ces quelques pièces secrètes nichées au plus profond des arrière-cabinets du monarque. Il assure que les jeunes conquêtes sont conduites par Lebel « dans sa chambre et que cette chambre s’appelle le trébuchet, parce que l’on y prend de jeunes oiseaux ». La localisation de ces quelques pièces consacrées aux amours tarifés de Louis XV a toujours alimenté les curiosités. Depuis l’installation définitive de la Cour à Versailles, le premier valet de chambre, lorsqu’il était de quartier, disposait de deux appartements de service. Un premier logement, réduit à une chambre à cheminée, était situé dans un passage étroit entre le salon de l’Œil-de-bœuf et les cabinets intérieurs de la Reine à proximité immédiate du petit escalier à vis, aussi connu sous l’appellation impropre d’« escalier des dupes ». A cette chambre, qui servait essentiellement au premier valet pour se changer, venait s’ajouter un petit logement « au-dessus » composé de quelques chambres entresolées[85] et d’une troisième pièce minuscule au niveau de l’attique. Le deuxième logement, moins connu, se trouvait au rez-de-chaussée de l’aile du Gouvernement. Il s’agissait en fait de deux petits entresols à cheminée construits au-dessus de la pièce qui servait de décharge au garde-meuble.

Mais l’usage de ces deux logements étant réservé au

premier valet de chambre de quartier, ils ne pouvaient pas être occupés en permanence par Lebel qui abandonnait les lieux lorsque son service annuel était achevé. En revanche, sa charge de concierge du château de Versailles lui permettait de disposer pendant toute l'année d'un autre appartement, lui aussi situé au rez-de-chaussée de la vieille aile du Gouvernement mais beaucoup plus vaste. Il ne comptait pas moins, en effet, de « quatre pièces dont trois à cheminée et cinq entresols dont cinq à cheminée[86] ». Il est à noter que, bien des années plus tard, avant que cette partie du château ne soit détruite pour être remplacée par l'aile dite « de Gabriel », cet appartement accueillit la comtesse du Barry lors de ses premières venues à la Cour avant qu'une faveur devenue éclatante ne lui permette de bénéficier d'un appartement dans l'attique du corps central au-dessus des cabinets intérieurs du Roi. Ce logement provisoire de la comtesse du Barry dans l'ancien appartement de Lebel laisse supposer que ces chambres l'avaient abritées lors de ses premières visites à Louis XV et qu'elles avaient donc bien pour fonction de servir de dépôt aux filles qui attendaient le Roi. Cet appartement de la vieille aile du Gouvernement était directement accessible par la porte qui se trouvait à l'entrée du pavillon, à côté du corps de garde ou, à quelques pas de là, par le passage pavé de bois qui relie encore aujourd'hui la cour royale au parterre nord. Une fille accompagnée de « sa mère » ou de « sa tante » pouvait facilement se faire indiquer ces deux endroits, visibles depuis la grille royale, et rejoindre leur point de rendez-vous en passant parfaitement inaperçue dans la foule des courtisans, des badauds et des domestiques. Après avoir fait disparaître les quelques traces de la fatigue du voyage depuis Paris et s'être changée dans les entresols, la fille accompagnée du premier valet de chambre empruntait l'un des deux escaliers de l'aile du Gouvernement et montait jusqu'au deuxième étage. Là, toujours guidée par Lebel ou l'un des valets intérieurs elle passait dans le corps central du château au niveau de l'attique, longeait l'immense couloir qui desservait les appartements des courtisans avant d'être introduite, par les arrières, dans les petits appartements du Roi qui offraient un entrelacs de chambres et de réduits aussi secrets qu'accueillants. Louis XV y disposait d'une salle de bains et d'un petit cabinet attenant où se trouvait un lit de repos. C'était là, depuis le début du règne, l'espace des plaisirs cachés du monarque.

La jeune fille aurait surpris puis charmé le Roi par sa naïveté plus ou moins feinte. Casanova raconte qu'à la vue de l'homme qui la convoitait, la petite Morfi aurait été prise d'un fou rire. Elle se croyait destinée à Lebel et reconnaît le Roi. « De quoi ris-tu ? » lui aurait demandé Louis XV. « Je ris de ce que vous ressemblez à un écu de six francs comme deux gouttes d'eau. » Le marquis d'Argenson prête la même repartie à la « petite fille qui servait de modèle à des peintres » et dont nous savons maintenant qu'elle ne fait qu'une avec Marie-Louise O'Murphy. Au Roi qui lui demandait si elle le connaissait, « elle a répondu qu'elle avait vu son portrait sur des écus[87] ». Meusnier, lui, sans donner les mêmes détails, confirme l'esprit de repartie de la jeune fille. Il conclut ainsi sa note au lieutenant général de police : « On passera ici sous silence nombre de petits propos, plus jolis les uns que les autres, que l'on fait tenir à la petite Louison. Il est pourtant vrai qu'elle est aussi spirituelle que ses sœurs le sont peu. »

Après ces charmants préliminaires, il fallut en arriver à l'essentiel de la conversation. D'après Casanova, qu'un détail de ce genre amuse toujours, le Roi se serait assis et aurait pris la jeune fille entre ses genoux afin de « s'assurer de sa royale main qu'elle était toute neuve ». De son côté, le marquis d'Argenson n'est pas en reste, il confirme que le Roi « a eu le pucelage de celle-ci » alors « qu'elle n'était même pas réglée quand il l'a eue » et l'a donc « rendue grande fille[88] ». Ce léger décalage se retrouve chez Meusnier qui date la nubilité de la jeune fille trois mois après sa présentation au Roi. Agnès de Faulques, l'auteur de ce que l'on appellerait aujourd'hui une biographie non autorisée de la Pompadour, fait un récit moins brutal mais tout aussi circonstancié de cette première entrevue. Louis XV découvre enfin la jeune fille qu'il ne connaissait qu'en peinture, « sa beauté ravissante, la fraîcheur de son teint qu'on ne comparerait à une rose que pour flatter cette belle fleur, ses grâces enfantines, une douce timidité qui est naturelle à son âge [...] l'innocence qu'il y soupçonnait, on dit qu'il l'y trouva ; tout concourait à faire naître des désirs, et rien ne s'opposait à leur satisfaction ». Aussitôt le Roi « fit connaître ses intentions : on s'y conforma. Elle n'était venue que dans le dessein de ne rien lui refuser ; elle ne refusa rien ».

Dans son récit, la moniale défroquée conclut que « l'essentiel de la cérémonie avait été exécuté à la grande joie des deux parties[89] ». Il est vrai que la vie de Marie-Louise O'Murphy montre sans ambiguïté qu'elle n'avait pas pour les plaisirs du sexe les même dégoûts que la marquise de Pompadour.

Voici donc cette petite fille d'un cordonnier irlandais, fille d'un maître chanteur et d'une prostituée notoire, sœur de figurantes à l'Opéra-Comique, poussée sur le pavé humide de Rouen et grandie sur les trottoirs glissants de la capitale, désormais maîtresse du Roi Très Chrétien. Elle y gagne aussitôt, dans les bordels de la capitale, le surnom de « Sirette ».

DEUXIÈME PARTIE

MAÎTRESSE EN SOUS-TITRE

3

« La jolie dame du Parc aux Cerfs »

La « petite maison » de Louis XV

Le pucelage de la demoiselle Morfi une fois consommé à la plus grande satisfaction de Louis XV, le Roi voulut y revenir. Il n'était donc plus question de renvoyer la demoiselle à Paris lestée d'une tabatière à l'effigie du monarque enrichie de diamants et de quelques rouleaux d'écus[1]. De simple passade, la jeune fille accédait à un statut nouveau et jusque-là inconnu dans une cour qui en avait pourtant déjà beaucoup vu, celui de maîtresse en sous-titre. Au grand mécontentement du marquis d'Argenson, la Pompadour conservait un « extérieur de faveur » et « continuait donc dans son crédit et dans son insolence, quoi qu'elle n'ait plus de part aux caresses du Roi », pendant « qu'une autre tenait sa place dans le lit du monarque[2] ». Ce partage des tâches ne pouvait pourtant pas se faire au grand jour. La Reine était toujours vivante et la Pompadour, après avoir reçu la préférence sur les propres filles du Roi, occupait depuis 1749 un magnifique appartement au rez-de-chaussée du corps central ouvrant par neuf grandes baies sur le parterre nord[3]. Il était difficile dans ces conditions de loger au château une deuxième maîtresse royale, substitut de la première, et donc, par là, d'en reconnaître implicitement l'existence. La Cour aurait crié, en silence certes, mais assez fort pour être entendue, à la polygamie et aux mœurs orientales. D'après le fameux petit pamphlet publié à Londres en 1759, le Roi, conscient de la situation, « craignait avec raison que son peu d'expérience dans le monde, trop de rudesse dans les manières, trop de simplicité dans ses réponses et une admiration outrée de tout ce qu'elle voyait », exposât sa petite maîtresse « aux railleries et aux huées des courtisans ». Les petits entresols du premier valet de chambre pouvaient abriter la jeune femme l'espace d'une nuit mais il n'était pas question d'institutionnaliser la chose. Au contraire, « il s'agissait à présent, de trouver un lieu à l'écart mais à portée, où le Roi pût se rendre sans incommodité et sans danger d'être vu, et où elle pût être confiée aux soins de personnes assurées[4] ». Le marquis d'Argenson, l'inspecteur Meusnier, le duc de Croÿ, l'avocat Barbier, Casanova, tous les témoins du temps désignent un seul et même lieu, le Parc aux Cerfs.

Depuis le règne de Louis XV jusqu'à celui du président René Coty, ces quelques mots n'ont cessé d'alimenter les fantasmes. Il suffit d'évoquer cet endroit, véritable lieu de mémoire érotique, pour imaginer un roi-centaure, l'arc éternellement bandé, chevauchant dans les allées d'un parc à la française de jeunes vierges au regard de biche. Chaque époque a projeté là ses interdits sexuels. La Révolution a voulu y voir « l'origine de l'affreux déficit » et « le gouffre de l'innocence et de l'ingénuité » où serait venue « s'engloutir une foule de victimes qui, rendues ensuite à la société, y apportèrent la corruption, le goût de la débauche et tous les vices[5] ». Sous le Second Empire, il était commode de dénoncer indirectement les frasques d'un Badinguet couronné en fustigeant le « harem » de Louis XV. Le bourgeois de la IIIe République justifiait ses visites nocturnes à la *Maison Tellier* en se réclamant des pratiques du Parc aux Cerfs. Ce que Louis XV avait fait, il était difficile de le reprocher au président Fallières. Marthe Richard et la libération sexuelle des années 1970 ont définitivement abattu les grilles d'un parc déjà très largement en friche. Les historiens ont eu depuis, si l'on peut dire, bien d'autres chats à fouetter que de traiter cette question comme un « objet » historique, selon la terminologie savoureuse qui règne aujourd'hui à l'Université.

Le Parc aux Cerfs est avant toute chose un quartier paisible de Versailles. A peine la cour de France est-elle définitivement installée à Versailles en 1682 que la ville neuve développée au nord de la patte d'oie, entre l'avenue de Saint-Cloud et l'étang de Clagny, étouffe et se révèle insuffisante pour accueillir tous ceux qui vivent désormais du château et de la Cour. La même année, Louis XIV décide donc de mettre en chantier un nouveau quartier, image renversée mais inexacte de l'ancien, au-delà de l'avenue de Sceaux. Pour cela, il faut lotir le Parc aux Cerfs de Louis XIII, ancienne réserve de gibier fermée de murs située à l'est de la pièce d'eau des Suisses, au-delà du Potager du Roi. C'est Jules-Hardouin Mansart qui trace les plans de ce nouveau quartier, véritable ville à côté de la ville, qui prend tout naturellement le nom de Parc aux Cerfs[6]. L'architecte applique là des règles d'urbanisme parfaitement « classique ». Le quartier dessine un vaste rectangle divisé par deux axes principaux, les actuelles rue Royale et rue d'Anjou, se coupant à angle droit sur une place centrale. Chaque carré ainsi obtenu étant lui-même divisé par le croisement de deux rues secondaires auxquelles on donne aussitôt le nom de rues parisiennes, comme Saint-Honoré, Saint-Antoine[7], des Bourdonnais ou encore des Tournelles. Deux autres places sont encore projetées, l'une située dans l'axe sud réservé à la construction d'un couvent qui ne verra jamais le jour, et l'autre au nord-ouest, à proximité du Potager du Roi, sur laquelle Louis XV fera élever plus tard la future église Saint-Louis. Ce magnifique projet va rester, pour longtemps, un quartier virtuel. Le directeur général des Bâtiments a beau distribuer, au nom du Roi, les places à bâtir avec obligation d'y construire dès l'année suivante, dans le respect des « décorations et symétries réglées par Sa Majesté », les propriétaires, qui ont souvent reçu ces parcelles en paiement de leurs créances sur la Couronne, se contentent d'enclore pour consolider leur droit de propriété et celui de revendre[8]. Les guerres, incessantes à partir de 1694, les « années de misère » qui marquent la fin du règne de Louis XIV puis la concurrence immobilière de la paroisse Notre-Dame, plus dynamique et surtout moins excentrée, freinent le développement du quartier. Trente ans plus tard, celui-ci offre encore l'image d'un immense terrain vague où quelques bâtiments épars émergent à peine de leur enclos. Sur un plan conservé datant des premières années du XVIIIe siècle, une grande majorité de parcelles reste inoccupée et aucun des bâtiments publics prévus par le projet initial n'apparaît. L'église, le couvent, le marché, la fontaine qui devaient équiper et agrémenter cette nouvelle partie de la ville sont restés dans les cartons. Le départ de la Cour après la mort de Louis XIV plonge Versailles dans un long coma de sept ans et fige le Parc aux Cerfs dans sa désolation. En 1752, pourtant, le quartier a connu quelques améliorations, le Roi a fait installer un marché sur la place centrale, le chantier de l'église Saint-Louis, confié dix ans plus tôt à Jacques Hardouin-Mansart de Sagonne, est en cours d'achèvement et peu à peu les parcelles vides ont vu s'élever des pavillons puis des immeubles de rapport qui servent à loger une population de plus en plus nombreuse. Pourtant le Parc aux Cerfs reste un quartier isolé, presque enclavé, auquel seule une étroite rampe encombrée de baraques en tout genre permet d'accéder depuis la place d'Armes, la rue Royale venant butter sur l'avenue de Sceaux et le mur d'enceinte de l'hôtel du Grand Maître[9]. Les rues sont mal pavées et mal éclairées, le Marché Neuf construit entre 1735 et 1738 par deux spéculateurs versaillais s'est révélé incapable de concurrencer le marché du quartier Notre-Dame. Les petites baraques seront même surélevées en 1755 pour servir de logements. En lieu et place du couvent des Ursulines, prévu dès 1682, s'étend un vaste chantier colonisé par les blanchisseuses qui font sécher là leur linge. Bien des propriétés se résument encore à un jardin clos de murs agrémenté parfois d'un petit pavillon ou de simples appentis. Telle est l'image que donne du quartier la lecture de la correspondance du département des dehors des Bâtiments du Roi et quelques rares documents iconographiques. Le Parc aux Cerfs offre le cadre idéal pour abriter des amours clandestins. C'est donc dans ce quartier que, comme tout grand seigneur ou fermier général, le Roi aura sa « petite maison ». Cette mode lancée, dit-on, sous la Régence par le jeune duc de Richelieu, consiste à aménager parfois luxueusement mais dans un quartier retiré, une maison de plaisir où l'on peut recevoir ses maîtresses du grand monde et entretenir les demoiselles du demi-monde. La pauvreté de la façade doit bien évidemment contraster avec des raffinements intérieurs qui rivalisent avec les plus beaux lupanars et les plus somptueux hôtels du faubourg Saint-Germain. Cette discrétion n'échappait pourtant pas à monsieur l'inspecteur de la police des mœurs qui, dès 1752, établissait un « état des petites maisons situées aux environs de Paris, avec les noms des propriétaires et de ceux qui les occupent ». Ces petites maisons se nichent aux portes de la capitale. Dans le quartier encore semi-champêtre de la barrière du Roule, c'est Voyer d'Argenson qui loge sa maîtresse. Aux confins du faubourg Saint-Honoré, on trouve le comte de Rochefort qui se passionne pour les actrices de la Comédie-Italienne. A Chaillot, le comte d'Egmont file le parfait amour avec la demoiselle Astraudy et voisine avec Bouret, fermier général aux mille excentricités. A Passy, le marquis de Courtanvaux essayait de contenter alternativement la demoiselle Granier et la demoiselle Vestris, rivales au lit comme à l'Opéra. Non loin de là, le prince de Monaco donnait aussi dans les actrices du théâtre italien et le duc d'Albermarle, ambassadeur d'Angleterre, logeait Lolotte Gaucher qui lui vouait, disait-on, un amour exclusif. La chose était alors suffisamment rare pour être saluée. Les hauteurs de la rue de Clichy sont à la débauche ce que le faubourg Saint-Germain est à la conversation, le duc de Gramont et le duc de Richelieu ont là leurs garçonnières et voisinent agréablement. C'est dans la « petite maison » de Richelieu[10] que se tiennent ces « dîners adamistes » au cours desquels les convives sont priés de passer à table entièrement nus. Il serait possible de faire ainsi tout le tour de la capitale et l'énumération deviendrait fastidieuse. Ces quelques exemples suffisent à démontrer que là encore, Louis XV adopte les comportements de son monde et de son temps. Le quartier du Parc aux Cerfs lui offre à Versailles la même discrétion que le quartier du Roule ou le village de Chaillot. Il suffit qu'une voiture l'attende au bas des Cents Marches ou à la grille sud de la Cour d'honneur pour que, en quelques minutes, le Roi soit parvenu à destination. Car, contrairement à ce qu'affirment certains de ses biographes[11], Louis XV, qui aime à fuir Versailles dès qu'il en a l'occasion pour l'une ou l'autre de ses petites résidences et dont le goût du secret tourne parfois à la manie, semble avoir pris un certain plaisir à se rendre lui-même à sa petite maison. Dès le 31 mars 1753, le marquis d'Argenson se fait l'écho de ces escapades et s'étonne que « Sa Majesté disparaisse chaque jour quelques heures sans qu'on sache ce que devient le monarque ». Ce petit jeu semble tellement amuser le Roi que d'Argenson ajoute : « C'est ce qui donne aujourd'hui au Roi plus de goût pour résider à Versailles[12]. » Barbier confirme, en notant quelques jours plus tard à propos de la jeune fille extrêmement jolie avec laquelle le Roi s'amuse, qu'« elle loge dans une maison à Versailles, dans le Parc aux Cerfs » et « que le Roi y va ». Mais, il ajoute : « On dit aussi qu'elle vient au château. » Cela dépendait du temps dont le Roi disposait ou tout simplement de son bon plaisir.

L'identification et la localisation de cette fameuse maison ont passionné les historiens de Versailles qui, au XIXe siècle, se sont parfois affrontés dans de véritables batailles d'érudition. Deux écoles se sont longtemps opposées ; d'un côté, ceux qui, après les découvertes du docteur Le Roi, considèrent qu'il existait une seule petite maison située à l'emplacement de l'actuel n° 4 de la rue Saint-Médéric et, de l'autre, les partisans de Vatel, historien de la comtesse du Barry, pour lequel il y eut, successivement et peut-être même simultanément, plusieurs maisons. Cette éminente question de topographie libertine mérite que l'on s'y attarde pour proposer une solution alternative susceptible de réconcilier *post mortem* ces frères ennemis de l'érudition versaillaise.

Tout commença par la publication des *Mémoires de Madame Campan*[13]. Cette ancienne première femme de chambre de la Reine Marie-Antoinette était la fille d'un commis au ministère des Affaires étrangères. Vive, spirituelle, ayant reçu une excellente éducation, elle fut d'abord introduite dans la domesticité royale comme lectrice de Mesdames, filles de Louis XV, avant d'entrer au service de la Dauphine. Ses Mémoires, publiés sous la Restauration — il lui fallait se faire pardonner un ralliement instantané à l'Empire —, intéressent essentiellement le règne de Louis XVI et la période révolutionnaire, mais elle publia quelques anecdotes sur le règne de Louis XV dans lesquelles elle compile certains souvenirs personnels glanés dans l'entourage de Mesdames et quelques rumeurs de Cour. A propos de la petite maison du Parc aux Cerfs, elle écrit : « Louis XV traitait comme particulier dans toutes les affaires ou marché qu'il faisait ; il avait acheté au Parc aux Cerfs à Versailles une assez jolie maison où il logeait une de ces maîtresses obscures [...]. Ayant réformé cet usage, le Roi voulut vendre sa petite maison. Sévin, premier commis de la guerre, se présenta pour l'acheter : le notaire qui était chargé de cette commission en rendit compte au Roi. Le contrat fut passé entre Louis de Bourbon et Pierre Sévin et le Roi lui fit dire de lui apporter lui-même la somme en or.

Le premier commis réunit quarante mille francs en louis[14] et, introduit par le notaire dans les cabinets intérieurs du Roi, il lui remit la valeur de sa maison. »

C'est en partant de cet élément concret qu'Adrien Le Roi, historien des rues de Versailles, parvint à retrouver la fameuse maison et à remonter jusqu'à l'acte par lequel, le 25 novembre 1755, devant maître Patu notaire à Paris, l'oncle du fameux Patu, compagnon de Casanova, un certain François Vallet, huissier-priseur au Châtelet de Paris, achetait des héritiers Crémer, une maison à Versailles, rue Saint-Médéric. Le jour même, l'acheteur officiel de la maison déclarait chez le même notaire « ne rien avoir ni prétendre en l'acquisition qui vient d'être faite sous son nom, de Jean-Michel-Denis Crémer et sa femme, d'une maison située à Versailles, rue Saint-Médéric, paroisse Saint-Louis, avec ses dépendances par contrat passé [...] ce jourd'hui mais que cette acquisition est pour et au profit du roi, le prix en ayant été payé des deniers de Sa Majesté à lui fournis à cet effet[15] ». Le mystère paraissait définitivement levé jusqu'à ce qu'un disciple du docteur Le Roi, Charles Vatel[16], insinue qu'il existait peut-être plusieurs maisons. L'objection soulevée, il y a plus d'un siècle, par cet érudit local est toujours valable aujourd'hui. Quelques mois avant cette acquisition, le Roi achetait une autre maison dans des conditions tout aussi mystérieuses. Le 23 mai 1755, une petite maison située au Grand-Montreuil, petit village aux portes de Versailles, à proximité de l'avenue de Saint-Cloud, était adjugée à maître Dillery, procureur au bailliage, agissant pour le compte de Sa Majesté en vertu d'une procuration spéciale transmise par un certain Antoine, officier des chasses royales, membre d'une des plus anciennes familles de la domesticité royale[17]. Il usait là d'une sorte de droit de préemption royale. Aucune publicité ne fut donnée à l'opération et les formalités habituellement prescrites dans les adjudications faites au profit du Roi ne furent jamais remplies. Là encore, le Roi avait fait appel, pour cette transaction, à l'un de ses plus proches domestiques. Quatre ans plus tard, le 2 juin 1759, Gérard Binet, premier valet de la garde-robe du Roi, se présente devant le notaire royal, expose l'histoire de cette propriété et ajoute « que Sa Majesté n'entend pas que ladite adjudication subsiste, d'autant plus que cette maison lui est absolument inutile ». Soucieux que cette opération ne puisse pas être préjudiciable aux anciens propriétaires, Louis XV demandait qu'une somme de 1 702 livres leur soit versée. Cette indemnité correspondait à quatre ans de loyers et prenait en charge les réparations jugées nécessaires. C'est un certain de Marne, inspecteur des Bâtiments de Sa Majesté qui avait été chargé de l'expertise et de l'évaluation de ces travaux. Les héritiers de Courcy furent donc rétablis dans leurs droits. L'éloignement du quartier Montreuil et le mystère qui entoure ces opérations immobilières laissent supposer qu'il avait été fait un usage assez peu recommandable de cette maison. Non seulement il n'existait pas qu'une seule maison du Parc aux Cerfs mais ce quartier n'avait pas l'exclusivité des escapades royales[18].

Louis XV ayant acquis la maison de Montreuil comme celle de la rue Saint-Médéric en 1755, où logeait-il ses amours avec Mademoiselle O'Murphy avant cette date ? Certes, le Roi, ou l'un de ses valets, a très bien pu louer la maison Crémer du Parc aux Cerfs avant de l'acheter. Une similitude de noms pourrait aller dans le sens de cette hypothèse. Avant d'être la propriété du monarque, la maison de la rue Saint-Médéric était louée depuis 1753 à un certain Philippe Demarne. On retrouve là, certes sous une orthographe différente, le nom de l'inspecteur des Bâtiments choisis par Louis XV pour évaluer les travaux à faire à la maison de Montreuil. Cet homme a très bien pu prêter son nom pour une location discrète avant l'acquisition[19]. Cela étant dit, cette maison paraît bien modeste pour avoir accueilli le Roi de France. Un rapport d'expertise exécuté à la demande de la veuve Crémer le 3 août et le 3 septembre

1740, soit quinze ans avant l'acquisition de la maison par Louis XV, donne une description particulièrement détaillée de l'endroit. Deux modestes appentis occupent une parcelle rectangulaire dont la surface excède à peine les mille mètres carrés[20] entourée de hauts murs. Au fond du jardin exposé plein nord et adossé au mur mitoyen, se niche un premier bâtiment de plain-pied qui ouvre par trois croisées et deux portes-fenêtres sur le jardin. On entre directement dans la cuisine reconnaissable à son potager et à son fourneau de brique, à droite se trouve une petite pièce à cheminée de huit mètres carrés et à gauche une autre pièce à cheminée un peu plus grande qui dispose d'une porte vitrée ouvrant sur le jardin. Le tout n'excède pas trente mètres carrés, les sols sont « de grands carreaux en mauvais état » et le toit d'ardoise. Une méchante palissade sépare la maison du reste du jardin où l'on trouve plusieurs « pieds d'arbres fruitiers en espaliers » et même quelques « ceps de vigne ». L'autre bâtiment, donnant directement sur la rue, n'est pas plus engageant ; il se résume à une grande salle de près de vingt-quatre mètres carrés, basse de plafond, chauffée par une seule cheminée d'angle et ouvrant par trois fenêtres orientées plein ouest. Même si la maison a pu bénéficier de quelques travaux après 1755 — travaux dont on ne trouve aucune trace dans les comptes des Bâtiments du Roi —, on imagine mal le roi Louis XV, particulièrement sensible à l'aménagement de ses plus infimes résidences, quitter ses petits appartements, superbement dessinés par Gabriel et décorés par les Verberckt, Rousseau, Caffieri et autres artistes majeurs, pour aller passer quelques heures, même d'une grande intensité, dans une cabane de jardinier. En 1771, lorsque le Roi décida de se séparer de la maison, elle devait avoir conservé son aspect de 1740. Le prix alors exigé, 16 000 livres, est dérisoire et l'acheteur, le sieur Jean-Baptiste Savin, « huissier de la chambre de Madame Victoire de France », s'empressa de la faire abattre.

Pourtant, les contemporains s'accordent tous à reconnaître que la petite Louison était très bien logée. Le marquis d'Argenson décrit « une jolie maison au Parc aux Cerfs » équipée d'une nombreuse domesticité comprenant « une gouvernante, une femme de chambre, une cuisinière et deux laquais[21] » parfaitement impossible à loger rue Saint-Médéric. Meusnier, quant à lui, installe la toute nouvelle favorite dans « un bâtiment neuf à Versailles » et une anecdote rapportée par Barbier laisse entendre que cette installation n'avait rien de spartiate. L'ameublement de la *petite maison* royale faisait jaser, les curieux, voulant faire parler le garde général des meubles de la Couronne, lui soutenaient « que cela avait été meublé par ses ordres ». Ce que Barbier dément aussitôt car « cela n'aurait pu même se faire secrètement par cette voie ». Selon lui, « c'est le courtisan qui est dans le secret ou un premier valet de chambre, qui aura eu ordre de faire meubler cette maison ». A quoi il ajoute : « On dit même que l'aventure a été découverte à Versailles, ou du moins soupçonnée, à l'occasion d'une belle pendule qu'un homme de Paris apportait au Parc aux Cerfs, sans savoir précisément où il aurait à faire, qui s'est adressé à différentes maisons et à qui on a fait apparemment des questions[22]. » Si l'anecdote et vraie, cette belle pendule signale un décor recherché, composé de meubles de prix car cet objet reste, sous le règne de Louis XV, le signe d'un raffinement extrême et sa prisée dans les inventaires d'après décès parisiens donne lieu à de fortes estimations, tournant le plus souvent autour de 200 livres[23], soit l'équivalent d'une année de salaire pour un ouvrier parisien.

Une autre maison pourrait bien correspondre à la description élogieuse que les contemporains en ont faite. En 1751, le 25 avril très exactement, Charles Collin, ancien procureur au Châtelet de Paris et intendant de la marquise de Pompadour[24] recevait du Roi, le brevet étant signé par Lenormant de Tournehem, oncle de la favorite, un terrain à l'angle de la rue Royale et de la rue Saint-Louis qui venait agrandir une propriété dont il avait hérité de sa tante Binet, elle-même liée à la famille du premier valet de chambre. Tous les partenaires de cette transaction appartiennent comme par hasard à la garde rapprochée de la Marquise. Sur ce terrain, Collin avait fait bâtir par Jacques-François de Lespée, inspecteur des Bâtiments du Roi, un charmant pavillon qui existe toujours[25] et dont la disposition et les aménagements tant intérieurs qu'extérieurs répondent de façon presque idéale à la conception que l'on pouvait se faire alors d'une « petite maison ». Une porte cochère ornée d'une tête de satyre ouvre sur une petite cour d'honneur au fond de laquelle se trouve le pavillon central coiffé d'un fronton triangulaire sculpté de cornes d'abondance. Ce pavillon se compose simplement de quelques pièces de plain-pied : un grand salon aux dessus de portes peints par Boucher avec, à main gauche, une petite salle à manger chauffée par un poêle de faïence et, à main droite, une belle chambre à alcôve décorée de délicieuses chinoiseries avec un minuscule boudoir attenant. Le tout entièrement indépendant des deux ailes en retour qui abritent les communs et logent la domesticité. De hauts murs encadrent la propriété et ses jardins parfaitement insoupçonnables depuis la rue. Cette maison, bâtie dans la partie la plus éloignée et la moins peuplée du Parc aux Cerfs, assurait à ses occupants un confort exquis et la plus grande discrétion.

Certes, il n'existe pour étayer l'hypothèse qu'un faisceau d'indices. Construite entre 1751 et 1753, la maison de la rue Saint-Louis est contemporaine des amours de Louis XV et de la belle Morphise et correspond aux témoignages contemporains qui font état d'un bâtiment neuf. Dans un quartier où se construisent alors pour l'essentiel des maisons de rapport, son élégance et son raffinement tranchent et rappellent la belle architecture des bâtiments du Roi. L'hôtel Collin paraît même inspiré de l'Ermitage de Fontainebleau construit pour la Marquise par Ange-Jacques Gabriel trois ans plus tôt. La personnalité de son propriétaire, Charles Collin, va aussi dans ce sens, d'autant plus que, à partir de 1752, l'intendant disposait d'un appartement dans l'hôtel de la Pompadour, rue des Réservoirs à Versailles[26]. Il n'avait donc pas besoin d'un second logement à Versailles et, qui plus est, dans un quartier isolé, mal desservi et peu fréquenté. Homme du clan Poisson, il était déjà au service du père de la Marquise, François Poisson, employé des frères Pâris. En 1748, Collin accepte de se séparer de sa charge de procureur au Châtelet de Paris pour devenir l'intendant de la Marquise qu'il servira jusqu'à sa mort en 1764, date à laquelle il vend sa maison du Parc aux Cerfs. Collin est l'homme de toutes les transactions et de toutes les combinaisons financières et partage la plupart des secrets domestiques de la favorite. Rien d'étonnant donc à ce qu'il ait été chargé d'héberger discrètement les amours de Louis XV avec une demoiselle découverte par le propre frère de la Marquise. Il semble même particulièrement bien choisi pour le rôle. Maurice Quentin de Latour a laissé de lui un beau portrait souriant et légèrement empâté qui laisse peu de doutes sur la personnalité très épicurienne du personnage[27]. Célibataire endurci, l'homme mène une vie parisienne très agitée qui le prédispose au rôle d'ami complaisant ; peut-être même servait-il lui aussi occasionnellement de rabatteur pour le Roi. En effet, une indiscrétion de l'inspecteur Marais, ami et successeur de Meusnier, révèle son attrait pour les très jeunes filles. En 1760, il aurait donné 12 louis à la mère d'Elisabeth Normand, âgée de treize ans, pour le prix de son innocence[28].

Le rôle du clan Pompadour dans le logement de la jeune Morphise n'a d'ailleurs pas échappé à certains contemporains. L'auteur de *L'Histoire de Madame la marquise de Pompadour*, peut-être alimenté en sous-main par le comte d'Argenson, établit clairement le lien[29]. Evoquant les difficultés rencontrées par le Roi pour trouver un endroit sûr pour abriter « la jeune Murphy », Marianne de Faulques commente : « Un lieu pareil était difficile à trouver ; mais sa bonne amie Madame de Pompadour le tira d'embarras. Elle ajouta encore à cette faveur, le mérite de faire semblant d'ignorer qu'elle lui rendait. » Ainsi, lorsqu'on apprit à la Marquise la difficulté « où était le Roi, à se procurer une maison particulière pour sa nouvelle maîtresse, elle chercha l'occasion de lui faire connaître qu'elle était lasse d'une petite maison qu'elle avait aimé autrefois » et le pria, en toute amitié, « de vouloir la débarrasser de cette maison et d'en disposer à sa guise et selon son bon plaisir[30] ». Ici, l'auteur prétend que cette maison n'est autre que l'Ermitage construit par la marquise de Pompadour en bordure du parc du château de Versailles, sur des terrains situés à l'opposé du Parc aux Cerfs dont le Roi lui avait accordé l'usufruit et dont les travaux sont achevés en novembre 1748. Bien que reprise à son compte par Soulavie, cette hypothèse ne tient pas car la Marquise aimait cette maison qu'elle occupait régulièrement et où elle pouvait recevoir le Roi dans la plus charmante intimité. Le 27 février 1749, la Pompadour écrivait à Madame de Lutzelbourg parlant de son Ermitage : « J'y suis seule ou avec le Roy et peu de monde, ainsi j'y suis heureuse. » Il n'était donc pas question de céder la place à une petite gourgandine aussi utile soit-elle. En désignant cet Ermitage comme le refuge de Mademoiselle O'Murphy, l'auteur du pamphlet faisait en fait coup double : d'un côté, elle suggérait le rôle de la favorite en titre dans les petits arrangements sexuels du monarque et, de l'autre, elle dénonçait le luxe d'une cour décadente.

La petite favorite

L'existence de Marie-Louise O'Murphy à peine connue, elle est aussitôt l'objet de toutes les curiosités et de toutes les supputations. Au point que « la Reine même a été curieuse de la voir », indique Meusnier. Pourtant Louis XV, au moins dans les débuts, semble avoir cherché, comme à son habitude, à garder sur cette partie de sa vie le plus grand secret. Secret que le marquis d'Argenson, tenu en haleine par l'éventualité d'une disgrâce de la marquise de Pompadour, cherche à percer par tous les moyens. Un jour, il s'agace de ce que tout « cela se pratique avec un grand mystère[31] ». Une autre fois, il note que « le monarque veut que son intrigue avec cette jeune fille soit extrêmement cachée[32] ». Un peu plus loin, il ajoute, parlant de Louis XV : « Comme il adore le secret, on le sert à sa guise : un Roi obtient toujours tel point qu'il veut, quand il l'a à cœur ; ainsi l'on ne sait point ni les détails, ni même avec affirmation ces nouvelles de son sérail[33]. » Cela ne l'empêche pas de rester à l'affût et de tenir la chronique hésitante mais précise de cette faveur secrète. Sans trahir ses sources, il dit obtenir ses informations d'un « grand courtisan », puis « d'un homme de la Cour et de l'intrigue des cabinets » qui aurait même le privilège de « souper » avec le Roi et très certainement de son frère, le comte d'Argenson, qui serait, selon lui, dans « le secret de tout cet intérieur du sérail[34] », même si les relations entre les deux hommes sont loin d'être faciles.

« Le Roi aime de plus en plus la petite Morfi[35]. » Pendant plusieurs mois, cette phrase revient comme un refrain sous la plume du marquis d'Argenson. La jeune fille « amuse beaucoup » son amant car « elle marque de l'esprit et dit au Roi des choses tournées et galantes[36] ». Il est certain que la petite Louison, outre qu'elle donnait de « l'ardeur » à un Louis XV parfois sujet aux défaillances comme tous les dépressifs, devait trancher avec le maintien très compassé des femmes de sa cour. Un jour que le Roi lui fit don d'une belle tabatière, « elle se mit à sauter et à danser sur les chaises[37] ». Peut-être le souverain prenait-il avec elle des leçons de cet argot parisien dont il s'amusait ensuite à émailler sa conversation au grand scandale de ses filles et de ses valets. « La fréquentation trop habituelle de Louis XV avec des demoiselles dont les charmes remplaçaient les avantages de l'éducation avait sans doute appris au Roi beaucoup d'expressions vulgaires qui, sans cela, n'eussent jamais pénétré jusqu'à lui » s'offusquera bien plus tard la très digne Madame Campan[38].

La passion du Roi est si vive que pendant plusieurs mois il ne va pas quitter sa maîtresse. Peu à peu, le secret qu'il s'était lui-même imposé cède devant son caprice. Dès le début du mois d'avril 1753, « la petite Morfi commence à venir chez le Roi et à ne plus se cacher de sa faveur[39] ». Le Roi la verrait quotidiennement. A la fin du mois de mai de la même année, « il a vu Mademoiselle Morfi chaque jour pendant le séjour de Bellevue, et chaque jour il la voit depuis qu'il est à Marly[40] » ce qui oblige le monarque et son escorte à des allées et venues incessantes. Selon Argenson, tant de saillies épuisent le monarque car il est « déjà affaibli par l'usage des femmes dont il a usé trop jeune[41] », aussi « il paraît vieilli plus que son âge ne le comporte ; il est rembruni ; des chairs mollasses et le dos arrondi[42] ». Le témoignage manque ici d'objectivité, Louis XV, chasseur infatigable, est longtemps resté le « plus bel homme de son royaume » selon l'expression du temps.

Dotée « d'une volonté décidée », la petite Morfi que les courtisans appellent déjà « Madame » aurait même le pouvoir de faire casser les voyages du Roi. Louis XV n'a jamais autant eu le goût de Versailles. Le 1er mai 1753, le séjour prévu pour Marly « devient fort incertain ». L'on a « donné pour prétexte qu'il y a de la vérole parmi les enfants de ce village[43] ». A la vérité, c'est pour ne pas se séparer de sa maîtresse que Louis XV renonce à son errance quasi maladive. Le lendemain, c'est Choisy qui est ajourné. Le déplacement ne devait pas durer plus de trois jours mais la petite maîtresse jouant de son esprit et de ses charmes adolescents, a soutenu au Roi « qu'il serait de cinq jours pour elle, que pour le jour du départ, elle ne ferait que pleurer, et que le jour de son arrivée elle mourrait de joie[44] ». Elle a donc, une nouvelle fois, fait « manquer le voyage ». Il n'est pas jusqu'au château de Bellevue, maison offerte par Louis XV à la Marquise pour abriter des divertissements mal vus de l'opinion publique, qui ne soit maintenant dédaigné. Au printemps 1754, « la Marquise a fait ce qu'elle a pu pour arranger quelques voyages du Roi à Bellevue » mais « Sa Majesté a mieux aimé rester à Versailles[45] », pour ne pas s'éloigner de sa maîtresse « dont il est fort amoureux ».

Pour éviter de désorganiser totalement les déplacements de la Cour, il est désormais convenu que Mademoiselle O'Murphy fera partie des bagages. Ainsi « elle a été à la Muette » et « pendant les deux voyages de Crécy déterminés pour le mois prochain, elle a un logement préparé à une lieue de cette maison pour y voir le Roi tous les soirs[46] ».

A Compiègne, lorsque la Cour prend ses quartiers d'été, elle est logée dans la fameuse maison du Bois[47]. Dufort de Cheverny a laissé de cette maison, ou plutôt de ce campement au luxe extravagant, une description émerveillée. Au milieu de la forêt, dans une clairière naturelle, derrière une palissade crénelée à l'orientale, on fit apparaître comme par enchantement un jardin exotique en plantant en pleine terre des caisses d'orangers et toutes sortes de plantes rares. De là on fit venir du garde-meuble, deux tentes superbes, cadeaux des ambassadeurs du Grand Turc[48]. Ces tentes de bois « retroussées sur le devant » étaient d'une « magnificence asiatique », les sols parquetés de bois précieux et les intérieurs « garnis de velours cramoisi galonné d'or ». La tente principale — la seconde était réservée à la garde —, contenait la salle du Conseil, une chambre à coucher, un cabinet de toilette et un boudoir, « le tout meublé de perse à dessins d'oiseaux superbes ». Il y avait là, « des poêles, des cheminées tout en fonte, des porcelaines superbes même pour les usages les plus vils et une prodigalité de dentelles pour les choses même qui en ont le moins besoin ». Derrière la tente, une volière avait été aménagée pour accueillir « serins et kakatoès » et « tous les oiseaux des quatre parties du monde ». Un ingénieux système de pompes cachées permettait de faire jouer des jets d'eaux en pleine forêt et arrosaient de petits ruisseaux artificiels qui venaient rafraîchir toute une volaille de luxe sur laquelle régnaient de rarissimes « faisans de la Chine ». Un pavillon du meilleur goût servait de réchauffoir pour les plats apportés des cuisines du château. Accolé à la palissade et disposant de deux entrées, il permettait aux domestiques de faire leur service sans pénétrer dans cette minuscule cité interdite. Là, Louis XV, en compagnie de sa jeune maîtresse, pouvait se prendre pour le Roi de l'un de ces contes de fées qu'il affectionnait tant[49]. D'après le marquis d'Argenson, Morphise, installée à Compiègne tout l'été dut céder la place une seule fois, lorsque le Roi invita la marquise de Pompadour à souper dans son royaume des *Mille et Une Nuits*. Comme dans le charmant petit roman de l'abbé Voisenon, le sultan Misapouf recevait la princesse Grisemine...

A Versailles, la rumeur court un moment que la nouvelle favorite, jusque-là cachée dans les profondeurs du Parc aux Cerfs, serait bientôt logée au château. Dès le 2 mai, le marquis d'Argenson croit pouvoir écrire que la Morfi dispose d'un appartement près de celui du Roi. Huit mois plus tard, au début de décembre, il tient pour sûr que « le Roi a fait construire un appartement pour la petite Morfi au-dessus de celui du Premier valet de chambre[50] ». En réalité Marie-Louise O'Murphy n'a jamais reçu de logement officiel à la Cour. Les archives de la Maison du Roi en auraient conservé le souvenir. Il est toujours question de ces mêmes pièces en entresol attribuées au premier valet de chambre et dans lesquelles le Roi, « montant à ses cabinets » pouvait retrouver discrètement sa maîtresse. Lorsque la Cour était à Versailles, la jeune femme continuait donc à vivre en ville. Il est difficile de se faire une idée de la vie qu'elle pouvait y mener. Le marquis de Valfons, dans ses souvenirs, assure que les demoiselles du Parc aux Cerfs — il évoque d'ailleurs très précisément « Mademoiselle Morphise » —, avaient une loge à la comédie, qu'il a souvent vu occupée bien qu'elle ait été grillagée. Il ajoute qu'elles ne recevaient personne mais « qu'on leur donnait tous les maîtres qu'elles pouvaient désirer[51] ». D'après l'abbé Soulavie[52], dont le témoignage doit être reçu avec la plus grande prudence, le Roi se serait montré particulièrement soucieux d'instruire lui-même sa petite maîtresse dans les devoirs de la religion. Il lui aurait même « appris à lire, à écrire, et à prier Dieu, comme un maître de pension » lui enjoignant de dire ses prières avant de se mettre au lit. Aussi, pouvait-on parfois croiser la demoiselle allant à la messe. C'est ce qui arrive au duc de Croÿ au jour de l'an 1754, alors qu'il se rendait aux Petites Ecuries, à la toilette de Madame de Leyde sa parente[53], pour obtenir avec son aide une entrevue avec la marquise de Pompadour. Madame de Leyde ayant achevé son lever, il fut décidé qu'il l'accompagnerait à la messe de la paroisse[54]. Là il remarque, « une très jeune et très jolie personne, mise simplement » et croit pouvoir reconnaître « la demoiselle logée au Parc aux Cerfs[55] ». Une semaine plus tard, il fait allusion au « crédit que prenait peut-être la jolie dame du Parc aux Cerfs, qui, à ce qu'on croyait avait lieu d'espérer beaucoup[56] ».

En effet, au-delà de cette modestie dans la mise et le maintien, celle que les courtisans ont surnommé la Morphise est vite devenue un enjeu dans les intrigues de cour. Certains, soucieux de ne pas insulter l'avenir, cherchent à l'approcher et lui témoignent un profond respect. Le premier à lui avoir été présenté est le duc d'Ayen[57]. Véritable fleur des pois de la cour de France, ce quasi-contemporain de Louis XV appartenait au premier cercle, comptait parmi les très rares amis intimes et partageait entre autres avec le Roi le goût de la botanique. Capitaine des gardes du corps, il est avec le premier valet de chambre, l'un de ceux qui approchent au plus près de la personne du monarque. Il connaît donc parfaitement les secrets de sa vie privée. A ce titre, il est détesté du marquis d'Argenson qui enrage d'apprendre que, dès les premiers jours de mai 1753, « le duc d'Ayen est le seul des courtisans à qui le Roi ait encore fait voir la petite Morfi. Cela lui donne un grand air de faveur, il s'en cache en le divulguant[58] ». De fait, il est à peu près certain que le duc d'Ayen est la principale source des premières indiscrétions sur les amours du Roi et d'O'Murphy. Un peu plus tard, c'est au duc de Richelieu d'être mis dans la confidence[59]. Dès lors, « les autres courtisans n'en parlent plus qu'avec respect et recherchent ses entours[60] ». Il n'est pas jusqu'aux ministres qui parlent eux aussi, « avec beaucoup de respect de cette nouvelle maîtresse[61] ». Il est même question, d'après Meusnier, de lui bâtir une généalogie en accord avec sa nouvelle situation.

Tant de faveurs et de signes distingués de la part d'un Roi très avare de toute démonstration alimentent bien entendu les rumeurs les plus inquiétantes pour la Pompadour. Dès le 1er avril 1753, soit le jour où Argenson parle pour la première fois de la petite Morfi dans son journal, il s'empresse de conclure : « L'on prévoit qu'elle chassera bientôt la Marquise[62]. » Cela tourne même à l'obsession. Le 27 avril, la disgrâce de la Pompadour serait « prochaine ou consommée[63] ». Le 4 mai, « il n'est plus question d'autre chose que de la future et prochaine disgrâce de la marquise de Pompadour[64] ». Le 7 mai, Argenson est plus nuancé, « le crédit » de la maîtresse en titre « diminue sensiblement » et « les ministres ne viennent plus si assidûment chez elle[65] ». Le 14 mai, adieu places, prébendes, et retour en grâce, « la marquise de Pompadour est mieux que jamais avec le Roi[66] ». Le 26 mai, Argenson y perd son latin de cour, « ceux qui arrivent de Marly disent que la marquise de Pompadour paraît extérieurement en haute faveur plus que jamais, d'autres que sa disgrâce approche ».

Peu à peu les perspectives d'un départ de la Pompadour s'éloignent, et la « petite Morfi » perd un peu de son intérêt politique aux yeux du marquis d'Argenson. Les allusions à la petite maîtresse vont s'espacer. Citée dans son journal quatre fois au mois d'avril 1753 et neuf fois pour le seul mois de mai, son nom n'apparaît ensuite qu'une ou deux fois par mois dans le courant de cette année-là comme de la suivante[67]. A sa décharge, le marquis d'Argenson n'est pas le seul à avoir cru un moment à la chute fracassante de la marquise de Pompadour au profit de la belle Morphise. Au même moment, Monseigneur Durini, le nouveau nonce apostolique tient Sa Sainteté Benoît XIV informée des progrès de la nouvelle maîtresse royale. Au mois de mai 1753, il mande à Rome que « selon toutes les apparences, la sultane favorite perd de son crédit. La froideur augmente pour elle à mesure que la nouvelle flamme pour la jeune Irlandaise Murphy prend de la force »... Le nonce ajoute : « On lui a fait apprendre la danse et autres arts d'agrément pour la produire à la Cour[68]. » Comme le marquis d'Argenson, le nonce pense avoir tout à gagner à une telle substitution dans la faveur du Roi. Les origines irlandaises et donc nécessairement jacobites de la jeune femme ne peuvent qu'enchanter Rome qui défend depuis toujours les prétentions des Stuarts catholiques sur l'Angleterre protestante. Remplacer la Pompadour, très proche des « philosophes » et notoirement irréligieuse, par une bonne petite catholique d'origine irlandaise pourrait influer favorablement sur la politique extérieure de la France. C'est le calcul que fera le parti dévot, quinze ans plus tard, en essayant d'instrumentaliser la du Barry contre Choiseul. Pour l'heure, ces extrapolations diplomatiques comme les rêveries politiques du marquis d'Argenson se révéleront autant de châteaux en Irlande. Jamais la petite Morfi n'a véritablement menacé la marquise de Pompadour.

Il n'en demeure pas moins que Marie-Louise a changé de

destin et que sa faveur bien que discrète va profiter à sa turbulente famille.

Certes, d'après l'inspecteur Meusnier, lorsque l'on vint annoncer à son père, Daniel O'Murphy, « l'heureuse nouvelle » de la faveur de sa fille, « le bonhomme loin d'y applaudir, ne put résister au premier mouvement, en disant, hélas ! Il n'y en aura donc pas une de sage ! ». L'homme ne sera d'ailleurs pas un obstacle, il meurt le 18 juin 1753. Difficile de savoir s'il mourut de joie ou de honte mais l'histoire familiale plaide pour la joie. Il est vrai que, toujours selon Meusnier, « ses père et mère » en plus des 200 louis perçus à l'origine continuaient à recevoir « tous les jours de nouveaux secours » de leur fille reconnaissante.

En un premier temps pourtant, cette encombrante famille fut mise à l'écart et même peut-être consignée aux portes de Paris. Les sœurs de la nouvelle maîtresse royale ne pouvaient pas continuer à exposer gorge et mollets sur la scène de l'Opéra-Comique. Le zèle de Berryer et de ses sbires n'aurait pas suffi à endiguer le flot de pamphlets et de libelles qui serait venu noyer les salons et les cafés parisiens. Aussi Madeleine et Victoire ont-elles quitté la capitale. Elles ont d'abord été logées dans une maison « à l'entrée du village de Ménilmontant à gauche » puis dès que l'aventure de leur petite sœur est devenue publique, elles déménagent, pour « une petite maison à trois lieues de Paris, du côté de Bagnolet, mais le nom est un mystère ». Il semble que ces précautions aient été prises pour éviter à Louison d'avoir à trop rougir de ses parents. D'après Meusnier, la jeune fille ne comptait plus « au nombre de ses parents que son père, sa mère et sa sœur aînée, qu'elle croit sérieusement mariée avec le sieur Melon ». Il est aussi fort probable que Victoire et Madeleine avaient été mises en quarantaine parce qu'elles en savaient beaucoup trop sur les circuits souterrains qui avaient permis à leur sœur de passer de l'atelier de Boucher à la chambre du Roi. Tout comme la mère, qu'une autre note de Meusnier, plus récente car elle est datée du 4 décembre 1753, croit avoir débusquée « dans une autre petite maison, rue Saint-Maur à la Courtille ». C'est bien toute la famille qui pendant quelques mois fut discrètement assignée à résidence.

Cet exil ne va durer qu'un temps. A la fin de l'année 1753, tout le monde est de retour à Paris et le temps des vaches maigres est bien révolu. Comme l'écrit joliment Meusnier, le destin de la petite sœur « semble avoir influé avantageusement sur toute la famille ». Ainsi, « la dame Morfis, la mère » est-elle bourgeoisement installée « rue Sainte-Apolline chez un marchand de chevaux où pend pour enseigne le Cheval rouge, au premier sur la rue ». Elle occupe un vaste appartement à l'étage « composé de six pièces de plain-pied ». C'est une rareté pour l'époque dans un Paris où plus de soixante pour cent des Parisiens doivent se contenter d'une pièce unique et où la disposition verticale des logements domine dès lors que l'on a la chance d'occuper plusieurs pièces[69]. Aussi le loyer de cet appartement est-il de 340 livres par an. Au début du XVIIIe siècle, la grande majorité des loyers parisiens se situe entre 20 et 60 livres par an. Le chiffre atteint les 60 à 100 livres à la veille de la Révolution. A partir de 150 livres, le locataire est dans l'aisance et, au-delà de 500 livres, dans le monde étroit de la richesse. Meusnier est formel, « l'aisance règne dans la maison » car non seulement « l'appartement en question » est « meublé presque tout à neuf et de bon goût » mais, chose rare chez les filles entretenues, « le tapissier a été payé comptant ». Avec l'aisance viennent les tourments de toute vie bourgeoise : les domestiques. Meusnier les désigne dans ses notes par leurs prénoms et attache la plus grande importance à leurs faits et gestes car ils sont bien évidemment ses plus fidèles informateurs. Un jour il se plaint qu'André le valet de Madame O'Murphy ait été chassé de la maison mais se félicite d'avoir fait suivre le fidèle Pavie car ce dernier « est resté chargé des commissions pour Versailles ». Bien qu'isolée au Parc aux Cerfs, Marie-Louise reste en contact avec ses parents et la police en est parfaitement informée.

A l'époque de cette nouvelle note, Victoire et Madeleine ont rejoint leur mère et vivent avec elle rue Sainte-Apolline, ce qui ne les empêche pas de reprendre leur vie galante. Madeleine, « qui doit au premier jour aller demeurer à son particulier », « serait grosse d'environ trois mois des œuvres du baron de Ray ». Quant à Victoire, « elle en sait présentement assez pour être stérile » et les « funestes secrets » n'en sont plus pour elle. Au mois de septembre, Meusnier notait qu'elle avait mis le grappin sur un certain Lavabre, caissier du banquier Salles du Fezq. Ce fils de négociant lyonnais, jouissant de 5 000 à 6 000 livres de rentes était alors assez jobard ou suffisamment bien informé sur la situation réelle de sa future belle-famille pour demander sa maîtresse en mariage. Au mois de décembre, l'intrigue « subsiste toujours, néanmoins il n'est plus question de mariage avec celui-là parce que sa mère et la petite Louison, qui aujourd'hui a voix délibérative, inclinent pour le sieur Desferrand ». En effet, l'heure de la respectabilité a sonné et il est temps que tout ce demi-monde se range. On se souvient que le sieur Desferrand avait un temps entretenu Victoire avant qu'elle ne fasse son entrée à l'Opéra-Comique. De cette relation était né un petit garçon confié aux soins des époux Melon qui l'élèvent comme leur fils. Le mariage avec Desferrand, outre que ce digne ingénieur de la Bastille pouvait compter sur près de 8 000 livres de rentes, présentait l'avantage d'officialiser une relation quasi publique tout en légitimant l'enfant né quelques années plus tôt. La famille devenait plus présentable et donc plus exigeante. Pourtant, malgré cette hostilité familiale à sa demande en mariage, Lavabre ne se découragea pas, promit à sa maîtresse un petit équipage et finit par l'emporter.

Madeleine, elle aussi, devait se ranger. Il fallait mettre un terme à tout ce désordre. Le baron de Ray ayant disparu de la circulation, c'est un certain Simon Bourlier « intéressé dans les fermes du Roi » que Magdelon épouse en juillet 1755. Leur contrat de mariage, passé devant Robineau et Ledoux, notaires à Paris, a été conservé. C'est un document exceptionnel car il décrit les conditions dans lesquelles se marie une ancienne fille entretenue. Contrairement à la tradition qui veut que le contrat de mariage soit signé par un grand nombre de témoins venus signifier la surface sociale de la famille, Simon Bourlier et « Marie-Madeleine de Murphy », passent chez le notaire dans la plus stricte intimité. En dehors du tabellion et des mariés, seule Marie-Marguerite Hicky, se disant « veuve de Messire Daniel de Murphy Gentilhomme Irlandais demeurant rue Neuve-Saint-Denis[70] », est présente ce jour-là. Elle signera le contrat d'une écriture dont la maladresse et les hésitations suffisent à trahir la modestie de ses origines. Par ailleurs, il a été convenu que, contrairement à la coutume de Paris, il n'y aurait aucune communauté de biens entre les époux, ce qui autorise la future à faire librement toute acquisition que bon lui semblera et à gérer ses biens en toute indépendance. Madeleine apporte en dot tous « ses meubles meublants, vaisselle d'argent, glaces, trumeaux, linge, tables et autres ustensiles nécessaires au ménage qui se trouveront dans l'appartement qu'occuperont lesdits sieur et demoiselle futurs époux ». Ils seront donc censés lui appartenir de droit. Comme toutes les filles de ce métier, l'essentiel de la fortune de la jeune fiancée tient dans son ameublement, ses bijoux et sa vaisselle. Ils sont à la fois un instrument de travail et le fruit de ce même travail. La première chose qu'une fille demande à son entreteneur, c'est de lui payer ses meubles. Ce capital mobilier constitue par ailleurs une garantie facilement négociable en cas de coup dur. D'une certaine façon, le train de vie parfois fastueux des demoiselles d'Opéra et autres *demi-castors* n'est pas un signe extérieur de richesse, il est toute leur fortune. Magdelon dite « Corbin » devient donc Madame Bourlier et les époux se feront bientôt appeler Bourlier de Ballimore en souvenir de leur très noble et très hypothétique ascendance irlandaise.

Les ci-devant demoiselles Morfi sont désormais des femmes respectables, très à cheval sur leur nouvelle dignité. Le temps où l'on pouvait leur rendre des hommages de coulisse est révolu. Elles ne tolèrent plus ni privauté ni insulte. Une plainte déposée par Monsieur Lavabre, quelques mois avant le mariage de sa belle-sœur et découverte au hasard des archives de la Bastille, donne un aperçu du nouveau statut de la famille et montre que le clan n'hésitait pas à faire usage de sa puissance toute neuve.

Le 28 avril 1755, Lavabre adresse une lettre furibonde au lieutenant général de police : après avoir dîné chez Melon, son beau-frère désormais logé rue Saint-Honoré — le quartier Montorgueil n'était plus habitable —, avec sa femme, Victoire, et sa belle-sœur, Madeleine, Lavabre a « fait chercher un carrosse pour aller promener » et « de là nous rendre au logis. » Par bonheur, une voiture de place vient à passer devant l'immeuble. Elle est libre. Les Parisiens, quelle que soit leur époque, savent que c'est là une chance inouïe. Heureux de sa trouvaille, notre homme fait attendre quelques instants les dames et descend pour passer marché avec le cocher. Lavabre raconte que « celui-ci était ivre mort et ne pouvait pas se soutenir, il m'a demandé une somme considérable et ni son état ni son prix ne me convenaient point, je lui ai dit de continuer son chemin ». Protestation du cocher qui demande à être payé puisqu'on l'a arrêté pour une course. Premières injures. Soucieux de ne pas compromettre sa dignité avec ce conducteur de fiacre et peut-être inquiet des suites que l'altercation pourrait prendre, Lavabre remonte se réfugier chez son beau-frère. Obstiné, le cocher le suit dans la maison « où il a fait beaucoup de tapage et dit mille impertinences et frappé à coup redoublé à toutes les portes ». De guerre lasse, Lavabre fait envoyer chercher un autre fiacre mais le cocher ne l'entend pas de cette oreille, il empêche son confrère « et d'ouvrir la portière et de marcher », redouble d'invectives au milieu de la rue et « fait un scandale affreux ». Se « contenant beaucoup », le beau-frère de la maîtresse du Roi, le laisse là « en fermant la porte sur lui ». Pendant plus d'une heure, le cocher va tambouriner à la porte des époux Melon, prendre à témoins passants et voisins et surtout « dire mille sottises et mille imprécations ». Le cocher savait-il à quelle famille il avait affaire ou bien ses insultes lancées au hasard mais que l'on peut facilement imaginer, ont-elles eu un écho trop vif aux oreilles, désormais chatouilleuses, des sœurs O'Murphy ? Quoi qu'il en soit, Lavabre termine sa lettre en demandant que ce cocher, dont le numéro de voiture est le 99, soit traité « avec toute la rigueur possible » car « c'est le plus grand coquin du monde ». Une punition exemplaire obligerait « toute la famille le plus sensiblement ». Enfin, au cas où son interlocuteur n'aurait pas compris le message, le plaignant ajoute : « Madame Morphy en son particulier vous en prie instamment. » Ce n'est plus une demande, c'est un ordre. Un ordre précis même puisqu'il est demandé que le cocher « tâtât de Bissetre ». La requête ne manque pas d'humour involontaire lorsque l'on sait que cette terrible maison de redressement avait été fréquentée en son temps par la belle-sœur du plaignant. Il y a fort à parier que ce brave caissier n'avait pas été mis au courant de tous les épisodes de l'histoire familiale. Enfin, Lavabre termine sa lettre par cette invitation : « Nous nous flattons que vous voudrez bien venir manger notre soupe, nous sommes à la campagne et nous serons très charmés de vous y revoir. » Invitation qui en dit long sur le degré d'intimité de la famille avec le lieutenant général de police. Voilà ce qui l'en coûte désormais d'insulter publiquement la famille O'Murphy. Berryer a dû se montrer d'autant plus zélé que la petite Marie-Louise a peut-être donné un enfant au Roi.

Un enfant du Roi

A quelques jours de Noël 1753, le marquis d'Argenson se réjouit d'une nouvelle qui pourrait, encore une fois, bouleverser l'équilibre politique de la Cour, « la demoiselle Morfi, maîtresse du Roi, est grosse de quatre mois[71] ». Le 3 février de l'année suivante, ses espoirs paraissent vouloir enfin se confirmer car « l'on attend incessamment l'accouchement de la petite Morfi, maîtresse secrète du Roi, pour la déclarer maîtresse en titre, et renvoyer la Marquise[72] ». D'Argenson déçu dans ses projections politiques au mois de mai précédent, alors que tout Versailles bruissait d'un renvoi prochain de la Marquise, se prend de nouveau à espérer. Le 21 mars suivant, la petite Morfi n'a toujours pas accouché, « elle accouchera le mois prochain », mais cela est sans importance, Argenson en est sûr, elle « insiste pour faire chasser l'ancienne sultane[73] ». Enfin, le 21 mai, « il est certain que la petite Morfi est accouchée d'un garçon », la Marquise se serait même « offerte au Roi pour l'élever et pour lui inspirer des sentiments convenables et dignes de son auguste naissance, à l'exemple de l'illustre Madame de Maintenon[74] » qui, on le sait, fut d'abord et avant tout la gouvernante des bâtards de Louis XIV et de la Montespan. Après cette indication en forme de faire-part, plus rien. Le journal d'Argenson reste muet sur le sort de la demoiselle O'Murphy et de son enfant pendant plusieurs mois et cela jusqu'à l'automne. Le 24 octobre 1754, on peut lire sous la plume du marquis, « la demoiselle O'Murphy, maîtresse du Roi depuis trois ans, est morte, dit-on, il y a deux mois, sans que l'on ait eu de nouvelles précises[75] ». Information à laquelle il s'empresse d'ajouter, « c'est de quoi je doute, vu la grande sensibilité du Roi en pareille circonstance, mais il y a apparence qu'en étant lassé, il l'a fait retirer loin de la Cour ».

Qu'en est-il vraiment de tout ce mystère ? Dès le mois de décembre 1753, quelques jours avant le marquis d'Argenson, l'inspecteur Meusnier note « que la petite Louison est très certainement grosse et qu'il y paraît même déjà ». Ce début de grossesse lui aurait interdit d'accompagner la Cour à Fontainebleau. Détail confirmé de son côté par le nonce apostolique qui précise dans l'un de ses courriers diplomatiques : « La nouvelle étoile irlandaise devait aller à Fontainebleau où on lui avait préparé un appartement. Elle avait reçu des diamants et des robes magnifiques. On s'attendait à la voir paraître au grand jour, mais elle n'est point encore venue à cause de symptômes de grossesse. » A cette occasion, le Roi se serait montré particulièrement prévenant ; toujours selon le nonce, « un homme a été expédié à Versailles pour faire provision de tapis afin de garnir ses appartements et empêcher tout danger de chute[76] ». Meusnier, lui, rapporte que dès son retour de Fontainebleau, Louis XV est allé rendre visite à sa maîtresse à plusieurs reprises.

C'est le duc de Luynes, courtisan très proche du petit cercle de la Reine, qui est, dans son journal, au plus près de la vérité. Le 10 juillet 1754, il note : « On a eu nouvelle que Mademoiselle Morphise est accouchée d'une fille à Paris[77]. »

Le 30 juin, le curé de la paroisse Saint-Paul, baptisait une petite fille née le même jour, prénommée Agathe-Louise et présentée comme la fille de « Louis Saint-Antoine, ancien officier d'infanterie et de Louise-Marie de Berhini, demeurant rue Saint-Antoine ». Tous deux absents. Et pour cause, ils n'existaient pas. On s'est contenté, sans beaucoup d'imagination, de donner à la petite fille le nom de la rue où elle est très certainement née, et de choisir le parrain au coin de cette même rue. Un certain « François de la Garde, journalier[78] » demeurant rue Saint-Antoine. La marraine, « Marie-Anne Desmuids, fille majeure demeurant rue de la Lanterne[79] paroisse de la Madeleine » est peut-être bien, quant à elle, une domestique au service de la famille O'Murphy. Le parrain comme la marraine « ont déclaré ne savoir signer ». Ces parrainages sont loin d'être très prestigieux mais c'est bien là, à n'en pas douter, l'extrait de baptême d'une bâtarde de Louis XV. Pour les contemporains, il ne faisait aucun doute que Marie-Louise O'Murphy, dont le prénom est simplement inversé sur l'acte de baptême, était la mère de cette enfant. Vingt ans plus tard, à l'occasion du mariage de cette enfant, devenue une jeune femme, le libraire Hardy n'hésite pas à la présenter comme « la fille naturelle de Louis XV et de la demoiselle Morphise » mais tout fut fait, depuis le jour de sa naissance, pour entretenir le plus épais mystère. Louis XV, contrairement à son aïeul, refusait catégoriquement de légitimer ses bâtards. Enfant-Roi, il avait assisté impuissant aux querelles politiques provoquées par les princes légitimés qui tentèrent de jouer un rôle sous la Régence. La conjuration de Cellamare plus ou moins ourdie par le duc du Maine et sa folle épouse l'avait fortement prévenu contre ces rameaux indisciplinés d'un arbre généalogique déjà suffisamment fourni. Enfin, Louis XV n'oubliait pas que pour faire casser le testament de Louis XIV, incroyable échafaudage politique favorable aux princes légitimés, son oncle le Régent avait dû pactiser avec le parlement de Paris et lui restituer le droit de remontrance dont il avait été privé sous le règne précédent. C'est à ce moment de faiblesse du pouvoir royal que Louis XV devait cette guerre juridique incessante avec les parlements de Paris et de province, persuadés de détenir une partie de la souveraineté nationale, qui minait politiquement son règne depuis des années. Il en était parfaitement conscient. Aussi, ses enfants illégitimes seront-ils entourés du plus grand mystère[80]. Souci constant du secret qui ne manqua pas d'alimenter les racontars, certains pamphlétaires de l'époque révolutionnaire allant jusqu'à prêter au Roi Louis XV des bâtards par dizaine. Il semble, au contraire, que celui-ci ait en fait pratiqué un véritable contrôle des naissances illégitimes. Sur six maîtresses officielles, c'est-à-dire présentées et déclarées comme telles, une seule, la seconde, Madame de Vintimille, l'une des fameuses sœurs de Mailly-Nesle, aura donné un enfant au Roi : le marquis du Luc, surnommé le « demi-Louis » tant la ressemblance avec son père était frappante. L'absence d'enfants adultérins chez toutes les autres maîtresses déclarées du règne, depuis la comtesse de Mailly jusqu'à la du Barry, certaines d'entre elles ayant déjà été mères par ailleurs, ne peut pas être considérée comme le fait du seul hasard. Rappelons que le Roi fit dix enfants à la Reine. Un pacte contraceptif liait très certainement le Roi et ses maîtresses déclarées qui, en cas de grossesse, auraient été en mesure de faire reconnaître leurs enfants. Louis XV voulait bien d'une Montespan mais certainement pas d'un duc du Maine. En revanche, il se comportait tout à fait différemment avec les petites maîtresses du Parc aux Cerfs. Tirées de l'obscurité, n'ayant aucun véritable appui à la Cour, entretenues dans la discrétion pour ne pas dire le secret, elles n'étaient pas en position d'exiger la légitimation de leurs enfants. Ne comptant pour rien sur l'échiquier aulique, elles pouvaient devenir mères à loisir, mais n'étaient pas autorisées à le rester longtemps.

L'accouchement de Marie-Louise O'Murphy eut donc lieu dans la plus grande discrétion, loin de Versailles, à Paris, au fin fond du Marais, à proximité de l'église Saint-Paul ou l'enfant fut baptisé le jour de sa naissance. Longtemps, les *Mémoires de Madame du Hausset* furent considérés comme le principal témoignage sur cet aspect très particulier de la vie privée de Louis XV. Dans un style enlevé et pittoresque, l'ancienne femme de chambre de Madame de Pompadour décrivait par le menu les préparatifs de l'un de ces accouchements clandestins sans que le nom de la petite maîtresse concernée ne soit dévoilé. La scène ne manquait pas d'intérêt ; on y voyait la Marquise donnant ses instructions à Madame du Hausset sous le regard attendri et reconnaissant d'un Louis XV penaud. La femme de chambre recevait l'ordre de se rendre à une maison de l'avenue de Saint-Cloud à Versailles pour prendre soin « d'une jeune personne prête à accoucher[81] » et de là présider « comme une déesse de la fable, à l'accouchement ». Ensuite, il fallait procéder au baptême et donner un état civil à l'enfant. Ce détail concorde d'ailleurs avec l'acte de baptême authentique de la petite Agathe-Louise ; le parrain devait être « un pauvre ou un porteur de chaises » et la marraine choisie parmi les domestiques de la maison auxquels on ne donnerait « que douze francs pour ne pas attirer l'attention ». Le tout devait être exécuté « suivant la volonté du Roi et secrètement ». Guimard, garçon bleu de la chambre du Roi, était là pour seconder Madame du Hausset dans toutes ses démarches et faire le lien avec le château. Pour prix de son silence et de son dévouement, la fidèle femme de chambre recevait une avance de cinquante louis des mains même du monarque qui la quittait en lui disant : « Vous aurez soin de l'accouchée, n'est-ce pas ? C'est une très bonne enfant, qui n'a pas inventé la poudre, et je m'en fie à vous pour la discrétion. » Madame du Hausset raconte ensuite sa rencontre avec une jeune fille « de la plus jolie figure » et « mise fort élégamment mais sans rien de trop marquant » et persuadée que son amant était un comte polonais marié dans son lointain pays. Une fois l'enfant venu au monde, la sage-femme annonçait à la mère que « c'était une fille quoi que ce fût un garçon ». Quelques jours plus tard, « on devait lui dire que son enfant était mort, pour qu'il ne restât aucune trace de son existence pendant un certain temps ». Ensuite, seulement, l'enfant devait être remis à la mère, lestée de 10 à 12 000 livres de rentes.

Les opérations terminées, le Roi aurait reçu la femme de chambre de sa maîtresse pour lui remettre « une tabatière d'or fort grande où étaient deux rouleaux de 25 louis chaque » sans lui dire une parole sur ce qui venait d'être fait. Cette petite aventure qui mettait la dame du Hausset « dans la confidence du Roi », loin de lui « procurer plus de marques de bonté de sa part, sembla le refroidir » à son égard car, dit-elle, « il était honteux que je fusse instruite de ses amours obscurs ».

Cette histoire est trop belle pour être vraie et, de fait, elle est fausse. Pendant près de deux siècles, les *Mémoires de Madame du Hausset*, publiés en 1809 par Quentin Craufurd, un Anglais aussi riche qu'excentrique, ont été pris pour argent comptant. Le manuscrit aurait été vendu à l'éditeur par l'écrivain contre-révolutionnaire Sénac de Meilhan[82], lui-même étant parvenu à l'arracher des mains du marquis de Marigny alors qu'il s'apprêtait à le livrer aux flammes. D'une écriture agréable et faussement naïve, ces Mémoires semblaient offrir un témoignage de première main sur l'intimité de Louis XV et de la Pompadour et les historiens les plus sérieux n'ont pas hésité à les utiliser. Pourtant, il y a déjà cinquante ans, l'historien Pierre Gaxotte avait émis des doutes à propos de l'authenticité de ce texte[83]. L'attachement de l'académicien au personnage de Louis XV et ses positions idéologiques pouvaient laisser soupçonner une volonté de disqualifier un témoignage qui participait à la légende noire de la monarchie. Un travail récent a définitivement dévoilé la supercherie littéraire[84]. Les pseudo-*Mémoires de Madame du Hausset* ont été écrits, en émigration, par Sénac de Meilhan en utilisant les souvenirs de son père, le fameux Sénac, premier médecin du Roi Louis XV et ami de Quesnay, médecin personnel de la Pompadour. Ce texte a été écrit dans un but politique précis : montrer que c'est la faiblesse d'un Roi, dominé par ses maîtresses, qui a entraîné la décadence puis la chute de la royauté mais que le régime monarchique, lui, n'est pas en cause. Il est toujours possible d'imaginer qu'une partie des anecdotes racontées par la fausse Madame du Hausset ont un fond de vérité. L'auteur pouvait les tenir de son père que ses fonctions de premier médecin avait mis quotidiennement en rapport avec l'intimité du Roi ou encore de quelques émigrés, rescapés de la vieille Cour qui promenaient dans une Europe bouleversée par Robespierre et Napoléon un peu de l'éclat des petits soupers de Louis XV. C'est peut-être de là que ce texte attachant tient ce joli vernis de vraisemblable. Quoi qu'il en soit et pour ce qui concerne les accouchements clandestins, il est malheureusement impossible de n'en rien retenir car une simple confrontation de ce récit avec les quelques éléments tangibles encore en notre possession suffit à démonter la supercherie historique. Conservés comme pièces justificatives dans des actes de tutelle ou de constitutions de rentes les concernant, les actes de baptême de six de ces enfants nous sont parvenus[85]. Cinq d'entre eux sont nés et ont été baptisés à Paris en l'église Saint-Paul[86]. Une seule, la petite Aphrodite-Lucie Auguste « fille de messire Louis Auguste, ancien officier et de dame Lucie Citoyenne », est née et a été portée sur les fonts baptismaux à Versailles, mais c'était le 8 mars 1764, quelques semaines avant la mort de la Marquise, à une époque où elle n'était plus en mesure de superviser quoi que ce soit, fût-ce la naissance d'un bâtard royal. Elle n'était d'ailleurs pas présente physiquement à Versailles ce jour-là, la pneumonie l'ayant clouée à Choisy pendant tout le mois de mars. Ce n'est que le 31, qu'elle trouva la force de rejoindre la Cour[87] pour y mourir le 15 avril. Ainsi, n'y eut-il probablement jamais d'accouchements clandestins dans la maison de l'avenue de Saint-Cloud. Voilà un mythe historique qui, pour le coup, s'effondre. De là, il devient difficile, pour ne pas dire impossible, de décrire les conditions dans lesquelles Marie-Louise O'Murphy mit au monde sa fille Agathe-Louise. Une seule chose est certaine, au terme de sa grossesse, la jeune femme fut conduite à Paris pour accoucher en secret et cet isolement dura quelques mois. De là, les rumeurs sur sa mort consignées dans son journal par le marquis d'Argenson le 24 octobre 1754[88]. A cette date, on donne la demoiselle Morfi pour morte depuis deux mois. C'est donc que pendant toute cette période, elle n'est pas reparue à la Cour ni même très certainement au Parc aux Cerfs. Cette grossesse et les interdits sexuels qui étaient alors imposés par la Faculté avant comme après la naissance contraignaient Louis XV à une abstinence pénible.

Il fallut trouver au Roi de nouveaux palliatifs. Dès le 20 janvier 1754, alors que la Morphise entre dans son cinquième mois de grossesse, le marquis d'Argenson déclare que « le Roi a pris une nouvelle maîtresse plus jolie que la petite Morfi : c'est une fille neuve que l'on avait déjà entretenue ». Elle « loge au château et reste dans le secret[89] ». Le 3 février, le ministre en disgrâce note que l'imminence d'un accouchement « n'empêche pas que le Roi n'ait encore une troisième maîtresse qui est très cachée dans ses appartements[90] ». Au mois de juillet alors que la Morphise se remet à peine de ses couches, le duc de Luynes précise que « la place qui est vacante pendant ce temps est remplie par une autre à Compiègne[91] ». De ces petites maîtresses de remplacement, on ne connaît ni le nom ni le nombre. Le marquis de Valfons a prétendu qu'il y avait eu jusqu'à « trois pensionnaires en même temps » au Parc aux Cerfs, chacune disposant de sa maison et de ses domestiques[92]. Madame Campan, parle quant à elle « d'un sérail dont les beautés se renouvelaient souvent[93] », mais ce sont là des témoignages postérieurs qui décrivent les pratiques de la fin du règne de Louis XV sans les dater précisément.

Pourtant, l'efficacité de Meusnier et de son puissant réseau de mouches vient, une nouvelle fois, confirmer les informations colportées par le marquis d'Argenson et le duc de Luynes. Dès que Marie-Louise, enceinte, s'est trouvée dans l'incapacité d'accomplir le service du Roi, les rabatteurs qui s'étaient mobilisés pour la découvrir et la recruter se sont aussitôt remis en chasse. Le journal de Meusnier conserve en effet la trace de quelques-unes de leurs tentatives pour garnir le lit du Roi. Au mois de février

1754, les agissements d'une certaine « dame Bardelle cy devant Villefort » paraissent suffisamment suspects à l'inspecteur de la police des mœurs pour qu'il ouvre une enquête[94]. Cette femme âgée de cinquante à cinquante-cinq ans « a jadis paru à l'Opéra en qualité de chanteuse dans les chœurs sous le nom de la demoiselle de Villefort ». Ce vieux souvenir du joli temps de la Régence a fait une fin en épousant le « sieur Bardelle, officier des mousquetaires gris » mais le ménage n'a pas tenu longtemps. Cette séparation n'empêche pas la dame de porter le nom de ce fier mousquetaire et de mener grand train rue des Boucheries-Saint-Honoré où elle occupe un magnifique appartement au premier étage, « orné de glaces, de marbres et presque tout lambrissé en sorte qu'il exige fort peu de meubles », mais dont le loyer s'élève à 1 800 livres. Là, elle tient une véritable maison de jeux et profite de la protection et des caresses du « sieur Berthelin, exempt de la prévôté de l'Isle de France ». L'homme est « si bien impatronisé dans cette maison qu'il la dirige entièrement » et possède même « le passe-partout de la porte donnant sur le cul-de-sac de la rue Traversière » dont il sort parfois « à des deux et trois heures du matin ». Certains soirs de la semaine, notamment le vendredi, le nombre de joueurs est tel que les voisins se plaignent « de l'embarras que causent les carrosses » au pied de l'immeuble. On prétend que la dame « aurait accès chez Monsieur de Saint-Florentin », ministre influent, gros joueur et grand coureur. Ces puissantes protections et ce luxe éclatant cachent pourtant un embarras financier. Le 17 avril, Meusnier apprend que « malgré les ressources que la dame Bardelle peut avoir, on assure néanmoins que depuis environ quinze jours, on ne lui voit plus les boucles d'oreille fines et une tabatière d'or où la matière n'était point épargnée » et « dont elle faisait parade auparavant ». La domesticité de la maison a dû être réduite et il est question d'un déménagement pour un appartement moins cher. Heureusement, l'ancienne chanteuse des chœurs de l'Opéra cache, quelque part en banlieue, une fille « âgée d'environ dix-sept ans, fort jolie » « avec beaucoup de gorge » et « fort blanche » bien qu'un peu « raccourcie » de taille. Cette fille vierge et bien élevée pourrait bien avoir le bonheur de plaire. Encouragée par Berthelin, l'ami de la famille, la demoiselle va donc aller à Versailles sous prétexte de présenter à Louis XV un placet demandant la grâce d'un déserteur « mais dans la vue qu'elle plairait à Sa Majesté ». Le 20 décembre 1753, la jeune femme remet sa supplique au Roi en présence de sa fille, Madame Victoire[95], et du comte de Saint-Florentin. Au cours de ce bref entretien, la fille de Louis XV aurait dit à haute voix parlant à son père : « C'est bien dommage, papa roi, que cette jeune demoiselle ne mette point de rouge : elle est fort belle, mais cela lui donnerait encore plus d'éclat. » A quoi la candidate au trébuchet répondit sans perdre son sang-froid : « Madame, je n'aurais pas manqué d'en mettre si j'eusse cru que cela vous eût plu. » Le Roi, lui, examinait la jeune fille de la tête aux pieds sans dire mot. Le ministre Saint-Florentin taraudé par Berthelin soucieux de connaître l'effet produit par sa protégée demanda lui aussi à voir la jeune femme en particulier. Après une heure d'entretien, « Monseigneur fut », dit-on, « enchanté de la conversation ». Pendant quelques jours, les négociations secrètes vont bon train, Berthelin fait plusieurs allers et retours entre Paris et Versailles et, dans la nuit du 4 janvier, il accompagne la mère et la fille chez le comte de Saint-Florentin. Là, comme par hasard, ils vont retrouver le Roi, la Marquise et le ministre. Louis XV reconnaît la belle fille au placet, Berthelin et la dame Bardelle se retirent respectueusement après que le Roi eut demandé de « faire rester cette belle enfant ». Une conversation à trois s'engage, on fait des questions à la jeune fille et celle-ci assure que la marquise de Pompadour aurait déclaré, en sa présence : « Voilà, sire, une personne comme il en faudrait une à Votre Majesté. » La jeune fille fut ensuite renvoyée chez elle, le Roi ayant décidé qu'il la verrait plus à son aise « au premier voyage qu'il ferait à la Muette ». Meusnier n'en dira pas davantage mais cet épisode est exactement contemporain des allusions du marquis d'Argenson sur l'existence d'une troisième petite maîtresse.

Une autre anecdote troublante, qui montre combien le « petit cercle » de la marquise de Pompadour était empressé à satisfaire les plaisirs de Louis XV, est l'aventure sordide de la jeune Thérèse Guerbois. Au mois de juillet 1754, un mois à peine après la naissance de la petite Agathe-Louise, Meusnier va outrepasser, sur ordre, sa mission d'inspecteur de police. Un an plus tôt, le comte d'Argenson avait intercepté une déclaration d'amour adressée au Roi par une petite couturière, Thérèse Guerbois, vivant à Paris rue Jean-Robert à proximité de Saint-Nicolas-des-Champs. Intrigué par ce geste insolite qui cachait peut-être une intrigue souterraine, le ministre demande au lieutenant général de police d'enquêter. Meusnier est une nouvelle fois chargé de cette mission de confiance. La jeune amoureuse et sa famille vont être filées et étroitement surveillées du « 29 juillet au 31 et du 11 au 16 août ». Les Guerbois sont des gens modestes, le père veuf vit avec ses quatre enfants dans un petit meublé au deuxième étage et le fils est en apprentissage chez un horloger. La petite Thérèse, âgée d'environ quatorze à quinze ans, est « assez formée pour son âge, les yeux beaux, des couleurs naturelles, les cheveux châtain foncé, assez blanche de peau », mais avec « peu ou point de gorge ». Elle fait de la couture à la journée chez plusieurs maîtresses. L'enquête piétine vite, c'est là une famille sans histoire à l'excellente réputation auprès du voisinage. Les dimanches et fêtes, on voit le père toujours vêtu « d'un habit noir assez mauvais » aller en compagnie de ses enfants « au service du matin et de l'après-midi, et, de là, quelquefois à la promenade ». Aucun personnage suspect, pas même un petit amoureux, ne fréquente la maison.

Devant tant de banalité, la lassitude des mouches de Meusnier est palpable. Faute de ne rien trouver, réflexe de toutes les polices du monde, on a tenté de provoquer un peu les choses, mais là encore sans succès. La demoiselle Guerbois n'a « aucune intrigue ». Une femme adroite a bien essayé de l'accoster et de lui faire des propositions aussi malhonnêtes qu'alléchantes. En vain, la femme et ses avances ont été « rejetées bien loin ». Cette jeune fille sans histoire et à laquelle on ne connaît « personne en homme, soit pour le mariage, soit à titre de visite », est désespérante de sagesse. Elle aura écrit à Louis XV, si le prétexte donné par le comte d'Argenson est vrai, par une de ces lubies d'adolescente exaltée, amoureuse de son Roi. Transfert œdipien banal chez une jeune fille au sortir de l'enfance. Pendant un an, il n'est donc plus question d'elle dans les archives de la police. Meusnier et ses acolytes ont d'autres choses à faire que de suivre toute la journée des gamines un peu troublées. Un an plus tard, le 21 juillet 1754, nouvelle note la concernant. La jeune fille n'a pas changé, toujours couturière, elle reste modeste « dans le propos, dans le maintien, dans l'ajustement, dans la coiffure », et on ne lui connaît « aucune intrigue ». La mission du policier, elle, n'est plus tout à fait la même. Il s'agit désormais de faire tomber la petite Thérèse dans une véritable embûche. Sous prétexte de lui commander des corsets, « une femme accorte envoyée de notre part, dit Meusnier, la cultive depuis huit à dix jours ». Elle doit « à la première occasion lui parler plus clairement » mais avec circonspection pour sonder un peu « son intérieur ». Les travaux d'approche sont difficiles car la jeune fille est aussi sage que prudente et ne sort jamais seule. En désespoir de cause, l'entremetteuse à la solde de Meusnier, va attendre sa proie à la sortie de sa boutique et l'accoster aux environs de la rue Jean-Robert. L'inspecteur de police a dû certainement se montrer convaincant avec son intermédiaire car le risque est grand. Le peuple de Paris est encore traumatisé par les rumeurs d'enlèvements d'enfants et les rues, à l'époque, sont toujours grouillantes de vie. Dans le quartier, tout le monde connaît la petite Guerbois. Que la maquerelle, car ce n'est rien d'autre, l'effraie, qu'elle résiste, appelle à l'aide et c'est l'émeute. Les choses n'iront pas jusque-là, la petite couturière reconnaît bien sa cliente mais refuse d'entamer la conversation. Elle se contente de lui dire « que si elle avait quelque ouvrage à faire faire de plus que ce qu'elle avait commandé, elle devait s'adresser directement à sa maîtresse » et la plante là en « la quittant brusquement ». L'affaire a tourné court et Meusnier conclut avec dépit, « cette circonspection n'annonce pas, à beaucoup près, une fille à amener ». Il ne sera plus jamais question de la petite Thérèse Guerbois mais il est sûr que Berryer lui-même a cru pouvoir mettre à profit l'amour naïf d'une petite couturière pour le Roi de France. Pour faire sa cour au Roi et à la marquise de Pompadour le lieutenant général de police a pris le risque de monter un stratagème susceptible de réveiller, cette fois à juste raison, le feu encore mal éteint des rumeurs d'enlèvements d'enfants et les émeutes dont Paris avait été le théâtre quatre ans plus tôt. Berryer apparaît ici pour ce qu'il est, un esprit courtisan bien plus qu'une tête politique. La chose n'est pas rare.

Ces deux histoires, dont l'une prête à la police du Roi des pratiques inquiétantes, témoignent des efforts déployés pour fournir au Roi les plaisirs sexuels que la favorite en titre ne peut plus lui apporter et que la petite maîtresse en sous-titre, la demoiselle O'Murphy, momentanément indisponible, n'est plus en mesure de lui assurer.

De retour de couches, Marie-Louise reprendra pourtant son service auprès du Roi mais sans sa fille. Autant qu'il soit possible de reconstituer la vie d'Agathe-Louise, il apparaît comme à peu près certain qu'elle a d'abord été mise en nourrice, comme tous les nouveau-nés d'un certain milieu social sous l'Ancien Régime. Selon le duc de Luynes, elle est ensuite confiée aux religieuses d'un couvent « dont le Roi paye la pension[96] ». Il s'agit du couvent du Précieux-Sang, situé rue des Postes à proximité directe des jardins du Luxembourg où la haute aristocratie avait l'habitude de placer ses enfants adultérins et dont elle ne sortira qu'à l'heure de son mariage[97] munie d'une éducation parfaite. Si Louis XV refusa toujours de légitimer ses bâtards, il se préoccupa d'assurer l'avenir matériel de cette fille adultérine et de ses autres demi-frères et demi-sœurs nés plus tard, dans des conditions équivalentes. Comme le racontera Madame Campan[98] sous la Restauration, le Roi disposait d'une fortune personnelle qu'il s'était lui-même constituée en se réservant des parts dans les contrats de la Ferme générale[99] et sur laquelle il prélevait une partie des sommes nécessaires aux multiples arrangements de sa vie privée. C'est Bertin, contrôleur général des finances, puis ministre d'Etat et secrétaire d'Etat, qui avait la gestion de ce pécule. Deux hommes de confiance, Louis Yon, ancien secrétaire particulier du contrôleur des finances Moreau de Séchelles, et Jean-Michel Delage, ancien notaire, furent chargés de veiller aux intérêts de cette progéniture clandestine. A la mort de Louis XV, ils furent déclarés tuteurs de tous les enfants adultérins du feu Roi encore mineurs et s'acquittèrent de cette mission avec autant de fidélité que d'efficacité. C'est à leurs nombreux investissements que l'on doit de pouvoir suivre un peu de l'existence d'Agathe-Louise. Le duc de Luynes affirme dans ses Mémoires que le Roi assurait une pension viagère de 8 000 livres[100] à sa naissance mais nous n'avons pas retrouvé la trace de cette donation. En revanche, dès 1760, Louis XV, par le biais de ses intermédiaires, constitue une tontine de 84 livres au capital de 1 200 livres sur la tête de sa fille naturelle. La somme est modeste mais le placement ingénieux car le système de la tontine veut que la mort du bénéficiaire n'éteigne pas les intérêts de la rente qui sont au contraire répartis sur la tête des autres souscripteurs jusqu'« à la mort du dernier rentier ». Ainsi pourvue à six ans de 84 livres de rentes, la petite fille pouvait espérer une rentabilité bien supérieure au soir de sa vie. Six ans plus tard, alors que Louis XV, qui vient de perdre son fils, le Dauphin, traverse un terrible crise de découragement — il a même rédigé son testament personnel quelques mois plus tôt —, l'un des commis de Yon et Delage, un certain Rouen-Desmallet, vient remettre dans les mains de maître Le Pot d'Auteuil, notaire à Paris, la somme de 300 000 livres. Elle doit être employée pour constituer cinq contrats de rentes à 10 % sur la tête des cinq frères et sœurs d'Agathe-Louise. L'opération est renouvelée trois ans plus tard avec 250 000 livres. La fille de Marie-Louise n'apparaît dans aucune de ces différentes donations mais elle est, en revanche, directement concernée lorsque le 30 mars 1772, Delage vient en personne remettre à maître Arnoult la somme astronomique de 690 000 livres, au nom « d'une personne qui n'a désiré être connue ». Cette somme déposée en espèces sonnantes et trébuchantes vient à nouveau constituer six rentes viagères de 13 000 livres, chacune mise au nom des six enfants bâtards de Sa Majesté. Lors de cette opération financière, Agathe-Louise gagne même une particule inexistante sur son acte de baptême, elle est désormais désignée comme Mademoiselle « de Saint-Antoine, fille mineure ».

L'âge du mariage approche ; il est temps de donner à cette jeune fille née de nulle part, sans parents et sans famille, une existence sociale. Au mois de novembre 1773, Mademoiselle de Saint-Antoine recevait des lettres de reconnaissance et de maintenue de noblesse signées de son père. « Louis par la grâce de Dieu, Roi de France et de Navarre » considérant qu'il est « de la justice des souverains de veiller à ce que ceux auxquels leur naissance a transmis la noblesse ne puissent être privés d'un aussi précieux avantage » et qu'à sa connaissance, la « demoiselle de Saint-Antoine de Saint-André est issue de la plus ancienne noblesse », il confirme la jeune femme et sa descendance « dans ses titres et qualités de noble à elle acquis par droit de sa naissance », sans « qu'elle puisse être tenue d'en rapporter d'autres titres ni preuves dont nous l'avons dispensée ». Ces lettres patentes précisent en outre que cette noblesse doit être considérée comme une noblesse d'extraction et que, en aucun cas, l'impétrante ne pourra « être réputée et comprise au nombre des nouveaux anoblis, attendu la certitude que nous avons de son extraction ». On ne saurait être plus clair. La jeune fille qui était, dit-on, le portrait craché de Louis XV aiguisait les appétits de la Cour. Elle était riche, seule et très protégée. L'homme qui l'épouserait pouvait s'attendre à bénéficier, et pour cause, de la plus haute protection. Jean du Barry, beau-frère et proxénète de sa belle-sœur la comtesse du Barry aurait même envisagé de marier son fils Adolphe à la bâtarde de sang royal. C'est dans une lettre adressée à son ancienne maîtresse et dernière favorite du roi Louis XV que le Roué, — tel était son nom de guerre dans les tripots de la capitale — expose tous les avantages que la famille du Barry pourrait retirer d'une telle alliance. En 1773, la du Barry est au sommet de sa gloire et de sa fortune mais le Roi vieillit, il n'est pas éternel, et toute la famille royale, à commencer par le Dauphin et la Dauphine, vouent à la comtesse une haine glacée. La chute pourrait être aussi dure que soudaine. Marier le petit Adolphe du Barry avec une bâtarde du Roi, c'est entrer par effraction dans la famille royale et prendre une formidable assurance sur l'avenir. La favorite se serait laissée convaincre par l'argument et aurait tenté d'emporter la décision du Roi. D'après le comte de Fleury, premier historien des « petites maîtresses » de Louis XV, c'est Yon qui, regardant les du Barry comme une famille de tarés, se serait interposé entre le clan de la favorite et sa pupille[101]. Le mariage n'eut donc pas lieu. Dans la mesure où cette anecdote repose sur la publication d'une lettre de Jean du Barry à sa belle-sœur publiée dans *La Revue de Paris* en novembre 1836 et dont l'authenticité reste à prouver, il est difficile d'en garantir la réalité historique. La du Barry ne deviendra jamais la tante par alliance de la fille de la Morphise et de leur royal amant mais l'histoire de Marie-Louise réserve d'autres surprises. Le 29 décembre 1773, Agathe-Louise épouse Mans-Jean-René de La Tour[102] du Pin, comte de La Charce en la paroisse de la Madeleine. Selon Bachaumont auteur des fameux *Mémoires secrets*, la proclamation des bans aurait « fait ouvrir les oreilles à tous les assistants ». Les qualificatifs de « haute et puissante demoiselle, fille mineure de cette paroisse » amusèrent et nul ne « doutait plus dans le public que ce ne fût une bâtarde du Roi[103] ». L'alliance est moins équivoque et plus prestigieuse qu'un mariage du Barry. Les La Tour du Pin appartiennent à une famille de vieille race dont les preuves remontent sans tache jusqu'au XVe siècle. Le jeune homme, né en 1750, était le fils de Philippe-Antoine, marquis de La Charce, baron de Cornillon, comte de Montmorin, seigneur de Fontaine-Française et Méréville, gouverneur du Maine et du Perche, maréchal de camp, chevalier de l'ordre royal et militaire de Saint-Louis, et de Jeanne-Madeleine Bertin de Méréville[104]. Si la famille ne manquait pas de titres de noblesse elle rencontrait quelques problèmes de liquidités et la dot de la jeune femme n'était pas le moindre de ses agréments. Quelques jours avant les noces, le marquis de La Tour du Pin écrivait une lettre à la comtesse du Barry dans laquelle il lui demandait d'user de son influence auprès de l'abbé Terray, contrôleur général des finances, pour obtenir une avance sur dot. Le marquis engagé dans les frais de noces demandait « seulement à Monsieur le contrôleur général soixante mille livres dans ce moment-ci pour payer les diamants et le trousseau », le reste pouvant être payé plus tard. Le contrat de mariage d'Agathe-Louise signé à Versailles par toute la famille royale est perdu. Certainement dérobé par quelque amateur d'autographes, il est en déficit dans la liasse de maître Arnoult, notaire à Paris. Les conditions financières de ce contrat peuvent être reconstituées par comparaison avec les contrats de mariage des demi-sœurs d'Agathe-Louise conservés dans les minutes de maître Le Pot d'Auteuil. Chacune d'entre elles apportait une dot de près de 30 000 livres de rentes, ce qui leur assurait un train de vie très confortable mais en rien comparable avec les fortunes colossales reçues en apanage par les enfants légitimés de Louis XIV. Par comparaison, la fortune du comte de Toulouse, fruit des amours adultères du Roi-Soleil et de la marquise de Montespan, était évaluée à la fin de sa vie à près de 14 millions de livres. Ce qui le mettait tout de même à la tête de la sixième fortune du royaume[105]. Son frère, le duc du Maine, mort plus tôt, laissait quant à lui une succession de 12 millions. Louis XV, s'il n'abandonnait pas ses bâtards, se montrait donc nettement moins généreux que son aïeul. Les mentalités avaient changé et la société n'avait plus les mêmes tolérances.

Ce premier mariage d'une bâtarde royale ne manquait pourtant pas de nourrir les imaginations. Le libraire Hardy, grand collectionneur d'échos et de ragots, prétend que la jeune épouse aurait reçu pour son mariage 800 000 livres en argent comptant et 20 000 livres de rentes viagères, soit une dot équivalent à un million de livres. La somme, astronomique, ne correspond à aucune réalité constatée mais témoigne de l'atmosphère très lourde qui régnait à Paris à l'extrême fin du règne de Louis XV, alors qu'une partie de l'opinion publique accusait le Roi de s'enrichir personnellement en spéculant sur la cherté des blés pour couvrir les frais de sa vie privée. Agathe-Louise n'eut pas le loisir de profiter de sa nouvelle condition de femme mariée et présentée. Elle meurt, certainement en couches, la même année que son père Louis XV, le 6 septembre 1774.

Marie-Louise O'Murphy ne rencontra-t-elle jamais cette fille dont elle fut séparée dès la naissance ? L'abbé Soulavie, dans ses *Mémoires sur Madame de Pompadour*[106] raconte plusieurs épisodes de la vie de Morphise, dont il protège l'anonymat en la désignant sous le nom de Madame de *** mais l'anecdote du tableau présenté à Louis XV et les nobles origines irlandaises de l'héroïne rendent l'allusion transparente. Parlant de cette maîtresse de Louis XV avec un respect et une considération inhabituels chez lui, Soulavie dit tenir ses informations « de la bouche même des acteurs ». L'abbé défroqué, que ses livres avaient enrichi et rendu célèbre, avait-il rencontré et interrogé l'ancienne maîtresse royale ? L'hypothèse n'est pas à exclure. Il ne serait pas le seul ecclésiastique à avoir succombé au charme irrésistible de Marie-Louise O'Murphy. Ainsi, selon lui, « cette femme vertueuse, très sensible, est une mère dont les qualités sont excellentes » aurait si bien fait qu'elle aurait « réussi à savoir ce qu'était devenue la fille qu'elle avait eue de Louis XV ». Ayant découvert que celle-ci était pensionnaire au couvent du Précieux-Sang, le bien nommé, elle commence à faire le siège de la supérieure de cette maison qui « avait le secret du Roi ». Par une ruse ingénieuse, elle obtient de cette religieuse qu'elle se charge de l'éducation de son autre fille, alors âgée de trois ans. Il s'agit là de la petite Marguerite-Victoire née en 1768 au cours du second mariage de Morphise et dont il sera bientôt question. La scène se situerait donc dans les années 1770, ce qui est parfaitement vraisemblable. A cette date, Agathe-Louise était toujours pensionnaire rue des Postes. Comme l'on pouvait s'y attendre, la petite fille était à peine entrée au couvent que sa grande sœur, « fille du Roi, qui avait quinze ans, se prit d'une belle amitié » pour cette nouvelle pensionnaire. Aussi, leur mère « redoublait de zèle et d'intelligence pour connaître et former des liaisons avec l'enfant que Louis XV avait éloigné d'elle ». Dans une scène d'*anagnorésis* digne du théâtre de Molière, un jour qu'elle rend visite à sa fille cadette, la Morphise « voyant dans une des élèves la couleur brune du Roi, ses beaux yeux, son sourire, le nez des Bourbons, l'ensemble et la tenue majestueuse du Roi, son air et sa figure, elle distingua la fille de Louis XV sur toutes les pensionnaires et répandit des larmes de bonne mère ». Attendries, les religieuses auraient facilité une entrevue entre les deux sœurs et la mère mais à condition que cette dernière ne dévoile pas sa réelle identité. L'entrevue a lieu. Mademoiselle de Saint-André qui « idolâtrait déjà sa jeune sœur » et « émue d'une sorte d'inspiration naturelle dit à sa mère : Madame, depuis que je me connais je cherche ma mère sans jamais avoir pu réussir à en avoir quelques nouvelles ; qu'elles sont heureuses, mes amies et mes compagnes dans le couvent, d'avoir une mère et d'en être aimées ! ». Malgré son trouble, Morphise « retenue par les ordres sévères du Roi et craignant un éclat, craignant surtout des ordres ultérieurs d'une séparation éternelle, écoutait encore avec courage la voix de la prudence et réprimait les sentiments expressifs d'un mère ». Mais on ne trompe pas la nature, surtout en cette fin du XVIIIe siècle dominé par un rousseauisme lacrymal, la jeune fille se précipite dans les bras de sa mère en s'écriant : « Oh ! Non, Madame, je me trompe, il n'est pas vrai que je manque de mère, j'en ai une. Mon amitié pour vous, votre estime pour moi, des émotions inexplicables en vous voyant me disent que c'est vous qui êtes ma mère ! Oui, vous êtes ma mère et je n'en veux pas d'autre. » Hélas, « le tuteur de Mademoiselle de Saint-André, nommé Jount, et Monsieur Bertin ne tardèrent pas à être instruits de cette scène touchante ». Elle fut connue du Roi qui la trouva, quant à lui, du plus mauvais goût, et « des ordres menaçants furent donnés pour une affreuse séparation qui dépaysa respectivement la mère et la fille ». Soulavie termine son récit par le mariage de Mademoiselle de Saint-André et sa présentation à la Cour. Il est difficile de ne pas sourire à la lecture de cette scène de roman noir à l'anglaise bien dans le goût de ces années 1800 déjà empreintes de romantisme mais encore marquées par la sensiblerie des Lumières finissantes. Il n'en demeure pas moins que certains détails précis donnés par l'auteur ne laissent aucun doute sur la qualité de ses informations. L'existence d'une fille cadette de la Morphise, née à la fin des années 1760, le couvent de la rue des Postes, le nom, même déformé en « Jount » de Louis Yon, le tuteur de Mademoiselle de Saint-Antoine et, enfin, le rôle secret de Bertin dans la gestion de la vie privée du monarque, n'ont pas été inventés. L'historien a sans aucun doute romancé un épisode véridique ou pour le moins vraisemblable de la vie de Mademoiselle de Saint-Antoine de Saint-André.

4

« Madame de Pompadour paraît bien complice »

« Il fallut bien obéir »

A la fin du mois de novembre 1755, par une de ces nuits d'hiver humides et froides dont Versailles a le secret, les bons bourgeois du Parc aux Cerfs dont la chandelle était morte depuis longtemps déjà, dormaient à poings fermés sous leurs bonnets de coton quand ils furent réveillés en sursaut et jetés au bas de leur lit par le fracas épouvantable d'un équipage lancé au grand galop. Le bruit des sabots ferrés heurtant le pavé, le cliquetis des harnais, le claquement des fouets, les invectives des cochers et les ordres lancés à haute voix par les membres de l'escorte durent faire croire aux habitants du quartier que le diable et son train venaient de traverser leurs cauchemars. Ils furent peu nombreux ceux qui osèrent se risquer à entrebâiller les volets intérieurs de leurs croisées pour essayer d'apercevoir quelque chose à la faible lumière d'une mauvaise lune. Croyant reconnaître la livrée de la Maison du Roi, ces Versaillais intrépides jugèrent plus prudent de retourner se coucher en tisonnant leur feu.

Les laquais de Marie-Louise O'Murphy avaient-ils été prévenus de cette visite nocturne ou bien furent-ils arrachés à leur sommeil par la violence des coups de heurtoir et le célèbre « Par ordre du Roi, ouvrez ! » ? Il est probable qu'il fallût descendre en chemise ouvrir à deux battants la lourde porte cochère et laisser entrer le carrosse dans le craquement des essieux et le hennissement des chevaux. Pendant que la femme de chambre effrayée réveillait Madame pour l'habiller en toute hâte, la gouvernante tentait de donner quelques ordres pour préparer les malles à la clarté vacillante d'un seul flambeau mais il n'était déjà plus temps car la belle pendule offerte par le Roi marquait quatre heures. La jeune femme, en sanglots, n'eut pas d'autre choix que de jeter ses bijoux dans leur écrin de maroquin rouge orné de fers délicats avant de monter en voiture. L'équipage repartit au même train d'enfer pour rejoindre l'avenue de Paris mais, cette fois, les bourgeois du quartier restèrent bien sagement sous leurs courtepointes.

Cette scène, parfaitement romanesque, n'est pas imaginaire. Là encore : c'est le marquis d'Argenson qui raconte ; « On lui enjoignit à quatre heures du matin de partir pour Paris, et y fut conduite : là elle reçut l'ordre imprévu de se marier et il fallut bien obéir[1]. »

Pourtant, quelques semaines plus tôt, le 23 octobre, le même mémorialiste ne craignait pas d'affirmer : « On assure que la demoiselle Morfi », « engraissée et embellie » est « plus que jamais la maîtresse du Roi[2] ». Au tout début de ce même mois de décembre, il confirmait son information sans dissimuler pour autant l'existence d'autres passades royales[3].

Cette brutalité dans la disgrâce n'est pas exceptionnelle, elle est au contraire dans les habitudes de Louis XV. Le Roi n'aimait pas à rompre et pouvait préméditer sa décision sans en rien laisser paraître. Ministres et maîtresses étaient de ce point de vue traités de la même façon. Un jour ils quittaient leur maître affable et souriant et, le soir même, ou le lendemain, ils recevaient un mot de sa main signifiant leur renvoi de la Cour en des termes plus ou moins choisis mais sans autre explication. Ce courrier avait évidemment valeur de lettre de cachet et il n'était pas question de tergiverser. Les ordres du Roi devaient être exécutés sans délai.

Dans ces mêmes conditions, Maurepas, secrétaire d'Etat à la Marine, reçut le 24 avril 1749 des mains du comte d'Argenson une lettre lui donnant l'ordre de quitter la Cour pour se rendre à Bourges et de n'en bouger sous aucun prétexte. Cette décision inattendue frappa la Cour. Ministre expérimenté, courtisan habile, Maurepas avait su se faire aimer de Louis XV qui était habitué à le voir siéger à la table de son Conseil depuis son adolescence et chez un Roi, l'habitude est la plus belle assurance politique.

Le risque d'une disgrâce était inhérent à la condition de ministre comme à celle de maîtresse royale, qu'elle ait été déclarée où non. La marquise de Pompadour passa vingt ans de sa vie à craindre cette lettre fatale qui lui signifierait son renvoi et signerait sa mort politique. Ce fut sa grande force que de savoir rester indispensable à Louis XV, au-delà du « service de l'amour » qu'elle n'était plus en mesure de rendre.

Aussi, à peine la faveur de la petite Morfi était-elle connue à la Cour comme à la Ville que la rumeur de sa disgrâce commençait déjà à courir. Le marquis d'Argenson, éternel chasseur d'échos et de nouvelles, en tenait même la chronique maniaque. Dès le 15 avril, il donne pour rivale à Marie-Louise O'Murphy la « nièce d'une coiffeuse[4] » que l'on aurait, elle aussi, installée dans une maison louée au Parc aux Cerfs « après lui avoir fait raccommoder les dents, l'avoir baigné et lui avoir fait un trousseau honnête ». Ayant cessé de plaire, Morphise était déjà, selon lui, de retour à Paris[5]. Premier démenti quelques jours après : le Roi « a toujours sa petite favorite, la demoiselle Morfi et paraît l'aimer ; il est faux qu'on lui en ait donné une autre depuis huit jours[6] ». Un mois plus tard, nouvelles supputations : Sa Majesté aurait sacrifié à la Pompadour cette « petite Morfi qui prenait racine ». Elle est enfermée dans un couvent pour dix-huit mois et sa mère et ses sœurs consignées « dans une campagne que l'on leur a louée à vingt lieues de Paris[7] ». La nièce de la coiffeuse, fait de nouveau surface et c'est elle qui désormais occuperait la place laissée libre dans la maison du Parc aux Cerfs. Cependant, cette nièce et sa tante n'ont peut-être jamais existé car, dès le 21 mai, un courtisan assure au marquis d'Argenson « que la nouvelle était fausse que le Roi eût congédié la petite Morfi et qu'au contraire il l'aimait mieux que jamais[8] ». C'est même là « un faux bruit que le Roi a fait courir exprès » pour brouiller les pistes. Cette politique de désinformation, que Louis XV pratiquait aussi bien pour dissimuler les détours de sa diplomatie parallèle que pour protéger sa vie privée, explique les hésitations et les revirements du marquis d'Argenson dont l'information restait entièrement dépendante des conversations échangées par quelques proches courtisans dans l'entourage du Roi. Il en sera de même, nous l'avons vu, lorsque devenue grosse, Marie-Louise disparut quelque temps pour aller accoucher à Paris, au Marais. Ainsi, pendant les trois années de sa courte faveur, la petite maîtresse fut à plusieurs reprises donnée partante pour réapparaître toujours. Cette fois, les choses étaient sérieuses et le mariage qui, en d'autres temps, aurait pu ouvrir la perspective d'une présentation officielle à la Cour marquait la fin de l'aventure.

Aucun des mémorialistes contemporains ne donne d'autre explication à cette disgrâce que la lassitude royale. Le marquis d'Argenson comme le duc de Luynes se contentent de raconter l'épisode sans autres commentaires. La petite Morfi n'est plus rien dans le jeu de Cour, elle n'a donc plus d'intérêt, la seule chose qui importe est de connaître le nom de celles qui déjà la remplacent dans le lit du Roi. Louis XV aurait aussitôt « pris à son service sa jeune sœur qui a dix-sept ans[9] ». C'est Argenson qui l'affirme et plusieurs bienfaits mystérieux reçus par Marie-Brigitte O'Murphy au cours de sa vie donnent du crédit à ce témoignage. Le 26 juillet 1757, soit moins de deux ans après le renvoi de sa sœur, elle reçoit une petite pension 600 livres de rente viagère. Bien des années plus tard, en

1770, répondant à Claude-Michel Begon, commissaire de la Marine intervenu en faveur de la sœur de Marie-Louise, Monsieur de Saint-Florentin répondait : « L'assurance que vous m'avez donné du besoin dans lequel se trouve la demoiselle Murphy et le témoignage que vous rendez de la pureté de ses mœurs et de sa conduite m'ont déterminé à proposer au Roi de lui accorder une petite subsistance. » Le roi signa. Enfin, Marie-Brigitte sera inscrite au nombre des rares privilégiées pensionnées sur le nouveau bail de la Ferme générale de 1774 pour 3 000 livres par an. Ce remplacement par une jeune femme que Meusnier a toujours décrite comme extrêmement laide ne pouvait pas durer très longtemps. Quelques jours après le départ de Morphise, il est question d'une « demoiselle Fouquet, fille d'une coiffeuse, jolie et spirituelle, qui pourrait bien chasser la Marquise ». Dans le même temps, à la Cour et dans un registre plus relevé, « on prépare encore à Sa Majesté » Madame de Cambis, mariée depuis trois mois mais qui « n'a pas encore voulu consommer son mariage avec son époux réservant son pucelage pour notre monarque[10] ». La jeune vicomtesse de Cambis, née princesse de Chimay, était alors poussée par ses parents Beauvau-Craon et par l'intrigante maréchale de Mirepoix, mélange de grande dévotion et d'extrême avarice que l'espoir d'une gratification avait tôt fait de transformer en entremetteuse. Par son mariage, cette jeune femme « bien faite mais médiocrement jolie » était entrée dans la parenté de la marquise de Pompadour qui avait fait donner au couple 18 000 livres de rentes par le Roi et la logeait à Bellevue et à l'Ermitage. La Marquise avait peut-être décidé de renouer avec le système, pratique mais risqué, des jolies cousines. Quant au jeune époux, il lui fut conseillé de rejoindre son régiment pour quelque temps.

Pour le duc de Luynes aussi « les maîtresses passagères continuent ». Depuis le départ de Morphise, le Roi en entretiendrait deux en même temps, « il y en a une qui peint fort bien et qui a peint le Roi ». Peut-être s'agit-il de Marie-Brigitte qui disposait, semble-t-il, de quelques talents de ce côté-là[11]. « L'autre s'appelle Robert ; c'est une fille extrêmement jolie qui a de l'esprit et qui est fort bien élevée. » L'une demeure au château, l'autre au Parc aux Cerfs[12]. Quant à la demoiselle Fouquet déjà citée par Argenson, « on lui a donné 10 000 écus et on l'a mariée mais assez mal[13] ». Ainsi, « le Roi se livre à la nature, et cherche à se ragoûter par de petites filles très neuves qu'on lui fait venir de Paris ». Un soir, alors qu'il recevait « une petite fille de cet âge qui était à peine vêtue », le Roi « s'enrhuma à la poursuivre dans le lit et hors du lit[14] ».

Devant un tel défilé de jeunes beautés et ces multiples chassés-croisés, le marquis d'Argenson se lamente : « La Cour aujourd'hui n'est qu'un lupanar. Une quantité de femmes inondent les appartements de nos princesses, cour non galante mais débordée ; on n'y voit que de grandes dames courir les appartements en habit de combat et leurs femmes de chambre porter les lettres de rendez-vous[15]. » Il est vrai que cette cour décadente présente un défaut majeur aux yeux du marquis d'Argenson : il en est exclu depuis bientôt dix ans.

Dans ce contexte très relâché, chercher à comprendre les raisons du départ de la petite O'Murphy n'avait pas grand sens aux yeux des chroniqueurs de la vie de cour. Le Roi l'avait prise avec délice, gardée avec plaisir et renvoyée sans regret. Elle n'était pas la première et ne serait certainement pas la dernière à être traitée de cette façon. Il était donc inutile d'épiloguer.

C'est Mademoiselle de Faulques, l'auteur féminin de *L'Histoire de Madame la marquise de Pompadour* qui, la première, apporte une explication à cette disgrâce brutale. La petite Morfi, manipulée et poussée à la faute par des intrigantes, se serait perdue sans retour aux yeux du Roi. Même si la demoiselle du Parc au Cerfs menait une vie sage et retirée, « quelques dames de la Cour avaient accès auprès d'elle ». Marie-Louise aurait eut la naïveté de croire que ces amitiés étaient aussi sincères que désintéressées. Or, bien avant Choderlos de Laclos, Marianne de Faulques écrivait que « les liaisons de cour sont dangereuses » et Louison allait l'apprendre à ses dépens. De redoutables Merteuil entouraient cette innocente Cécile Volange. Un jour, « dans un de ces moments destinés au plaisir » alors que le Roi et sa jeune maîtresse badinaient ensemble « avec toute cette liberté qui doit naître d'un commerce aussi étroit que celui qui les unissait », « la jeune Murphy lui demanda avec un sourire moqueur : "En quels termes êtes-vous avec votre vieille femme ?" » D'un bond, l'amant, « outré au vif » se relève, fronce les sourcils, se mord les lèvres, et reprenant ce regard de Roi qui suffisait à rappeler à l'ordre quiconque s'oubliait en sa présence, exige aussitôt de sa maîtresse le nom de « la personne qui l'avait incitée à lui parler sur ce ton ». La foudre se serait abattue au pied de la malheureuse qu'elle n'aurait pas eu plus d'effet, « la pauvre enfant pensa mourir de peur de l'air farouche qu'elle voyait prendre au Roi ». Aussitôt elle se jette à ses pieds, pleure, demande pardon et « accuse sans balancer, la personne qui lui avait mis ces paroles à la bouche ». La maréchale d'Estrées est désignée à la colère du Roi. Cette femme, longtemps l'amie de la marquise de Pompadour, s'en était éloignée. Ayant d'abord lié connaissance avec la Morphise par complaisance pour le Roi, elle aurait cherché à l'utiliser pour se venger de son ancienne amie en lui soufflant cette phrase assassine. Car, comme l'écrit la demoiselle de Faulques, « cette demande était d'autant plus capable de jeter un ridicule sur l'ancienne favorite, qu'elle prenait toutes les apparences de la plus pure vérité dans la bouche d'un enfant qui la fit dans l'innocence de son cœur, sans prévoir aucune des dangereuses suites qu'elle aurait ». La maréchale d'Estrées recevait aussitôt l'ordre de quitter la Cour et de se retirer sur ses terres. Quant à Morphise, « comme sa beauté et les plaisirs qu'elle donnait au Roi, plaisirs auxquels la jouissance n'avait déjà que trop fait perdre de leur vivacité, n'étaient guère plus que rien[16] », elle fut mariée séance tenante.

Cette version du renvoi élaborée, quelques années après les faits, par la demoiselle de Faulques se retrouve ensuite chez la plupart des mémorialistes et des historiens qui consacreront quelques lignes à la chute brutale de la petite favorite. Elle est reprise presque mot pour mot par Casanova dans ses Mémoires mais à cette différence que sous la plume du vieux séducteur vénitien, ce n'est plus la maréchale d'Estrées qui aurait suggéré la question impertinente à la petite Morfi mais Madame de Valentinois, petite-fille du duc de Saint-Simon et belle-sœur du prince de Monaco. A ce détail près, tout concorde, la question posée au Roi par Marie-Louise sur sa « vieille femme », la réaction indignée et foudroyante de Louis XV, l'interrogatoire de la petite imprudente, sa terreur, ses larmes et, enfin, son exil immédiat : « Le Roi lui tourna le dos, et elle ne le revit plus. » Selon Casanova, le Roi aurait cru que l'impertinence visait non pas sa vieille maîtresse mais la Reine elle-même. De là sa fureur car « Louis XV qui manquait à sa femme en qualité de mari, voulait au moins la dédommager en qualité de Roi[17] ». On voit mal, cependant, pour quelle raison la jeune fille aurait manqué de respect à une Reine qui n'était pas, loin de là, un obstacle aux amours de son royal époux.

Casanova ayant quitté Paris à la fin de l'automne 1752 pour rejoindre Dresde, il ne pouvait plus être le témoin, même indirect, de la faveur puis de la disgrâce de la « petite Morfi ». Nécessairement, ces Mémoires-là sont construits sur une information de deuxième main. Casanova a pu, bien des années plus tard, l'obtenir de la bouche du cardinal de Bernis. Dans les années 1753, les deux hommes firent connaissance à Venise en partageant la même maîtresse, la fameuse M.M., une religieuse particulièrement libérée et adepte du triolisme. Au cours de l'une de ces parties fines organisées dans un discret « casino » perdu quelque part sur la lagune, les deux libertins ont évoqué « l'histoire d'O-Morfi », Bernis a même demandé à voir son portrait et confirmé sa présence « au Parc aux Cerfs, où elle faisait les délices du Roi ». Cette conversation remonte à 1753, il ne peut donc avoir été question d'événements postérieurs mais Casanova, de retour à Paris quelques années plus tard[18], bénéficiera de la protection de l'ancien ambassadeur de France et peut-être reçut-il alors quelques confidences de ce favori que la marquise de Pompadour affublait du sobriquet affectueux de « pigeon pattu ». Il n'est pas non plus exclu, comme nous l'avons déjà suggéré, que le Vénitien se soit largement inspiré de *L'Histoire de Madame la marquise de Pompadour* pour combler certaines lacunes de l'*Histoire de ma vie.*

Une rivalité sourde entre la maîtresse en titre et sa suppléante n'est pas à exclure. A plusieurs reprises, le marquis d'Argenson fait allusion aux intérêts occultes qui conseillent discrètement Marie-Louise O'Murphy « pour donner des dégoûts à l'ancienne favorite[19] ». Les plus fins courtisans cherchent ses entours et les ministres lui font leur cour. Certains n'hésitent pas à lui donner ses premières leçons de politique, comme le propre frère du mémorialiste, le comte d'Argenson, qui « lui inspire en sous-main bien des subtilités de cour » car il « croit gagner beaucoup à l'expulsion de la Pompadour[20] ». Pour autant, il faut ici prendre le témoignage avec prudence car le marquis d'Argenson a une fâcheuse tendance à prendre ses rêves politiques pour des réalités historiques.

Dans tous les cas, la version selon laquelle Marie-Louise O'Murphy aurait perdu l'amour du Roi pour avoir manqué de respect à la marquise de Pompadour ne tient pas. Dans son journal, le marquis d'Argenson rapporte en effet une impertinence tout à fait semblable mais qui n'eut pas, loin de là, les mêmes effets. Au début du mois de mai 1754, l'extrême tension politique entre le parlement de Paris, et Monseigneur de Beaumont, archevêque de Paris, à propos des billets de confession[21] va contraindre le Roi à abandonner sa politique de « juste milieu » pour faire acte d'autorité. Le parlement ayant osé convoquer les pairs du royaume pour instruire le procès de l'archevêque, Louis XV lui ordonna, sans succès, de ne plus se mêler de la question des sacrements. En réponse, les magistrats se mirent aussitôt en grève, paralysant le fonctionnement de la justice dans tout le ressort du parlement de Paris, soit une petite moitié de la France. Face à une telle insubordination, la réaction royale ne se fit pas attendre, le 9 mai, le parlement était exilé et ses membres les plus extrémistes jetés en prison. Pris entre l'extrémisme politique de son parlement et l'intransigeance religieuse de Monseigneur de Beaumont, Louis XV venait de trancher en faveur de l'archevêque de Paris. Le respect de son autorité lui parut plus important à préserver que le salut de toute une prêtaille janséniste qui ne voyait en lui qu'un nouvel Hérode. Ces événements d'une extrême gravité pouvaient laisser croire à un retour de la Fronde. A Versailles, l'agitation était à son comble. « Le jour de la disgrâce du parlement », Marie-Louise effrayée de la tournure prise par les événements, preuve qu'elle n'était pas totalement coupée du reste du monde, se serait précipitée dans les bras du Roi en lui disant : « Je ne crains que pour vous, je ne vous aime que pour vous ; arrivera ce qu'il voudra à votre royaume, mais renvoyez votre vieille marquise. » L'opinion publique tenait la Pompadour pour responsable de la crise. Louis XV, loin de foudroyer sa maîtresse de la voix et du regard, éclate de rire et « lui donna une belle tabatière[22] », pour prix de son impertinence.

Voilà une scène à laquelle un des courtisans dans le secret du Parc aux Cerfs a peut-être assisté et qui a pu se répandre comme un murmure de la chambre du Roi au salon de l'Œil-de-bœuf pour être saisie au vol par le marquis d'Argenson auquel elle aura été presque immédiatement rapportée. Quelques années plus tard, c'est donc cette même anecdote qui refait surface dans le pamphlet de Mademoiselle de Faulques mais avec une conclusion toute différente et très certainement contraire à la vérité. C'est pourtant la version qui va passer à la postérité car ces libelles et romans à clés des années 1740-1750 ont contribué à façonner la mauvaise image d'un Roi fainéant et libertin. Légende noire largement reprise et amplifiée à la fin du siècle pas les auteurs pré et postrévolutionnaires et les mémorialistes tardifs[23]. Comme Mademoiselle de Bonnafon quelques années plus tôt, Mademoiselle de Faulques avait recueilli l'anecdote déjà passablement déformée auprès de quelques domestiques au service des Grands ou bien tout simplement dans les nombreuses nouvelles à la main qui circulaient alors sous le manteau. Elle l'aura ensuite utilisée dans son récit pour peindre l'histoire édifiante d'une jeune femme sincère et innocente victime de la Pompadour, méchante fée de cour.

C'est donc ailleurs qu'il faut aller chercher les raisons pour lesquelles, après une véritable passion physique de plusieurs années, Louis XV consentit à se débarrasser d'une jeune femme dont il aurait dit un jour à Lebel « qu'il la garderait toute sa vie[24] ».

La mécanique des cabales

La cour de Versailles n'est pas seulement l'écrin vivant de la monarchie française, elle est aussi une arène politique où s'affrontent, selon des codes devenus indéchiffrables, des groupes d'intérêts antagonistes, dont les conceptions idéologiques diffèrent parfois. L'image trop souvent répandue d'un pouvoir royal absolu et sans partage ne correspond à aucune réalité historique. L'extrême complexité des processus de décision, le rôle des parlements dans la validation de certaines d'entre elles, notamment en matière fiscale, enfin l'influence de l'Eglise sont autant de filtres, officiels et officieux, par lesquels doit passer la volonté royale avant de s'imposer. La Cour joue, elle aussi, un rôle essentiel dans ce travail d'élaboration d'une politique royale. A Versailles, « partis », « coteries », « brigues » ou « cabales » — tels sont les termes alors couramment employés par les contemporains eux-mêmes —, regroupent autour de certains personnages clés de la famille royale, comme le Dauphin, la Reine, un prince du sang particulièrement bien placé dans l'ordre de succession dynastique, quelques ministres puissants et surtout la maîtresse déclarée, une nébuleuse d'influences aux contours fluctuants qui cherchent à peser sur les choix du gouvernement. Ce phénomène est aussi ancien que la monarchie absolue, le duc de Saint-Simon a ainsi livré dans ses *Mémoires* une description particulièrement ciselée des cabales qui se disputaient l'avenir dans les dernières années du règne de Louis XIV[25]. Ces intrigues de cour, dont les enjeux apparents sont parfois purement symboliques, permettent à la noblesse, privée de son droit de révolte depuis l'écrasement de la Fronde, de continuer à jouer, même indirectement, un rôle politique majeur. Principal objet de ces pressions contradictoires, le roi Louis XV, arbitre impénétrable, soucieux de garantir son autorité sans verser pour autant dans le despotisme. Les multiples remaniements ministériels du règne ont été mis, dès cette époque, au compte des indécisions d'un roi faible et pusillanime, incapable de fixer le cap de son gouvernement. Or, cette instabilité apparemment réglée par le caprice et la faveur n'est que le reflet des efforts déployés par Louis XV pour tenter l'impossible synthèse entre les multiples courants d'intérêts et de pensées qui traversaient alors la Cour et les salons de la capitale[26] et qui résumaient, alors, l'opinion publique.

Ces savants dosages, souvent incompréhensibles aux yeux des chroniqueurs du XVIIIe siècle comme des historiens d'aujourd'hui, s'élaboraient dans la plus grande opacité, le Roi cherchant toujours à se ménager des marges de manœuvre possible derrière le secret de ses décisions.

Contrairement à un discours longtemps véhiculé, Louis XV maîtrisait parfaitement ce jeu de cour, assignant à chacun le rôle qu'il souhaitait lui voir jouer et se retranchant sans cesse derrière de véritables leurres pour mieux échapper à la dictature d'une opinion publique naissante et déjà tyrannique.

Le rôle et le pouvoir de Madame de Pompadour ne peuvent se comprendre autrement. Véritable ministre de la Cour, la favorite permet au Roi de diversifier les sources de son information sans être dans la dépendance de ses ministres. La nomination, dès 1747, d'un lieutenant général de police imposée par la Marquise exprimait cette volonté de dédoubler les circuits officiels de renseignement. Devenue « l'arbitre et le canal des grâces[27] », elle offre par ailleurs à son royal amant, le moyen de distinguer et de récompenser, voire de soudoyer courtisans, généraux et parlementaires, ou encore d'approcher certains ambassadeurs étrangers sans apparaître ni se compromettre. Il en va de même pour la disgrâce d'un ministre. Là encore, la Marquise joue le rôle d'écran entre le Roi et l'opinion. C'est elle qui endosse la responsabilité politique d'arbitrages qui ne sont pas nécessairement les siens et permet de cristalliser la haine publique comme le cardinal Mazarin à l'époque de la Fronde. En contrepartie, la favorite est assurée du soutien indéfectible de Louis XV et peut jouir de toutes les prérogatives du pouvoir et de ses apparences. Avec talent, elle met à profit cette position dominante pour se faire la protectrice des Arts. Peintres, sculpteurs, graveurs et hommes de lettres lui renvoient alors une image en majesté qui lui a survécu et dont tous ses biographes ont été dupes. La marquise de Pompadour reste, avant tout, une femme de pouvoir aux capacités manœuvrières redoutables, douée d'une volonté de fer et capable de se maintenir au cœur du pouvoir jusqu'à la mort grâce à une parfaite maîtrise des outils médiatiques de son temps. Le ton de sa correspondance, facilement badin, toujours sensible, ne doit pas faire oublier la détermination froide d'une ambition politique hors du commun.

Aussi, pour tous ses contemporains, ne fait-il pas de doute que la favorite gouverne le Roi. En fait, elle participe à son système de gouvernement. Système de cour et de pouvoir dont Marie-Louise O'Murphy a été l'instrument avant d'en devenir la victime. Il est donc impossible de comprendre le sort brutal de la petite maîtresse de Louis XV, sans démonter, un à un, les rouages de l'implacable mécanique des cabales qui se met en place, à Versailles, au début des années 1750. La disgrâce de la Morphise est incompréhensible si l'on ne prend pas la peine de la situer dans le contexte politique de cette décennie.

Avec le renvoi de Maurepas, qui laisse la Cour stupéfaite au lendemain du 24 avril 1749, la marquise de Pompadour a changé de statut. Elle est devenue autre chose qu'une maîtresse chargée de distraire le Roi de son ennui et du poids de son sceptre, elle est désormais clairement un acteur politique de premier plan. Qu'elle ait obtenu cette disgrâce ou que sa colère contre l'homme qui l'avait insultée quasi publiquement ait été utilisée par le Roi pour se débarrasser d'un collaborateur[28] qui avait la faiblesse de se croire incontournable, le résultat est le même. Aux yeux de la Cour comme de toutes les capitales d'Europe, la Marquise a désormais le pouvoir de faire et défaire les ministres. En fait, fidèle à sa pratique du pouvoir, Louis XV, en renvoyant Maurepas, prenait une décision mûrement réfléchie et très politique mais laissait la Marquise en assumer la responsabilité aux yeux de la Cour et de l'opinion publique. Le prétexte de cette disgrâce, quelques vers désobligeants pour la favorite, masquait, en réalité, une petite révolution gouvernementale. La disgrâce de Maurepas n'est pas un caprice de favorite mais la première étape d'un plan beaucoup plus vaste destiné à affaiblir les groupes de pression les plus conservateurs de la Cour, afin de faciliter l'adoption puis l'application d'une réforme fiscale contraires aux intérêts des privilégiés.

Le ministre est remercié par le Roi quelques jours avant la signature à Marly des édits établissant le nouvel impôt du Vingtième, impôt universel qui devait frapper tous les sujets de Sa Majesté, y compris les privilégiés et dont l'annonce déclencha une résistance opiniâtre du clergé. Si l'on ajoute à cela que Maurepas passait pour un ami de la Reine, dont Barbier assure qu'elle pleura longuement à l'annonce de son départ pour l'exil[29], l'événement, loin d'être anecdotique, dessine les lignes de forces politiques qui vont traverser la Cour pendant plus de dix ans.

D'un côté, « le parti de la favorite » autour de laquelle se regroupent quelques grands seigneurs éclairés amis du Roi et la plupart des ministres réformateurs comme Machault d'Arnouville, à l'origine du nouvel impôt. De l'autre, « le parti de la famille » dont le noyau est constitué par le cercle de la Reine et l'entourage du Dauphin flanqué de ses sœurs, les fameuses Mesdames, auxquelles Louis XV voue une réelle affection mais que l'on voit traîner dans Versailles leurs frustrations de vieilles filles bien nées.

Ce qui, à l'origine, pouvait apparaître comme de simples réseaux familiaux et clientélistes va prendre une tournure beaucoup plus politique avec l'affaire du Vingtième, aggravée par la crise des billets de confession. Le départ brutal de Maurepas, farouchement opposé à cette réforme fiscale accusée de mettre « cul par-dessus tête » les vieilles structures féodales de la société française ne va pas, loin de là, affaiblir les résistances, tant à l'intérieur qu'à l'extérieur du gouvernement. Il faut dire que le projet, repris d'une vieille idée développée par Vauban au tout début du siècle, est à lui seul une révolution. Non seulement le nouvel impôt frappe tous les contribuables en fonction de « leurs facultés » et sans tenir compte de leurs privilèges, mais il est assis sur les revenus nets de toute forme de propriété.

La noblesse et le clergé sont directement touchés par une réforme qui devait permettre à la France d'endiguer un déficit chronique creusé par la guerre de Succession d'Autriche. A l'annonce de cette décision, forgée dans le secret de plusieurs Conseils des finances extraordinaires, ce fut une levée de boucliers et une lamentation générale dans toutes les bonnes maisons du royaume, les seules qui avaient la capacité de se faire entendre. Dès le 5 mai, le parlement de Paris, dont les membres étaient parmi les plus rudement touchés par un impôt qui affectait les terres et les charges, refusa d'enregistrer l'édit. Le roi donna deux heures aux magistrats pour obtempérer et nomma Machault d'Arnouville ministre d'Etat pour lui manifester son soutien et étendre ses pouvoirs. Intimidé, le parlement céda, mais la résistance la plus farouche vint du clergé qui considérait son immunité fiscale comme un point de doctrine. L'évêque de Verdun n'hésitait pas à affirmer que les immunités de l'Eglise « devaient être regardées comme faisant partie de la religion catholique[30] ». L'Eglise n'était pas propriétaire mais usufruitière du patrimoine des pauvres, elle contribuait de plein gré aux dépenses publiques par le biais d'un « don gratuit » renouvelé annuellement par l'Assemblée du clergé[31]. Cette séparation des deniers de l'Eglise et de ceux de l'Etat avait été reconnue à plusieurs reprises par la monarchie et il ne pouvait être question d'y revenir. Chaque fois que le Roi créait un nouvel impôt, l'Eglise de France s'abonnait, c'est-à-dire qu'elle payait une fois pour toutes un « don gratuit » supplémentaire mais exceptionnel et se tenait pour quitte. Cette fois, l'alerte était chaude et le clergé de France se mobilisa avec une violence inouïe, certains prélats allant jusqu'à prêcher le martyre depuis leurs chaires de bois doré. Le 20 septembre 1750, le Roi fit rompre l'Assemblée du clergé réunie depuis le mois de mai et qui refusait obstinément de se soumettre à sa décision. Chaque député du clergé reçut ordre de rentrer dans son diocèse pour n'en plus sortir. La tension entre l'Etat et l'Eglise était parvenue à son paroxysme[32]. Le Roi paraissait vouloir soutenir fermement son ministre et sa réforme contre l'Eglise et sa propre famille.

C'est, en effet, dans ce contexte de crise majeure que « le parti de la famille », simple nébuleuse de cour, savamment travaillé par le haut clergé et les adversaires d'une réforme soutenue par la Marquise et ses ministres, va devenir, sous la plume du marquis d'Argenson, une force politique, ce fameux « parti dévot » qui alimente encore aujourd'hui fantasmes et interrogations[33]. Entourées de ses dames, les duchesses de Luynes et de Villars auxquelles il faut ajouter la comtesse de Saint-Florentin, femme du ministre, la Reine et ses filles vivaient dans une atmosphère de piété et de dévotion qui prêtaient à sourire. Lorsque la Reine et ses femmes traversaient les grands appartements pour se rendre à la chapelle royale, les petits maîtres de la Cour saluaient avec moquerie le passage de « la Semaine sainte ». Il n'en demeure pas moins que la fréquentation assidue du Dauphin, héritier de la couronne, chez sa mère et ses sœurs, donnait de la puissance à cette compagnie dévote. A tout moment, l'avenir pouvait basculer de ce côté-là. Aussi, lorsqu'en 1751, alors que le renvoi de l'Assemblée du clergé échauffait encore les esprits, la famille royale accomplit avec une ferveur remarquée toutes les stations du jubilé, cette manifestation de piété fut immédiatement interprétée comme une marque de soutien à l'Eglise dans sa lutte contre les « nouvelletés » impies de Monsieur de Machault. Dès cette époque, le marquis d'Argenson attribue d'ailleurs un rôle de premier plan aux Jésuites qui occupent à la Cour les fonctions stratégiques de confesseurs de la famille royale et sur lesquels pèsent alors de lourds soupçons de manipulation. Le nom de deux d'entre eux revient régulièrement sous sa plume, le père Griffet, grand organisateur des cérémonies du jubilé de 1751 et le père Pérusseau, confesseur du Roi. Mais pour qu'une simple coterie, fût-elle royale, soit perçue à la Cour comme un véritable « parti », il lui fallait disposer de relais puissants à l'intérieur même du gouvernement. Gouvernement dont, par tradition depuis le règne personnel de Louis XIV, la parenté du Roi était systématiquement exclue[34]. La disgrâce de Maurepas, opposé à Machault et au Roi dans la réforme du Vingtième, avait fait perdre à la famille royale l'un de ses principaux champions, lequel s'était toujours distingué par les marques de mépris dont il abreuvait la marquise de Pompadour. La politique ayant, comme la nature, horreur du vide, ce rôle incomba très vite à un autre ministre, pourtant proche à l'origine de Machault, le comte d'Argenson, ministre d'Etat depuis 1742. Ce ministre était par ailleurs lié à la Reine par une longue et profonde amitié. Pour autant, l'homme n'avait, à titre personnel, rien d'un dévot. Aimant la vie et les femmes, amant de la comtesse d'Estrades, il protégeait les philosophes et fut même le premier dédicataire de l'*Encyclopédie*. La Reine aimait d'ailleurs à taquiner le ministre sur la faiblesse de ses convictions religieuses. C'est donc essentiellement par ambition personnelle et parce qu'il était l'adversaire acharné du parlement et l'ami de Monseigneur de Beaumont que le comte d'Argenson devint le chef naturel de ce « parti dévot » aux contours mal définis mais qui s'opposait par tous les moyens de pression à sa portée aux menées de la favorite et à la politique de ses ministres.

La lutte d'influence à laquelle paraissaient se livrer sans cesse les deux partis pouvait se lire jusque dans l'organisation spatiale du château de Versailles. Le retour du Dauphin et de la nouvelle Dauphine, Marie-Josèphe de Saxe, dans l'appartement au rez-de-chaussée de l'aile sud du corps central, alors que le couple occupait jusque-là le fastueux appartement au premier étage de l'aile des princes, rapprochait les membres de la famille royale hostile à la Pompadour. En effet, le nouveau logement du Dauphin était exactement situé au-dessous des appartements de la

Reine auxquels il lui était possible d'accéder directement par le petit escalier en colimaçon situé dans sa première antichambre. Ce voisinage pouvait désormais donner lieu à toutes les supputations politiques. Le parallèle fut immédiatement établi lorsque, trois ans plus tard, à l'automne 1750, alors que la polémique autour du Vingtième faisait rage, la marquise de Pompadour logée, depuis les commencements de sa faveur, dans l'ancien appartement de la duchesse de Châteauroux, situé au-dessus des grands appartements dans l'attique nord du corps central, fit une descente prodigieuse au rez-de-chaussée dans l'ancien appartement des bains de Louis XIV. Cette somptueuse enfilade ne comptait pas moins de deux antichambres, un grand cabinet, une chambre d'apparat et un petit cabinet donnant de plain-pied sur le parterre nord et présentait l'insigne avantage de permettre un accès direct chez le Roi par un petit escalier[35]. Ainsi la favorite occupait-elle désormais une situation géographique absolument symétrique à celle de la Dauphine. Elle quittait le Versailles des courtisans pour s'installer dans le Versailles des princes[36]. Chez elle, il ne serait plus question de recevoir mais de tenir une véritable cour. Désormais, la topographie politique du château était clairement dessinée. A gauche de la chambre du Roi, cœur symbolique de la monarchie, la Reine, le Dauphin et la Dauphine, en un mot le quartier général du parti dévot. A droite, les petits appartements privés du monarque et ceux de la marquise de Pompadour. L'arbitrage du Roi en faveur de sa maîtresse, alors que ses filles revendiquaient l'appartement pour leur propre usage, était la preuve de l'équilibre spatial et politique que Louis XV souhaitait voir maintenir chez lui. La bataille avait été rude et le marquis d'Argenson rapporte une réplique cinglante de Madame Henriette, l'aînée des filles du Roi[37]. Avertie des intentions de son père de donner l'ancien appartement de la duchesse de Toulouse à sa maîtresse, la princesse se serait écriée : « Que la Marquise soit logée en haut ou en bas, le Roi mon père n'ira pas moins ; il faut autant qu'il monte pour redescendre que de descendre pour remonter, au lieu que moi, Dame de France, je ne puis loger en haut dans des cabinets[38]. » Elle n'obtint pas gain de cause sur ce point. Le Roi donnait en apparence la victoire au parti de la favorite car l'attribution de cet appartement pouvait apparaître comme la marque éclatante de son soutien. Ce n'est en réalité qu'un dédommagement car, coup de théâtre, au mois de décembre 1751, le Roi, contre toute attente, cédait aux pressions de sa famille et du clergé sur le Vingtième. Une circulaire discrète, adoptée au lendemain de Noël, ce qui n'était pas neutre en cette année jubilaire censée appeler la clémence de Dieu sur la deuxième moitié du siècle, sursoyait aux mesures les plus radicales de la réforme Machault. Le clergé s'abonnait au nouvel impôt par un don gratuit et il n'était plus question de dresser l'inventaire de ses biens. L'Eglise triomphait. Elle paierait au centuple son obstination égoïste quarante ans plus tard.

Quelques semaines après cette discrète mais terrible reculade, un événement familial tragique vint renforcer, aux yeux de la Cour et peut-être même de la Marquise, l'influence grandissante et jusque-là souterraine du parti de la famille et des dévots. Le 10 février 1752, après une maladie fulgurante, Madame Henriette rendait son âme à Dieu, persuadée de voir les portes du ciel s'ouvrir pour elle à deux battants comme il convient à une Fille de France. Le Roi fut terriblement affecté par la disparition de sa fille car chez cet ancien enfant gâté par la mort, le sentiment de culpabilité, aiguillonné en permanence par les prédicateurs de la Cour, venait aggraver le chagrin. Pendant plusieurs semaines, il n'est plus question à Paris comme à Versailles que d'un prochain retour du Roi à la dévotion. L'avocat Barbier s'inquiète même des manœuvres cléricales autour du monarque : « On dit que les gens d'Eglise, Monsieur de Mirepoix, le père Pérusseau, jésuite, son confesseur, les évêques qui sont à la Cour, voudraient profiter de ces événements pour le faire tourner à la dévotion. » Pour ce bourgeois parisien proche du monde parlementaire, la réussite d'une telle cabale « serait bien le plus grand malheur pour l'Etat car le despotisme des gens d'Eglise n'a point de bornes[39] ». Le marquis d'Argenson, pourtant peu favorable à la favorite et à son entourage mais en très mauvais termes avec son frère, est tout aussi pessimiste. La conversion du Roi à une vie dévote et donc un retour en force de la famille royale aurait, là encore, des conséquences désastreuses : « Le parti dévot, la brigue de la famille disputent le grand crédit. Malheur au royaume si cette méchante cohue l'emporte ! Non que la famille royale ne soit remplie de douceur et de vertu, mais ceux qui la gouverneront ne produiront plus que des choses contraires à l'humanité, et bien pis que n'en a fait la favorite[40]. » La séparation de corps intervenue dans cette même période entre Louis XV et sa maîtresse en titre ne pouvait qu'augmenter les inquiétudes et renforcer, en apparence, la situation politique des « dévots ». L'attribution, par Louis XV, d'un appartement à sa fille Adélaïde, au rez-de-chaussée du corps central du château de Versailles accentuait cette impression aux yeux de la Cour. Jamais le parti de la famille royale et ses ramifications dévotes n'avait paru aussi puissant. La Marquise, elle, semblait assiégée dans son rez-de-chaussée au point que le parti adverse, conduit désormais par le comte d'Argenson, cherchait ouvertement à lui trouver une remplaçante. Il s'agissait de jeter dans les bras de Louis XV la belle et sotte comtesse de Choiseul-Beaupré. Le coup échoua, on le sait, et l'imprudente rivale fut immédiatement renvoyée. En guise de cadeau de réconciliation, la marquise de Pompadour, un temps menacée, recevait dès le mois d'octobre, un brevet d'honneur qui lui accordait le rang de duchesse et s'empressait de faire dessiner le manteau ducal au-dessus de ses armes et de mettre la calotte de velours rouge sur son carrosse. Au mois de janvier 1753, avec, là encore, quelques mois de retard sur les événements, le marquis d'Argenson confiait à son journal, en guise de requiem mondain : « Madame de Pompadour a chassé de chez elle la petite Choiseul, comme une petite putain qui avait une mauvaise conduite et lorgnait le Roi. »

Dans la lutte d'influence que se livraient les deux « cabales », il ne pouvait pas être question d'abandonner à l'ennemi le corps sexuel du Roi Très Chrétien. La prospection puis l'installation de la petite Morfi par les réseaux familiaux artistiques et parisiens de la Pompadour, que nous avons établis au début de cet ouvrage, prennent donc, en cette fin de l'année 1752 et au lendemain de l'aventure Choiseul-Beaupré, toute leur dimension politique. La pratique d'une sexualité satisfaisante pour Louis XV permettait de prémunir la Marquise d'une trop grande influence de ses adversaires bien-pensants. Le corps sexuel du Roi échappait à l'influence religieuse grâce à la Marquise et malgré sa propre abstinence. Le marquis d'Argenson n'est d'ailleurs pas dupe lorsqu'il écrit à propos de ces intrigues d'alcôve : « La marquise de Pompadour paraît bien complice de tout ceci. » D'ailleurs, le mémorialiste est formel : « Le sieur Lebel n'oserait sans permission vaquer ouvertement à ces sortes de négociations. » La favorite aura même directement ordonné et supervisé le recrutement de la jeune fille qui, pendant plus de trois ans, eut pour seule mission de persuader le Roi que le paradis terrestre se trouvait quelque part dans le quartier du Parc aux Cerfs à une distance plus accessible que le chemin de la Rédemption. La marquise de Pompadour prétendait même que l'Etat lui avait même grande obligation pour ce rôle « de surintendante des plaisirs du monarque » en « pourvoyant ainsi à des nouveautés dans chaque genre[41] ».

Ainsi la petite Morfi ne fut-elle pas seulement un objet de plaisir entre les bras de Louis XV mais un instrument politique aux mains de la marquise de Pompadour dans sa lutte contre les dévots, un rouage dans la mécanique des cabales. La politique l'avait couchée dans le lit du Roi, la politique allait, brutalement, l'en chasser.

Au beau milieu d'une cour secouée par la lutte pour le pouvoir dans laquelle s'étaient engagées deux factions rivales, il était inévitable que la petite maîtresse du Roi, malgré sa jeunesse, sa discrétion et son inexpérience prenne la dimension d'un véritable enjeu. Ambassadeurs et grands courtisans incluaient désormais la pensionnaire du Parc aux Cerfs dans leurs stratégies d'influence. Frédéric le Grand lui-même est obligé de calmer les velléités de son ambassadeur auquel il recommande de ne pas s'aventurer sur ce terrain risqué : « Ce n'est point à nous de nous mêler des intrigues, de travailler à faire déplacer Madame de Pompadour par Mademoiselle Murphy, ou autrement. » A quoi le Roi de Prusse ajoute néanmoins : « Si la chose arrivait, nous pourrions bien nous consoler[42]. » L'éventualité était donc bien envisagée par les chancelleries européennes, comme elle l'était par les différentes « brigues » de la Cour ainsi que le marquis d'Argenson le relève à plusieurs reprises à propos de son frère soupçonné d'inspirer « en sous-main » à la demoiselle Murphy « bien des subtilités de cour[43] ». La petite maîtresse a-t-elle succombé à ces leçons de haute politique ? Certains l'ont supposé, mais l'explication est ailleurs. Un regard rapide sur la situation réelle de la jeune fille suffit à balayer une telle hypothèse. Tirée d'une obscurité pour le moins équivoque, conduite dans la chambre du Roi par des intermédiaires qui tous, d'une façon ou d'une autre, appartiennent à la clientèle Pompadour, tenue au secret dans une petite maison appartenant à l'intendant de la Marquise, sans appui à la cour, affublée d'une famille pour le moins pittoresque, tenue sous étroite surveillance par le lieutenant général de police, sans la moindre fortune, Marie-Louise O'Murphy n'a jamais été en mesure de menacer politiquement la maîtresse en titre dont elle est et restera toujours la créature. Même le marquis d'Argenson, pourtant à l'affût de tout ce qui pourrait débarrasser Versailles et le gouvernement de la Poisson et de ses amis, abandonne très vite, dès le printemps 1753, tout espoir de voir la « petite Morfi » s'installer comme une alternative crédible. L'heure des petites catins n'a pas encore sonné à la cour de France et il ne vient à l'esprit de personne, pas même du Roi, d'envisager un instant de déclarer la jeune femme maîtresse en titre. Il en sera autrement, quinze ans plus tard, lorsque Louis XV, vieillissant mais libéré, et victime d'un véritable coup de foudre érotique, imposera la comtesse du Barry. Il faut dire que cette dernière était, *a contrario*, manipulée par les dévots contre le ministère Choiseul, continuateur de la politique Pompadour.

La demoiselle du Parc aux Cerfs n'a pas été renvoyée parce qu'elle incarnait une menace mais bien parce que, en 1755, elle représentait un obstacle à la nouvelle politique religieuse de Louis XV et de la marquise de Pompadour soucieux de se rapprocher de Rome et des dévots. Le renvoi comme le recrutement de la petite Morfi ont donc toujours servi les vues de la favorite. La défense de cette hypothèse exige quelques éclaircissements historiques.

Après l'échec du Vingtième, l'affaire des billets de confession menaçait de rompre de nouveau la paix religieuse du royaume et les subtils équilibres politiques qui prévalaient jusque-là. Le Roi avait consenti à rappeler le parlement de son exil à la fin du mois d'août de l'année précédente mais en prenant la précaution de condamner les deux partis au silence sur ces questions théologiques explosives. Prenant cette obligation au pied de la lettre, les magistrats se mirent à pourchasser tous les prêtres qui évoquaient ces questions dans le cadre de leur ministère. Au printemps 1755, le parlement franchissait à nouveau le Rubicon en condamnant la bulle *Unigenitus*[44] pourtant enregistrée comme une loi du royaume depuis 1730. La trêve n'aura pas duré. Pour faire face à cette nouvelle crise et imposer son autorité dans ce débat byzantin, Louis XV veut pouvoir agir en Roi Très Chrétien. Or, depuis des années, son confesseur et ses propres scrupules religieux le tiennent éloigné des sacrements. Un Roi vivant ouvertement dans le péché peut difficilement s'inviter dans le débat théologique. Pourtant, dès les années 1752, la Marquise, tirant les leçons de la défaite politique de Machault sur le Vingtième et prenant acte de la position désormais dominante, du moins en apparence, du « parti dévot », engageait des négociations secrètes avec les Jésuites pour essayer de faire avaliser par l'Eglise la rupture de ses relations charnelles avec le Roi. Approché discrètement, le père Pérusseau, confesseur de Louis XV, se montra d'une intransigeance absolue. Seul le départ de la Pompadour pouvait, à ses yeux, faire cesser le scandale et permettre à son pénitent d'obtenir l'absolution pour pouvoir à nouveau toucher les scrofuleux. Le retour à cette pratique abandonnée par un Roi en état de péché mortel depuis la fin des années 1730 aurait permis à Louis XV de renouer avec un rite qui rappelait, à tous, la sacralité de la monarchie française. Le Roi thaumaturge, héritier de Clovis, pouvait imposer le respect à ses peuples et le silence à l'Eglise. La chose était plus difficile pour un Roi libertin aux mœurs de sultan. Face à cette intransigeance, quitter Versailles et le pouvoir n'étant pas dans les intentions de la Marquise, il ne fut plus question de repentir ni d'absolution pendant quelques années. La maîtresse en titre conservait sa place dans le système politique de la Cour, l'amitié platonique remplaçant l'amour physique, et la petite maîtresse assumait, non sans talent, le goût du Roi pour le péché de chair.

Il faut attendre 1755 et le pourrissement de l'affaire des billets de confession pour que la « conversion » de la Pompadour soit une fois encore à l'ordre du jour[45]. Conversion qui se fera, entre autres, aux dépens de la petite pensionnaire du Parc aux Cerfs. Soucieux de trouver une issue à la crise qui menaçait l'unité religieuse de son royaume, Louis XV se tourne alors vers Rome. Dès le mois de mars, il écrit au pape pour lui demander son arbitrage dans un conflit qui agite le spectre de la Ligue au-dessus de sa couronne. Choiseul, dont la Marquise n'avait pas oublié les services, avait été envoyé, dans l'intervalle, comme ambassadeur de France près le Saint-Siège pour dissuader le pape d'intervenir dans cette affaire intérieure. Il reçut alors pour mission contraire de gagner Benoît XIV à la politique de conciliation du Roi de France. Quelques mois plus tard, comme si les deux demandes avaient un lien, la marquise de Pompadour cherche auprès d'un autre jésuite, le père de Sacy, à obtenir l'absolution et par là ouvrir un chemin à celle du Roi. Chapelain de la maison de son ami Soubise, chaudement recommandé par Machault son protégé au gouvernement, le père de Sacy n'est pas un ennemi du « clan » et il doit pouvoir se montrer plus compréhensif que le père Pérusseau. Le jésuite se révèle pourtant moins flexible que prévu et pose un certain nombre de conditions avant même d'aborder la question de l'absolution. La puissante pénitente devait donner des gages ; Marie-Louise O'Murphy, à n'en pas douter, en fera directement les frais. Pour faire cesser le scandale, le nouveau directeur de conscience exige d'abord que la Pompadour abandonne le rouge et le grand décolleté, condamne l'escalier qui conduisait de son appartement à celui du Roi et reprenne la vie commune avec son époux. Elle devait, en outre, occuper à la Cour une fonction officielle de façon à justifier de sa présence auprès du Roi et de la famille royale. La pénitente accepte tout ce que l'on voudra car le temps presse et profite de sa conversion pour commander à son marchand mercier favori de délicats bénitiers en porcelaine de Sèvres. La dévotion, certes, mais sans le cilice.

Au début du mois de juin, la situation internationale vient compliquer les affaires intérieures du royaume. Une escadre anglaise capture sans crier gare deux vaisseaux français, l'*Alcide* et le *Lys*, perdus dans les eaux glacées de Terre-Neuve. Un mois plus tard, la nouvelle de cette perfidie contraire à toutes les lois de la guerre éclatait comme une bombe à Compiègne où séjournait la Cour. La guerre avec l'Angleterre devenait inévitable. Profitant des circonstances, l'impératrice Marie-Thérèse d'Autriche ouvrait aussitôt des négociations avec Louis XV en utilisant la marquise de Pompadour comme intermédiaire. Le 3 septembre 1755 eut lieu dans le secret du petit brimborion de Bellevue, l'entrevue entre Bernis et Stharenberg, ambassadeur d'Autriche. Cette rencontre désormais célèbre préparait le fameux renversement des alliances et le rapprochement de deux couronnes trop longtemps ennemies. La manœuvre diplomatique était hardie mais Louis XV ne pouvait pas prétendre bouleverser l'échiquier politique européen et se lancer dans la guerre contre l'Angleterre sans avoir, au préalable, réglé les problèmes intérieurs de l'Etat. Ce règlement passait par Rome. Aussi, sous la dictée du père de Sacy, la Marquise écrira-t-elle une lettre pleine de repentirs à Monsieur d'Etiolles, son mari, qui depuis bientôt dix ans, jouait le rôle du cocu magnifique en se consolant avec des danseuses, pour lui demander de bien vouloir lui ouvrir à nouveau son cœur et sa maison. La réponse fut négative mais au moins la nouvelle Marie-Madeleine avait-elle fait preuve d'humilité. Pour la fonction officielle, de rudes négociations s'engageaient avec la famille royale car il s'agissait d'obtenir l'accord de la Reine pour permettre à la Pompadour de devenir sa Dame du Palais, soit l'une des plus hautes charges susceptibles d'être occupées par une femme à la cour. Ces conditions sont connues par la correspondance de la Marquise avec Choiseul et par une note récapitulative qu'elle fit plus tard parvenir à Clément XIII, successeur de Benoît XIV, pour le convaincre de sa bonne foi dans toute cette affaire.

Le renvoi de la petite Morfi est bien évidemment lié à ces négociations spirituelles. La seule chronologie des faits suffit à le démontrer. La jeune femme est mariée dans la précipitation le 25 novembre 1755, soit au moment même où la Marquise discute les termes de sa « conversion » avec son directeur de conscience. Si elle se chuchotait à Versailles et dans les libelles de l'époque, la complicité de la Marquise dans les arrangements du Parc aux Cerfs n'était évidemment pas un secret pour les confesseurs du Roi et de sa maîtresse. Il fallait mettre un terme, au plus vite, à un scandale aussi grand que l'adultère lui-même, la complicité de débauche.

La mise en perspective d'anecdotes apparemment secondaires de la vie de cour, comme le renvoi d'une petite maîtresse ou la conversion d'une puissante favorite, avec l'actualité politique du temps, permet de comprendre bien des mystères et démontre que rien n'est anecdotique lorsque l'on approche du pouvoir. Ainsi devient-il facile de comprendre pourquoi, le même jour, maître Patu, notaire à Paris, enregistrait le contrat de mariage de la demoiselle O'Murphy et l'achat par le Roi, sous un prête-nom, de la fameuse maison de la rue Saint-Médéric à Versailles. Le 25 novembre 1755 et par deux actes différents, Louis XV, coupait tous les liens qui auraient pu permettre aux espions des Jésuites de remonter depuis la petite Morfi jusqu'à la Marquise. En sacrifiant Marie-Louise O'Murphy, Louis XV exemptait la Pompadour de son maquerellage, facilitait les tractations de sa maîtresse avec son confesseur et permettait à Choiseul, son ambassadeur à Rome, de gagner la bienveillance du pape Benoît XIV. L'achat, dans le plus grand secret et sur ses propres deniers d'une nouvelle maison au Parc aux Cerfs, offrait à Louis XV le moyen d'abriter plus discrètement encore ses petites concubines sans les secours trop voyants de la Marquise ou de son intendant. Les jeunes femmes seront désormais directement recrutées par Lebel, entretenues dans la discrétion et souvent renouvelées de façon à brouiller les pistes. La Pompadour ne prendra plus jamais le risque de se compromettre directement dans le choix et la négociation de ces amours obscurs tout en gardant un œil vigilant sur leurs suites. Elle peut désormais, sans sourire, passer plusieurs heures dans son oratoire agenouillée sur un charmant prie-Dieu en marqueterie de bois précieux et discuter avec gravité des questions théologiques les plus ardues.

Les bénéfices de cette nouvelle organisation des plaisirs du Roi ne se feront pas attendre. Le 11 décembre, la disgrâce et le mariage de la petite Morfi sont de notoriété publique[46]. Le 8 février, soit deux mois plus tard, une nouvelle incroyable court plus vite que les rats sur les parquets de Versailles : la marquise de Pompadour est déclarée Treizième Dame du Palais de la Reine et cela avec l'accord même de la pauvre souveraine qui obtint en échange le remboursement de ses dettes. C'était là cher payer de trop larges aumônes. Les courtisans n'en croient pas leurs oreilles et poussent, très discrètement, les hauts cris. Il faut remonter au mariage du duc de Lauzun avec la Grande Mademoiselle pour trouver l'équivalent d'une telle extravagance. Une demoiselle Poisson, fille d'un financier condamné à être pendu en effigie aux lendemains de la Régence, maîtresse en titre du Roi de France, volait à la plus vieille noblesse du royaume une place qui lui revenait de droit et imposait sa présence à une Reine que l'on disait « fort délicate sur la naissance personnelle des femmes qu'on lui présentait pour cette dignité[47] ». Certaines têtes folles, dans les appartements de Mesdames, allaient jusqu'à souhaiter la démission collective des autres Dames du Palais. Elles ne seront, bien entendu, jamais exaucées. En fait, la Marquise étant « surnuméraire », elle ne s'acquitte donc jamais de sa charge, ce qui l'enchante car comme elle l'écrit à Choiseul avec le ton d'une femme qui peut tout : « J'aurais été affligée d'être en titre, mes battements de cœur ne me permettant pas de faire un service assidu, et je l'ai demandé[48]. » Si à la cour « chacun n'y voyant goutte, remettait au temps l'éclaircissement de ce singulier événement[49] », les raisons de ce coup de tonnerre d'opéra n'échappaient pas au marquis d'Argenson. Deux jours plus tard, il confiait à son journal : « Dimanche soir fut déclarée à Versailles la marquise de Pompadour dame du palais de la Reine, d'où l'on conjecture qu'elle n'est plus aucunement maîtresse du Roi. On dit même qu'elle commence à parler dévotion et molinisme[50]. » Enfin, le 19 mars, pour prix de tous ses sacrifices, le Roi recevait de Rome la première mouture de l'encyclique *Ex omnibus* censée mettre un terme à la guerre de religion rampante qui divisait le pays[51]. Finalement, le Roi et la Pompadour n'obtinrent jamais l'absolution et l'encyclique *Ex omnibus* publiée en octobre ne régla en rien la crise des billets de confession. Le parlement, ultragallican et allergique à toute ingérence pontificale dans la politique intérieure, se cabra. Louis XV fut contraint de tenir un lit de justice[52] le 12 décembre 1756 pour faire enregistrer le contenu de l'encyclique mais, dès le lendemain, une partie des magistrats démissionnaient. Les parlements de province emboîtaient le pas. La justice se paralysait, la confusion et l'esprit de fronde étaient à leur comble. La situation politique du pays était aussi grave que trois ans plus tôt. Quant aux opérations militaires, elles étaient engagées depuis le début de l'année. La guerre de Sept Ans avait commencé, elle allait se révéler, à terme, calamiteuse pour la France. Devant ce nouvel échec de leur politique de conciliation, la Marquise remit du rouge et le Roi continua « à se livrer à la nature ». On dit même qu'au lendemain de l'attentat de Damiens[53], les deux vieux amants « recouchèrent[54] ». La petite Marie-Louise O'Murphy avait été sacrifiée en pure perte. Choiseul gagnait le cordon bleu du Saint-Esprit et la confiance indéfectible de la marquise de Pompadour. Pour Morphise, c'était l'exil. Pour lui, une immense carrière ministérielle commençait.

Le mariage forcé

Il y a fort à parier que Marie-Louise O'Murphy découvrit seulement chez le notaire le visage de l'homme auquel on devait la marier séance tenante. En cela, son sort n'était pas très différent, il est vrai, de celui de toute autre jeune fille d'un certain milieu. Elle savait, en revanche à quoi s'en tenir sur les réalités du mariage. L'identité du marié alimenta pendant quelques jours les conversations à la Cour comme à la Ville. Le peuple, lui, chansonnait le fiancé complaisant sur l'air de « Cela ne me surprend pas. » Les paroles étaient sans équivoque :

Qu'un aigrefin pour avoir des ducats
Du maître épouse la maîtresse
Cela ne me surprend pas[55] *!*

Au mois de décembre 1755, soit quelques semaines après la noce, le marquis d'Argenson fait allusion à « un homme de condition » que l'on ne nomme pas et parle, un peu plus tard, d'« un homme de qualité » dont « on ne dit pas le nom[56] ». Le duc de Luynes, de son côté, respecte l'anonymat du marié mais apporte quelques précisions supplémentaires, ce gentilhomme, qu'il désigne sous le nom de « M. de P*** », serait « major du régiment de Beauvoisis » et Auvergnat. Le 7 janvier 1756, le marquis d'Argenson est enfin parvenu à percer le mystère, il lui aura fallu persécuter ses informateurs habituels et peut-être même son propre frère, le tout-puissant ministre, mais il est désormais sûr de ce qu'il avance : « On sait à présent que la demoiselle Morfi est mariée à un aide-major d'infanterie du régiment de Beauvoisis nommé d'Ayat[57]. » Une fois encore, le mémorialiste est parfaitement renseigné. Jacques de Beaufranchet, seigneur d'Ayat, de Beaumont, Grandmont et autres lieux né vingt-sept ans plus tôt, le 5 mars 1728, dans le château de ses ancêtres à quelques lieues de Riom en Auvergne, est bien destiné à servir d'époux à l'ancienne maîtresse royale. Engagé volontaire au régiment de dragons d'Asfeld alors qu'il n'avait pas quatorze ans, il est fait capitaine du régiment de Beauvoisis en 1746 et devient aide-major deux ans plus tard. Ses états de service sont remarquables pour un officier aussi jeune qui peut déjà mettre à son actif sept campagnes dont cinq pour la seule guerre des Flandres[58]. Bien sûr, l'histoire ne dit pas si, à cette occasion, il eut le plaisir d'applaudir ses futures belles-sœurs sur les planches du théâtre aux armées. Ces vieux souvenirs n'amusaient plus personne à cette époque en dehors, peut-être, de Meusnier et de ses mouches. Les archives de la Bastille n'on pas gardé la trace de leurs commentaires, si tant est qu'ils se permissent d'en faire.

Les Pelet de Beaufranchet appartiennent à la vieille noblesse auvergnate et leur filiation avérée remonterait jusqu'à un certain Guignon Pelet de Bostfranchet qui rendait déjà hommage de son fief au beau milieu du XIIIe siècle selon les nobiliaires les plus optimistes. En 1439, Antoine de Beaufranchet obtenait même du Roi de France, l'autorisation de fortifier son manoir. La mère du fiancé, « Haute et Puissante Dame Françoise de Sirmond », est, elle aussi, originaire d'une très ancienne famille du Velay qui compte, entre autre illustration et peut-être par prédestination, l'ancien confesseur de Louis XIII, Jacques de Sirmond. Pour permettre à Marie-Louise de faire bonne figure devant sa future belle-famille, même si les parents Beaufranchet n'ont pas jugé bon de faire le déplacement, la jeune femme a été affublée du nom de Morfy de Boisfailly et se prétend « fille de Daniel Morfy de Boisfailly gentilhomme irlandais ». L'origine de ce patronyme de courtoisie est parfaitement inconnue, peut-être est-ce là un jeu de mots sur les « bois taillis » toujours énumérés dans les ventes de domaines seigneuriaux et qui pourrait bien être sorti de l'imagination du marquis de Lugeac ou du Roi lui-même soucieux de ménager, avec esprit, la susceptibilité aristocratique des Beaufranchet[59] ? Malgré l'ancienneté de la famille, la multitude de ses quartiers de noblesse et sa bravoure militaire, le jeune Beaufranchet d'Ayat est pauvre comme Job. Pour cette raison, la sœur du marié, Amable-Catherine-Françoise de Beaufranchet d'Ayat avait été admise le 11 septembre 1734, à l'âge de onze ans, au « nombre des filles demoiselles que Sa Majesté fait élever dans la Maison de Saint-Louis », fondée à Saint-Cyr par Louis XIV et Madame de Maintenon afin de donner une éducation aux filles de la noblesse pauvre du royaume. Louis-Pierre d'Hozier le redoutable juge général d'armes de France auquel il revenait de trier le bon grain nobiliaire de l'ivraie usurpatrice avait vérifié les preuves de la demoiselle et conclu qu'elle disposait bien de « la noblesse nécessaire ».

La fortune de la famille se résumait, d'après d'Argenson, à « 800 livres de rentes et une gentilhommière au pied des montagnes[60] ». Autant dire la misère noire vue de Versailles. Une telle somme permet, peut-être, de vivre sans déroger au fin fond de la province mais à condition de ne pas en sortir et de rester rivé à ses terres. La pauvreté du marié est donc à la hauteur de sa complaisance et les conditions du mariage sont inespérées pour un pauvre gentilhomme d'Auvergne que sa gueuserie condamnait aux grades subalternes. Les estimations les plus fantaisistes ont d'ailleurs couru à l'époque au sujet de la dot de Marie-Louise O'Murphy. Elle s'élève en réalité à 200 000 livres. Elle lui vient, non pas de ses parents, mais de la curieuse générosité d'un chanoine de l'église royale et collégiale de Saint-Paul-de-Lestrée à Saint-Denis, le père Vanier, simplement soucieux de témoigner à la jeune promise son amitié et son estime. Cette donation est bien sûr un faux, le pauvre prêtre qui n'a jamais dû posséder autant d'argent de toute sa vie n'est, là encore, qu'un prête-nom chargé de dissimuler l'identité réelle du donateur. Ce subterfuge sera employé chaque fois que Louis XV souhaitera améliorer la situation matérielle de son ancienne maîtresse et il se trouvera toujours un curé suffisamment serviable pour se prêter à ces arrangements. Les revenus de la dot de Marie-Louise permettent au pauvre couple de vivre dans une très belle aisance à Paris et dans le faste en province. Dans les deux cas, elle a dû paraître astronomique à Jacques de Beaufranchet dont l'apport personnel se réduit, en tout et pour tout, dans ce contrat, à son seul nom et au bel uniforme blanc à veste rouge du régiment de Beauvoisis qui lui prend avantageusement la taille. Sans atteindre le niveau hors norme des dots constituées aux filles des fermiers généraux et qui se situent généralement à cette époque autour de 400 000 livres, la dot de Marie-Louise reste imposante, surtout en argent comptant[61]. Son montant correspond, en effet, au prix de vente d'un bel hôtel particulier place Vendôme ou d'un grand domaine au sud de Paris avec château et plus de cinq cents arpents de bonne terre.

Certes, selon la coutume de Paris, les deux époux sont mariés sous la communauté de biens mais Marie-Louise conserve la pleine propriété de ses « habits, linges, hardes et dentelles et généralement tout ce qui composait sa garde-robe » à quoi viennent s'ajouter « ses diamants, bijoux bagues, et joyaux[62], sa toilette avec ses dépendances[63] et un carrosse attelé de deux chevaux ». En un mot, tous les cadeaux reçus du Roi pendant sa faveur. L'ensemble de ces présents composait à eux seuls, au dire du duc de Luynes, « un trousseau magnifique ». Par ailleurs, le contrat reconnaît à la nouvelle dame d'Ayat le droit de sortir de la communauté et de récupérer sa dot en pleine propriété. Tout a donc été prévu, même une naissance qui pourrait ne rien devoir à l'époux. Une somme de 100 000 livres est d'ores et déjà réservée sur la dot pour être attribuée en pleine propriété à l'enfant mâle qui sera désigné par sa mère. Maître Patu a donc veillé avec beaucoup d'attention aux intérêts de la jeune femme et de son éventuelle descendance.

Marie-Louise lui en sera toujours reconnaissante et restera fidèle à son étude jusqu'à sa mort. De tous les mémorialistes, seul le duc de Luynes évoque une somme de 50 000 livres remise directement à Jacques de Beaufranchet pour prix de sa complaisance. Cette somme, si elle a existé, ne figure évidemment pas au contrat. Peut-être a-t-on simplement réglé les dettes inévitables d'un officier sans fortune. Tous, en revanche, insistent sur la très haute protection dont bénéficie désormais le jeune officier qui, un an à peine après son mariage, sera fait capitaine et pourvu d'une compagnie.

Ce mari de circonstance a été choisi, selon toutes les apparences, avec le plus grand soin. Bien né, il donne un beau nom à la petite maîtresse royale. Jeune, il peut plaire. Bon soldat, il obéit sans poser de question. Encore une fois, les réseaux de la marquise de Pompadour se sont mobilisés efficacement pour régler au mieux la question de ce mariage. Le recrutement du futur mari de Morphise n'a pas été confié à n'importe qui, mais au prince de Soubise et au marquis de Lugeac. Leurs noms sont évoqués sans ambiguïté par le duc de Luynes comme par le marquis de Valfons. Valfons qui tient de toute évidence la précision de ses informations de sa maîtresse, la comtesse d'Argenson, la propre femme du ministre. Ces deux noms suffisent à révéler, encore une fois, l'intervention de la Marquise. Le maréchal de Soubise appartient au premier cercle du Roi et de la favorite. Il est l'ami fidèle et le courtisan modèle ; piètre militaire, il ne sera jamais désavoué et ses défaites lui vaudront le bâton de maréchal. Le marquis de Lugeac présente, lui aussi, toutes les garanties de fiabilité ; ancien page de Louis XV, il partage ses confidences. Marié en 1754 à Jeanne-Charlotte de Baschi, nièce de la marquise de Pompadour[64], il est un homme du clan, de la famille. Colonel du régiment de Beauvoisis, c'est lui qui a repéré, approché puis présenté Jacques de Beaufranchet. La marquise de Pompadour aura donc enveloppé la petite Morfi de toute son influence depuis sa présentation au Roi jusqu'à sa disgrâce, son mariage et même au-delà. La jolie pensionnaire de Parc aux Cerfs n'a jamais cessé d'être autre chose qu'un charmant bibelot entre les mains de la toute-puissante favorite, au même titre que ces petits sujets en Sèvres, eux aussi dessinés par Boucher, dont elle amusait le Roi au moment des étrennes.

Des manœuvres militaires, judicieusement organisées quelque temps plus tôt à Versailles, avaient permis au Roi de juger par lui-même l'homme qu'il allait marier à sa maîtresse. Le duc de Luynes précise en effet à ce propos que ce jeune officier dont l'identité intrigue la Cour « est venu ici dans le temps qu'on a fait des essais d'artillerie ». Comme toujours, lorsqu'il est question de la vie privée de Louis XV, rien n'a été laissé au hasard et pour éviter d'avoir à mettre trop de gens dans la confidence de ce mariage, Soubise et Lugeac serviront de témoins à Marie-Louise. Ces témoins avaient-ils complètement affranchi le jeune officier sur la situation réelle de sa future épouse ? Le doute subsiste. Pour certains, elle lui aurait été présentée comme une « Américaine » richement dotée soucieuse de se marier noblement. Pour d'autres, le mari, « un pauvre gentilhomme de province portant un beau nom » regardait sa femme « comme une espèce de veuve obligée d'effacer ses torts[65] ».

Le contrat entre les futurs époux signé le 25 novembre, les fiançailles ont lieu le lendemain et le mariage est célébré le 27, paroisse des Saints-Innocents, dans la plus stricte intimité, pour ne pas dire dans le plus grand secret. Les parents de Jacques de Beaufranchet sont restés dans leur province, ils ont signé une procuration au marquis de Lugeac et Marguerite Iquy, la mère de Marie-Louise, pourtant Parisienne, est représentée par son homme d'affaires, un avocat au parlement du nom de Noël Duval, résidant rue des Déchargeurs, paroisse Saint-Germain-l'Auxerrois. Il servira de témoin à la mariée, le marquis de Lugeac continuant à jouer ce rôle pour le marié. Les deux autres témoins, « Claude Couturier bourgeois de Paris demeurant rue des Fondeurs paroisse Sainte-Opportune » et « Joseph Rouquet marchand demeurant rue de la Petite-Sonnerie, paroisse Saint-Germain-l'Auxerrois » n'ont pas de liens réels avec les mariés. Aucune des sœurs de Marie-Louise n'est présente. Peut-être a-t-on voulu épargner au « puissant seigneur d'Ayat » la confrontation pénible avec une belle-famille haute en couleur.

Bien doté, bien marié, l'ancien modèle de François Boucher a changé définitivement de monde. Son nom, sa fortune et les très hautes protections qui s'attachent désormais à son mari assurent à la jeune femme un avenir parfaitement inaccessible trois ans plus tôt. Les conditions de sa disgrâce comme de son mariage, si elles portent une nouvelle fois la marque de la Marquise, montrent combien l'on attacha d'importance à donner des consolations à celle qui avait partagé le lit du Roi. Le marquis d'Argenson lui-même, généralement assez peu indulgent envers son ancien maître, concède néanmoins à ce propos que le Roi « fait du bien à ces petites créatures, et s'il se comporte en paillard, il ne fait rien en ceci contre l'honnête homme[66] ».

Il n'en demeure pas moins que, pour Marie-Louise, ce mariage arrangé ouvre les chemins de l'exil. D'après la demoiselle de Faulques, biographe clandestine de la marquise de Pompadour, « une condition » du mariage imposée à Beaufranchet d'Ayat « fut, dit-on, qu'il aurait soin de retenir toujours son épouse à la campagne et qu'il ne lui permettrait point de venir à la Cour[67] ». Le jeune couple aurait même quitté Paris aussitôt après avoir reçu la bénédiction nuptiale avec ordre « à la belle de ne se montrer dans aucune ville[68] ». La jeune épouse est donc en réalité assignée à résidence dans le château de son mari, enterrée vivante, comme un secret d'Etat.

TROISIÈME PARTIE

L'ART DE SURVIVRE

5

L'ombre du Roi

Et dans Riom désert, seigneur, quel sera mon ennui...

A la portière de l'énorme berline qui la conduit sur la route chaotique de l'exil, Marie-Louise élevée dans les bas-fonds parisiens et prématurément grandie dans le lit du Roi, découvre le royaume de France. Son nouveau mari lui fait face et les mots qu'ils échangèrent au cours de ce long voyage se sont à jamais perdus dans le galop des chevaux. Il faudra plusieurs jours au jeune couple pour parvenir jusqu'en Auvergne. Les belles routes pavées de Monsieur Trudaine ont peu à peu laissé place à des chemins raides et étroits. Plus d'une fois, la voiture lourdement chargée, tombée dans l'ornière, a contraint les passagers à mettre pied à terre dans une boue sale et visqueuse. L'hiver rude des montagnes commence à mordre les visages et le petit brasero du carrosse ne parvient plus à réchauffer la jeune mariée. Enfin, une dernière côte à monter et, au débouché du plateau des Combrailles, grassement modelé par les gorges de la Sioule, apparaît le petit bourg d'Ayat[1]. L'arrivée de l'équipage a été signalée de loin et les paysans se pressent en nombre sur son passage pour admirer un spectacle aussi rare qu'insolite dans ce pays perdu au fin fond du royaume. Les Beaufranchet habitent une grosse maison de pierre noire que seuls la pauvreté de cette province reculée et les droits féodaux qui lui sont attachés permettent de qualifier de château. Ils sont là qui l'attendent pour l'accueillir, paysans cérémonieux et méfiants. Marie-Louise O'Murphy vient d'avoir dix-huit ans et son horizon se résume désormais à l'immensité superbe mais désolée des monts d'Auvergne. Celle qui, quelques semaines plus tôt, agitait Versailles, intriguait l'Europe et amusait le Roi, va désormais régner sur une basse-cour et des gens dont elle ne comprend ni ne parle la langue. Elle peut toujours se consoler en portant ses belles escarboucles de diamant mais c'est pour descendre chaque soir dans la grande salle commune du manoir, dîner en tête à tête avec une belle-famille vite tentée de transformer chacune de ces babioles de prix en terres labourables. Une pauvre tapisserie de haute lisse, quelques portraits enfumés et un mobilier antique composent toute la décoration de cette maison glaciale. Le contraste avec le luxe douillet des petits appartements de Versailles et les extravagances exotiques du parc de Compiègne ne pouvait pas être plus rude. Le désespoir devait parfois affleurer. Pourtant, plusieurs mémorialistes ont laissé entendre que le Roi n'avait pas abandonné complètement sa jolie maîtresse. Après lui avoir choisi, avec le plus grand soin, un mari présentable, Louis XV se serait montré soucieux du confort de son exil. Dès le mois de janvier 1756, le 28 très exactement, le marquis d'Argenson note avec curiosité « que l'intendance d'Auvergne fait travailler avec grande vivacité et par ordre de la Cour à réparer une grosse maison nommée Massac, à une lieue de Riom, en Auvergne ». Cette maison, jusque-là utilisée comme résidence d'été par les pères de l'Oratoire, bâtie autrefois « par un homme très riche, mais négligée depuis » serait « destinée à la maison de Stuart qui va revenir en France et y trouver un asile ». Située « dans la Limagne, qui est le plus beau pays de l'univers », elle offrirait les avantages d'un séjour retiré mais enchanteur. Quelques jours plus tard, le mémorialiste revient sur cette information qui, décidément, l'intrigue. La maison n'est pas destinée, comme on le lui avait d'abord rapporté, à abriter le retour des Stuarts en France mais à « la dame d'Ayat ci-devant mademoiselle Morfi, maîtresse du Roi, à qui le Roi veut un bâtiment somptueux ». Toujours prompt à dénoncer les habitudes dispendieuses de la Cour, Argenson ajoute : « On y emploie beaucoup plus d'argent qu'on avait dit, et le produit de deux élections d'Auvergne va à cette dépense », car conclut-il, « le Roi aime les bâtiments et les femmes[2] ». Ce seront là les dernières allusions du marquis d'Argenson à cette petite Morfi dont il aura attentivement suivi la carrière tout au long de son journal. Cette information ultime se révélera fausse. La maison des pères de l'Oratoire n'était pas destinée à la villégiature d'une ancienne maîtresse royale mais à des expériences militaires obscures. Le château de Marsat abritait bien un secret d'Etat mais pas celui auquel pensait le marquis d'Argenson[3].

Les souvenirs du marquis de Valfons confirment pourtant l'intérêt que Louis XV continuait à porter à l'ancienne pensionnaire du Parc aux Cerfs malgré sa disgrâce. Le Roi voulant « être sûr qu'elle était heureuse », aurait chargé le comte d'Argenson « d'être en correspondance avec l'intendant d'Auvergne » pour l'informer régulièrement de la situation de l'exilée. L'intendant de la province se rendait donc « tous les mois chez Madame d'Ayat prendre une de ses lettres qu'il adressait à Monsieur d'Argenson pour la montrer au Roi[4] ». Les anciens amants seraient ainsi restés en contact tout au long de cette période.

Ces échanges de courriers intimes sont bien dans les habitudes du Roi. Epistolier prolifique, Louis XV entretenait des correspondances passionnées et, semble-t-il, sans équivoque avec ses différentes maîtresses. La quasi-totalité de ces lettres a bien sûr disparu mais une affaire judiciaire particulièrement embrouillée a révélé cette habitude dangereuse du monarque. Dix ans après l'exil de la Morphise, alors que l'affrontement du pouvoir royal avec les magistrats bretons était à son comble, le procès du procureur général du parlement de Bretagne, Monsieur de La Chalotais, va mettre en danger la vie privée du monarque. Les perquisitions menées chez un complice présumé de La Chalotais, un certain Dereine, obscur commensal des cuisines royales, découvrent de mystérieux documents qui seront remis au Roi en personne par les enquêteurs. D'après Jean-Charles Lenoir, futur lieutenant général de police et témoin de toute l'affaire, il s'agissait là de la correspondance intime de Louis XV avec l'une ou l'autre de ses maîtresses du moment, Mademoiselle de Romans ou Mademoiselle Tiercelin de la Colleterie, avec lesquelles il entretenait des liaisons simultanées[5]. Personne ne sait comment Pierre-Laurent Dereine, lavandier de la paneterie-bouche de Sa Majesté, était entré en possession de ces lettres compromettantes. Allié par sa femme à la puissante famille Antoine, véritable clan au sein de la domesticité royale, ami de Quesnay, médecin du Roi et rêveur politique, il avait pu s'immiscer dans l'intimité royale. Le Roi s'en étonnera lui-même auprès du prince de Soubise et, après avoir brûlé cette correspondance, fera lourdement retomber sa colère sur les deux jeunes femmes pour prix de leur légèreté. Certes, cette anecdote ne concerne pas directement la belle Morphise mais, outre qu'elle conforte le témoignage du marquis de Valfons en révélant des pratiques épistolaires aussi insouciantes que dangereuses, il n'est pas impossible que les malheurs de ses petites rivales aient indirectement influé sur la suite de son existence.

Pour l'heure, Marie-Louise a de quoi tromper son ennui, elle attend un enfant. Le 30 octobre 1756 naît Louise-Charlotte-Antoinette-Françoise de Beaufranchet d'Ayat, aussitôt baptisée en l'église Sainte-Hilaire d'Ayat. Dans l'acte de baptême, Marie-Louise est toujours désignée sous son nom de fantaisie comme « Dame de Murphy de Boisfailly ». Le parrain, lui, n'est autre que le « haut et puissant seigneur Charles-Antoine de Guérin, marquis de Lugeac, brigadier des armées du Roy, inspecteur général d'infanterie, colonel du régiment de Beauvoisy, chambellan de Son Altesse Sérénissime Monseigneur le Duc d'Orléans » toujours fidèle au couple mais qui n'a pas fait le déplacement. Il est donc représenté par le « haut et puissant seigneur Amable de Beaufranchet d'Ayat, chevalier, aïeul paternel de l'enfant ». Selon la tradition, la grand-mère paternelle de la petite fille, « dame Françoise-Antoinette de Sirmond d'Ayat » a été choisie comme marraine. La conception de l'enfant pouvant être située au mois de février 1756, soit trois mois après le mariage de ses parents, rien ne permet d'en attribuer la paternité à Louis XV comme l'insinueront, ultérieurement, les informateurs de la police révolutionnaire et comme pouvaient également le laisser entendre certaines conditions stipulées dans le contrat de mariage établi au mois de novembre 1755 par maître Patu.

Très rapidement, Marie-Louise tombe à nouveau enceinte. Le 22 novembre 1757, elle met au monde un petit garçon, mais c'est un enfant posthume qui est ondoyé dans la chapelle du château le jour même. Son père a en effet été tué deux semaines plus tôt à la bataille de Rosbach[6], au cours de laquelle Frédéric de Prusse infligea aux troupes franco-impériales du maréchal de Soubise, pourtant trois fois supérieures en nombre, une défaite aussi humiliante que sanglante. Bien des années plus tard, de mauvaises langues prétendront que le jeune major général n'était pas tombé sous les coups prussiens le 5 novembre 1757 mais qu'il était mort en duel pour avoir voulu laver un honneur régulièrement insulté par les insinuations des officiers de son régiment. Son dossier militaire se contente de signaler un décès en 1757 sans autre précision. Le petit Louis-Charles-Antoine, car tels sont les prénoms du nouveau-né, aura donc pour parrain le prince de Soubise, général malheureux mais galant homme. Il a fait part de cette attention délicate dans la lettre qu'il a lui-même adressée à Marie-Louise pour lui annoncer la mort de son époux. Le jour du baptême, le maréchal sera représenté par l'un de ses officiers du régiment de Beauvoisis qui n'est autre que Charles de Beaufranchet, l'oncle paternel de l'enfant. La présence de Lavabre et de Bourlier, ses deux beaux-frères, qui signent l'acte de baptême, montre que Marie-Louise n'a pas, loin de là, coupé tous les liens avec sa propre famille.

La jeune veuve va avoir besoin de tous les soutiens car la mort de son mari est peut-être un drame familial, mais elle est surtout une catastrophe économique. La rente de 10 000 livres sur la Compagnie des Secrétaires du Roi ayant été constituée au nom de celui-ci, sa disparition a brutalement interrompu les versements jusqu'au règlement de la succession. Prudente et avisée, Marie-Louise s'adjoint les conseils d'un homme d'affaires, un certain Desmarets, mais très vite, les dettes s'accumulent. Les gages des domestiques ne sont plus payés. De leur côté, les fournisseurs du château, malgré tout leur respect, s'impatientent. Marie-Louise reste dépensière et généreuse. En dépit de sa gêne, elle continue à couvrir ses sœurs de petits cadeaux. Un malheur n'arrivant jamais seul, la petite Louise-Charlotte tombe gravement malade. Marie-Louise, affolée, fait venir plusieurs fois le docteur Dufour de Riom, il lui en coûte 36 livres auxquels s'ajoutent plus de 50 livres de médicaments et de pansements sans que la santé de la petite fille ne s'améliore. La situation financière, elle aussi, ne cesse de s'aggraver : hommes d'affaires et hommes de loi chargés de régler une succession particulièrement embrouillée n'obtiennent aucun résultat mais n'oublient pas d'établir le montant de leurs honoraires. Au mois d'avril 1759, soit dix-huit mois après la mort de Jacques de Beaufranchet d'Ayat, les dettes de sa veuve s'élèvent à près de 4 000 livres. Certes, cette somme représente à peine la moitié du revenu annuel de l'ancienne maîtresse royale mais ses rentes ne lui étant plus versées, le spectre de la misère se profile et c'est bien là le seul fantôme dont la jeune femme ait jamais eu réellement peur. Elle l'a trop souvent côtoyé dans son enfance pour souhaiter ne pas le rencontrer de nouveau.

Seule note joyeuse dans cette vie d'ennui, le mariage, en septembre 1758, de la belle-sœur de Marie-Louise, Amable de Beaufranchet avec un voisin, le chevalier Gilbert-Antoine des Aix de Veygoux[7]. De cette union naîtra, dix ans plus tard, au même château d'Ayat, le futur général Desaix, compagnon de Bonaparte en Egypte, fauché en pleine gloire à la bataille de Marengo.

Très vite, pourtant, le destin cruel reprend ses droits : la petite Louise-Charlotte s'éteint le 6 février 1759 à l'âge de deux ans. C'est dans la neige et le froid que la dépouille sera transportée depuis le château jusqu'à l'église du village pour être inhumée sous le transept, comme tous les seigneurs d'Ayat. Avec une volonté et une force de caractère, que l'inspecteur Meusnier et le marquis d'Argenson avaient déjà cru pouvoir déceler chez elle, que Marie-Louise, après avoir perdu, en moins de deux ans, son mari puis sa fille, exilée, isolée à plus de cent lieues de la Cour et de sa famille, va prendre résolument sa vie en main. Très vite, elle prend ses distances avec sa belle-famille et quitte le château d'Ayat pour s'installer à crédit dans une des plus belles maisons de Riom qui appartient d'ailleurs à un parent de sa belle-mère, Antoine de Sirmond. Plusieurs livraisons de bois et de fourrage, faites « au jardin Dumesnil » pour le compte de la dame d'Ayat et restées impayées, prouvent que la jeune veuve, renouant avec ses habitudes versaillaises, est désormais superbement installée[8]. Au cœur d'un parc magnifique, le pavillon, construit au début du siècle, répond à toutes les caractéristiques de la « folie » suburbaine. Une longue allée conduit à un édifice rectangulaire de plan massé en pierre de Volvic, percé de grandes travées élégamment cintrées. Le rez-de-chaussée, bâti sur un soubassement destiné à loger les communs, forme l'étage noble, celui des pièces de réceptions auxquelles on accède par un large perron. Le bâtiment est coiffé d'un simple étage sous comble où se trouvent les chambres. Tout à été conçu pour les commodités de la vie mondaine, le vestibule, qui peut à l'occasion se transformer en salle à manger, dessert, à gauche, deux petits salons et, à droite, une antichambre qui ouvre sur le grand salon. Cette pièce aux dimensions impressionnantes est éclairées par six fenêtres, deux à l'ouest, deux à l'est et deux au nord qui encadrent une cheminée dont l'immense trumeau est à lui seul un monument de gypserie. C'est là que Marie-Louise vit désormais dans un cadre enfin digne d'elle et qui n'est pas sans lui rappeler l'élégance de son ancienne maison du Parc aux Cerfs.

Pourtant, seule et isolée face à l'hostilité silencieuse des Beaufranchet, Marie-Louise ne peut rien. Elle doit se remarier au plus vite avec un homme capable de l'épauler, de la conseiller dans le règlement de la succession de son premier mari et de lui permettre d'échapper à la médiocrité de cette vie étriquée et provinciale pour retrouver Paris et peut-être Versailles. Le 19 février 1759, moins de deux semaines après la mort de sa fille, la Morphise épouse, en l'église Saint-Jean de Riom, François-Nicolas Lenormant, écuyer, seigneur de La Gravière. La noblesse du marié ne remonte pas aux croisades, il la tient tout simplement de son père, anobli trente ans plus tôt, par charge de secrétaire du Roi maison et couronne de France[9]. En revanche, sa charge de receveur des tailles de l'élection de Riom et ses deux domaines de Maupertuy et de La Gravière représentent à eux seuls un solide patrimoine de plus de 300 000 livres auquel il faut ajouter un bel hôtel et plusieurs maisons à Riom. La fortune des deux mariés est donc cette fois-ci parfaitement équivalente mais surtout, François Lenormant est un solide financier. Lui-même veuf depuis trois ans et père de deux jeunes enfants du premier lit, il a besoin d'une nouvelle épouse ; il fera donc un parfait associé, discret et aussi habile à manier les espèces sonnantes et trébuchantes que les « affaires du Roi » dont il est un spécialiste. Par les fonctions liées à la charge héritée à la mort de son père[10], de receveur des tailles de Riom, il perçoit l'impôt direct, prélève entre 3 et 6 deniers par livre pour son propre compte et remet ensuite les sommes collectées entre les mains du receveur général. Comme tous ceux qui, sous l'Ancien Régime, prélèvent l'impôt, il avance au Roi l'argent des futures recettes en échange de juteux intérêts. C'est donc tout un milieu, celui de la finance provinciale, qui vient signer au bas du contrat de mariage. On trouve là, l'ancien président trésorier général de France au Bureau des finances de la généralité de Riom, le contrôleur de la Chambre des monnaies de la ville qui n'est autre que le propre frère du marié, le contrôleur des domaines et des bois de la généralité, le directeur de la monnaie, plusieurs conseillers du Roi et deux avocats au parlement. Seul Gilbert Lenormant de la Biesse, autre frère du marié et mousquetaire de la Garde du Roi, apporte un peu de lustre militaire à cette assemblée de riches financiers et de graves robins. De son côté, Marie-Louise n'a qu'un seul témoin, son beau-frère, Daniel Lavabre, qui se fait désormais appeler De La Vabre, comme fondé de procuration de son autre beau-frère, Simon Bourlier, avocat au parlement et curateur de la mariée. En effet, n'ayant que vingt et un ans, celle-ci est toujours mineure[11] et doit donc présenter l'autorisation de son curateur pour pouvoir se marier.

Antoine Messeix, bourgeois de Riom, qui tint, pendant quarante ans, la petite chronique de la ville dans son *Livre de Raison*, annonce, sans autre commentaire, le mariage de « Monsieur Lenormand avec Madame Mufy de Boifilly veuve de Monsieur Doyat[12] ». Il connaît bien la famille car il est lui-même le principal commis de François Lenormant à la recette des tailles.

L'absence des membres de la famille Beaufranchet confirme la détérioration des relations entre Marie-Louise et son ancienne belle-famille. En se remariant, leur bru non seulement les privait de l'usage de sa fortune mais pouvait, à terme, faire valoir ses droits sur la seigneurie d'Ayat au nom de son fils. La rupture était même consommée car au moment de signer le contrat, la mariée n'est plus domiciliée au château de Beaufranchet mais bien au pavillon Dumesnil dont les beaux salons accueillent la noce[13]. Elle apporte donc en dot sa fortune placée en rentes chez les Secrétaires du Roi ainsi que « les gains et avantages qui lui sont acquis aux termes de son contrat de mariage sur la succession du Seigneur d'Ayat ». C'est là, évidemment, une phrase que les Beaufranchet ne voulaient pas avoir à entendre. Quelques jours plus tard, Lenormant renonçait à toute communauté de biens avec sa femme par un acte solennel déposé au greffe de la sénéchaussée et présidial de Riom. Marie-Louise défendait clairement sa fortune personnelle acquise au service du Roi. Très vite, François Lenormant va s'attacher à remettre de l'ordre dans les affaires de sa femme. Il reçoit un à un ses créanciers, vérifie scrupuleusement leurs mémoires et règle, sur ses propres deniers, l'ensemble des dettes accumulées depuis bientôt deux ans. Une fois ces premières formalités expédiées, reste à arracher des mains des Beaufranchet la dot de Marie-Louise. Certes, la jeune femme avait le droit pour elle mais le règlement de la succession pouvait traîner en longueur, offrant à son ancienne belle-famille l'occasion de faire surgir de nouvelles difficultés juridiques.

Il n'est pas impossible que les Beaufranchet aient même tenté de faire manquer le nouveau mariage de Marie-Louise en alertant le maréchal de Soubise et le marquis de Lugeac. Certains propos du marquis de Valfons laissent, en effet, entendre que la Cour essaya, mais en vain, de s'interposer. Au moment de se remarier, Morphise aurait écrit au Roi pour lui demander sa permission. « Par une première complaisance », celui-ci aurait permis cette nouvelle union. A peine la lettre du Roi arrivée en Auvergne, le mariage se serait « donc conclu et consommé sur-le-champ ». Louis XV, après avoir réfléchi, se serait ravisé et le courrier suivant aurait été porteur d'une lettre contraire à la première demandant que l'on suspendît la noce mais « il n'était plus temps ». Pourtant, la réussite de ce nouveau mariage ne fut peut-être pas simplement due à la lenteur de la malle-poste mais bien à une possible parenté entre les Lenormant de Riom, financiers auvergnats d'origine parisienne, et les Lenormant d'Etiolles, financiers parisiens d'origine orléanaise et belle-famille de la marquise de Pompadour. En effet, le grand-père de François-Nicolas Lenormant, Jacques Le Normant de Fontenelle, était connu comme « bourgeois de Paris » et déjà lié aux milieux d'argent[14]. Le cousinage des deux familles, souvent évoqué, n'a jamais été clairement établi mais si tel était le cas, il démontrerait, une fois de plus, l'implication permanente du réseau Pompadour dans la vie de Marie-Louise O'Murphy. Tout au long de sa vie, l'ancienne maîtresse royale ne cessera de croiser et de côtoyer les réseaux familiaux de la marquise de Pompadour. Ce n'est évidemment pas un hasard.

A peine mariée, Marie-Louise entraîne son nouvel époux à Paris. L'exil est terminé, et c'est depuis la capitale que s'engage contre les Beaufranchet une bataille juridique qui promet d'être longue et difficile. Au regard de la loi, Marie-Louise est toujours mineure, il lui est donc impossible de faire valoir personnellement ses droits. Cette situation fragilise ses prétentions et relativise la renonciation à la communauté de biens avec son ancien mari déposée le mois précédent, « sans l'assistance d'aucun tuteur ». Aussi, dès les premiers jours de l'année, le 8 janvier très exactement, un conseil de famille est-il réuni à Paris, chez maître Patu, pour donner à Marie-Louise un nouveau curateur capable de plaider en justice les intérêts de sa pupille. A cette date, l'inspecteur Meusnier, donné pour mort, a quitté la France depuis longtemps mais tous les membres de la famille Morfi, filés pendant plusieurs années, sont présents, dignes et respectés, bien décidés à en découdre avec ces hobereaux auvergnats qui tardent à restituer la dot de leur ancienne bru. On trouve là bien sûr, en tête du cortège, Marguerite Hicky, « veuve de Daniel Murphy de Boisfailly gentilhomme irlandais » et mère de Marie-Louise qui est toujours aussi confortablement logée rue Saint-Maur à Paris. La vieille femme a depuis longtemps abandonné le rouge de sa folle jeunesse et son corps baleiné peine à retenir des chairs flasques mais quelques agaceries à son nouveau gendre et l'abondance un peu vulgaire des dentelles trahissent l'ancienne revendeuse à la toilette. Noël Duval, son homme d'affaires, l'accompagne et participe aux décisions comme « ami de la famille ». Cet avocat au parlement représentait déjà celle dont il est certainement l'amant lors du premier mariage de Marie-Louise. Viennent ensuite les beaux-frères, Simon Bourlier, le mari de Madeleine, désormais avocat au parlement, demeurant lui aussi rue Saint-Maur et Jean-Henry Melon, le concubin de Marguerite la sœur aînée, qui a consenti, pour l'occasion, à quitter sa table de jeux. Ne sachant lui donner un métier ou un état, le greffier s'est contenté de le désigner comme simple bourgeois de Paris. Il vit rue de Saintonge, au Marais, où il s'est retiré comme on se retire en province pour ménager ses rentes. Le nouvel époux est bien sûr membre de droit de ce conseil de famille et il s'est adjoint son frère Jean-Jacques Lenormant de Maupertuy, capitaine au régiment de Nice infanterie. Tous les deux habitent rue Charlot au Marais. Un certain Jean-François Proffit, bourgeois de Paris et « ami de ladite Morfy de Boisfailly » ferme le ban. Le choix d'un tuteur auvergnat s'imposait, Simon Bourlier qui jusque-là remplissait ce rôle ne pouvait pas, depuis la capitale, traiter des affaires qui se jugeaient à Riom. Le choix va se porter sur Antoine Messeix, collaborateur direct de François Lenormant à Riom. Dès lors, les choses vont être rondement menées. Dès le 12 janvier, Teilhot, notaire à Riom, fait homologuer la décision du conseil de famille par le lieutenant particulier de la sénéchaussée d'Auvergne et, quatre jours plus tard, Messeix vient renoncer, pour le compte de sa pupille, à la communauté de biens.

Il faudra néanmoins près d'un an pour solder définitivement l'affaire. Au mois de novembre 1760, Amable de Beaufranchet, l'ancien beau-père de Marie-Louise, consent par la voix de son procureur à ce « que les arrérages échus et à échoir de la rente de dix mille livres, au denier vingt, sur la Compagnie de Messieurs les Secrétaires du Roi » soient « touchés reçus et perçus » par les époux Lenormant. Pourtant, les Beaufranchet n'avaient pas tout perdu. Marie-Louise renonçait à ses droits sur la seigneurie d'Ayat et, sur intervention du maréchal de Soubise, ils obtenaient dès le mois de décembre 1757, une pension de 2 000 livres « en considération des services de feu leur fils, aide-maréchal général des logis ». Cette pension leur sera versée jusqu'à leur mort en 1775.

Après cinq ans d'exil et de malheurs domestiques, la petite Morfi, devenue dame Lenormant de la Gravière est à nouveau riche et libre. Elle partage désormais son temps entre Paris et l'Auvergne où son mari achète en 1765 la terre et seigneurie de Flaghac à Saint-Georges-d'Aurac[15]. Les époux Lenormant peuvent désormais timbrer les armoiries de leur carrosse d'une belle couronne comtale, titre attaché à leur nouvelle propriété[16]. Marie-Louise aurait pu en rester là et jouir tranquillement de sa respectabilité provinciale et du confort de ses rentes. Elle ne l'entendait pas ainsi. Ses discrets protecteurs non plus.

Retour de flamme

Pendant près de huit ans, Marie-Louise O'Murphy ne va plus faire parler d'elle. Les mémorialistes l'oublient et les archives se dérobent. Remariée, riche de sa dot, la jeune femme semble s'être évaporée. Seules quelques bribes de la chronique auvergnate d'Antoine Messeix donnent une idée de sa situation sociale en Auvergne. Soucieuse de profiter de sa fortune, la jeune femme avait peut-être consenti à passer quelques années dans le confort douillet d'une vie de province. Riom offrait alors les charmes d'une capitale administrative d'Ancien Régime avec sa petite société aristocratique sur laquelle une jolie femme qui avait respiré l'air de la Cour et peut-être même, comme on le murmurait, connu le Roi, devait régner en souveraine. Un mot d'elle à Monsieur l'intendant de la province, lequel lui témoignait partout et en toutes occasions un profond respect, pouvait faire avancer une affaire, diminuer la quotité de l'impôt où remblayer une route devenue impraticable. Ainsi, à la fin du mois de juillet 1763, Antoine Messeix note avec admiration « que M. l'intendant donna deux repas chez M. Lenormand à Maupertuy, l'un aux Dames, l'autre aux Messieurs » et « il y eut danse[17] ». Ainsi lorsque le tout-puissant représentant du Roi dans la province décidait de régaler la bonne société auvergnate, il choisissait de le faire chez les époux Lenormant. Cette marque d'honneur ne devait pas passer inaperçue car la famille du receveur des tailles n'appartenait pas à la vieille noblesse du pays, son implantation était récente et ses membres restaient, aux yeux de l'aristocratie locale, de vulgaires manieurs d'argent. Les exemples de cette considération exceptionnelle ne manquent pas. Au mois de mai 1768, Monsieur de Montyon, le nouvel intendant, pour sa première visite en ville allait « souper chez Monsieur Lenormand ». De même, l'année suivante, à l'occasion du passage à Riom du maréchal des Loges, cet invité de marque, et le nouvel intendant, venu à sa rencontre, seront encore un fois reçus chez les Lenormant en même temps qu'« une nombreuse compagnie[18] ». Autant dire qu'aux yeux de la petite ville, c'était toute la Cour qui s'invitait à la table de la belle maîtresse de maison. Il faut imaginer l'attroupement considérable que ce spectacle très inhabituel ne manqua pas de provoquer rue de l'Horloge où était situé l'hôtel des

Lenormant[19]. Jamais l'immense escalier de la maison — il existe toujours — n'avait vu défiler une société aussi choisie. L'intendant, son hôte prestigieux et toute leur suite faisaient briller au cœur de cette province éloignée un peu de l'éclat d'une soirée de « Grands Appartements » à Versailles. Toute proportion gardée, la partie de whist de Marie-Louise devait être à la minuscule capitale auvergnate ce que le jeu de la Pompadour était à la Cour, un lieu où il fallait se montrer. Personne dans toute la province ne pouvait rivaliser avec les robes et les dentelles de la nouvelle comtesse de Flaghac dont l'écrin faisait, à lui seul, l'objet de sourdes estimations. L'hôtel des Lenormant était donc l'étape obligée pour tous les voyageurs de marque faisant étape à Riom. Ne disait-on pas que la maîtresse de maison recevait régulièrement des lettres de la main du Roi ? Il se peut tout à fait qu'Antoine de Beauterne, arquebusier de Sa Majesté et qui, en d'autres temps, avait bien connu la jolie demoiselle du Parc aux Cerfs, ait profité de son passage par Clermont-Ferrand, au mois de juin 1765, pour lui présenter ses hommages et ceux de son maître, avant de poursuivre sa route vers le sud de la province, en Gévaudan, où Louis XV l'avait expédié pour abattre la bête qui depuis plusieurs années « dévorait le monde[20] ».

L'assignation à résidence qui frappait Marie-Louise au lendemain de sa disgrâce ne dura pas. Il est certain, aujourd'hui, que la jeune femme remariée ne resta pas prisonnière de Riom. Parfois, après avoir reçu une lettre de Paris, elle demandait brutalement ses malles, faisait atteler la berline de voyage, abandonnait maison, mari et enfant pour se lancer au grand galop sur la route de la capitale. Là, elle s'installait faubourg Saint-Honoré et pouvait disparaître plusieurs semaines, peut-être même plusieurs mois. La comtesse de Flaghac lâchait alors la bride à Louison, dévalisait les marchandes de mode, faisait préparer son fard chez Brocard, le célèbre parfumeur, courait les foires, occupait chaque soir une loge à la comédie ou à l'Opéra, s'étourdissait de Paris.

Il arrivait que le soir une voiture de louage dont les rideaux étaient soigneusement tirés l'attende devant sa porte et elle ne rentrait que tard dans la nuit ou le lendemain au petit jour.

Il apparaît, clairement aujourd'hui, à la lumière de découvertes inédites, que Marie-Louise O'Murphy fut rappelée par le Roi qui la combla, à nouveau, de ses faveurs. Ce retour en grâce a presque totalement échappé aux mémorialistes du temps comme aux historiens du règne. Il est pourtant incontestable car, le 5 janvier 1768, Marie-Louise Lenormant, mettait au monde une petite fille aussitôt baptisée à Saint-Jean de Riom ; elle s'appellera Marguerite-Victoire comme sa tante maternelle, choisie pour marraine. Absente de Riom, la marraine est représentée par Marie Lamadon, fille de chambre de la mère de l'enfant. Ainsi, alors que pendant plus de huit ans, l'union de Marie-Louise et de son mari était restée stérile, la naissance de cette enfant tenait du miracle. Miracle dans lequel le Saint-Esprit n'avait pu jouer qu'un rôle purement décoratif, celui d'un ruban bleu, hâtivement ôté et chiffonné dans l'étreinte.

En effet, de curieux documents déposés chez le notaire de Marie-Louise, maître Duclos du Fresnoy, successeur de Patu, attestent des origines royales de Marguerite-Victoire. Le 7 novembre 1771, « Jean Léon de Lane prêtre bachelier en théologie demeurant à Paris rue Saint-Marc, paroisse Saint-Eustache » déclare « faire donation entre vif et irrévocable en la meilleure forme que faire se puisse à dame Marie-Louise Ô Murphy de Boisfailly » de 150 000 livres. Cette somme venait d'être portée par le notaire lui-même et sous un prête-nom, celui de Pierre Guilleminot bourgeois de Paris, au Trésor royal pour l'acquisition de 6 000 livres de rentes sur les aides et gabelles. Bien que Marie-Louise ait eu besoin d'une procuration de son mari pour accepter cette généreuse attention, l'acte spécifiait très clairement qu'elle était seule propriétaire de cette rente et de son capital dont elle pouvait disposer librement sans avoir besoin de l'autorisation de quiconque. Le contrat précisait même que l'heureuse donataire avait « la faculté d'avantager de tout ou partie de ladite rente de 6 000 livres, celui ou ceux de ses enfants nés et à naître » et cela sans que les enfants ainsi privilégiés perdent leurs droits sur le reste de la succession de leur mère. Tout dans cette donation rappelle évidemment le contrat de mariage de Marie-Louise avec Jacques de Beaufranchet d'Ayat, son premier mari. On retrouve là une somme très importante, immédiatement investie en rentes perpétuelles et offerte en pleine propriété à la Morphise, un ecclésiastique aussi riche que généreux et des conditions visant à favoriser un ou des enfants en particulier.

Quatre mois plus tard, et dans des conditions strictement identiques, le bon père Jean Léon de Lane, décidément en veine de libéralité, se présente à nouveau chez le notaire pour offrir à Marie-Louise O'Murphy 150 000 livres supplémentaires. A la différence de la précédente donation, François Lenormant a fait le déplacement de Riom, il est présent à l'étude de maître Duclos du Fresnoy et dit résider avec sa femme, rue de Surène au faubourg Saint-Honoré. Il n'a pas pour autant le moindre droit sur la donation qu'elle vient de recevoir. Dès que Marie-Louise est entrée en possession de son argent, elle fait déposer ses titres de rentes sur les aides et gabelles au Trésor royal pour les transformer en rentes sur l'Hôtel de Ville. Le 14 novembre 1772, elle donne quittance à l'Etat de son nouveau placement. Ce détail strictement financier aura son importance.

Pour l'heure, la générosité du clergé de Paris paraît inépuisable. Le jour suivant, le 15 novembre 1772 exactement, c'est Jean Fouillet, « prêtre prieur curé de Chomette, chapelain de l'église royale demeurant à Paris rue du Coq paroisse de Clichy-la-Garenne » qui vient cette fois offrir à la belle Madame Lenormant 40 000 livres « en espèces bonnes et ayant cours ». Les sacs de louis furent déposés sur le bureau du notaire et les pièces comptées une à une sous le regard attentif de l'ancienne maîtresse royale et de son mari. En réalité le don en argent comptant s'élevait à 50 000 livres mais Marie-Louise décida de conserver 10 000 livres pour les utiliser à « des objectifs de dépenses qui la concernaient ». Il n'est pas difficile d'imaginer que cet argent alla terminer chez l'une ou l'autre des marchandes de mode les plus en vue de la capitale. En un an, la belle Morphise avait donc reçu, en propre, 350 000 livres soit un montant supérieur de 150 000 livres à celui de sa première dot. Voilà beaucoup d'argent, et il n'est pas interdit de relier cette subite manne financière avec la miraculeuse naissance, trois ans plus tôt, de Marguerite-Victoire Lenormant. Tout semble avoir été organisé comme si une volonté supérieure cherchait à assurer l'avenir d'un enfant qui, une fois passé le cap fatidique des trois ans, se montrait parfaitement viable. L'ombre du Roi se projetait de nouveau sur le destin de Marie-Louise O'Murphy.

La chose est confirmée par une note des services du Contrôle général des finances conservé aux Archives nationales et qui récapitule pour l'information du Roi Louis XVI les bienfaits directement attribués par son aïeul à Madame Lenormant de Flaghac. Les 340 000 livres versées à Marie-Louise par des donateurs aussi complaisants que fantaisistes entre novembre 1771 et novembre 1772 sont alors très clairement identifiés comme « dons du Roi. » Cette origine royale des fonds reçus, à cette époque, par Marie-Louise était d'ailleurs parfaitement connue de son mari car dans un document de sa main adressé à son notaire et retranscrit par celui-ci dans un acte postérieur, il reconnaissait à propos de la somme versée à sa femme, en argent comptant, qu'il avait « été fait un don par le Roi à la dame son épouse en 1772 de 50 000 livres dont 10 000 avaient été consommées à son usage ».

Les trois donations royales de l'année 1771-1772 ne sont pas les seuls éléments à venir étayer l'hypothèse d'une bâtardise royale. Lorsque bien des années plus tard, la fille de Marie-Louise épousa François-René Mesnard de Chouzy, le 24 février 1786, il fut dit, au bas de son contrat de mariage que celui-ci venait d'être passé « en présence et avec l'agrément de Leurs Majestés le Roi et la Reine et de la famille royale ». Ainsi, prenant tour à tour la plume, Louis XVI, Marie-Antoinette, Louis-Stanislas, comte de Provence et futur Louis XVIII, Charles-Philippe comte d'Artois et futur Charles X, et leurs épouses, Elisabeth-Marie sœur du Roi et enfin Mesdames Tantes, filles de Louis XV, Marie-Adélaïde et Victoire signent au bas du contrat. Pour ajouter à cela, comme si tant d'honneur ne suffisait pas, c'est une partie du gouvernement qui a été convoquée pour venir témoigner de cette union. Vergennes, ministre des Affaires étrangères, le maréchal de Ségur, ministre de la Guerre et le baron de Breteuil, ministre de la Maison du Roi, viennent ajouter leurs paraphes à ceux de la famille royale. Les Mesnard de Chouzy sont certes des serviteurs fidèles de la famille royale, mais les travaux de Michel Antoine sur les bâtards royaux ont démontré que la signature de Louis XVI et d'une partie de la famille royale à leurs contrats de mariage était, avec les lettres de noblesse, une reconnaissance indiscutable de leur origine[21]. Marguerite-Victoire ayant très officiellement un père, François Lenormant de Flaghac, il ne fut pas nécessaire de l'anoblir — elle l'était déjà —, mais pas un membre de la famille royale ne manqua à l'appel. Enfin, dernière pièce versée au dossier, près d'un demi-siècle après son mariage, en pleine Restauration, le Roi Charles X attribuait à Marguerite-Victoire une « indemnité annuelle » de 2 000 francs par an sur « ses fonds particuliers » et la faisait inscrire pour une pension viagère de 3 000 francs sur sa liste civile. Une telle libéralité de la part d'un Roi que les privations vécues pendant l'émigration avaient rendu parcimonieux ne trompe pas. C'est bien à un membre de la famille royale par la main gauche que ces subsides, puisés sur les fonds privés du monarque, étaient destinés[22]. Cette dernière preuve suffit à établir définitivement la paternité de la jeune fille et la reprise des relations intimes entre Louis XV et la Morphise bien des années après son renvoi officiel. Marie-Louise occupa donc longtemps une place toute particulière dans la vie du Roi, certes par intermittence, mais bien plus longtemps que l'histoire semi-officielle ne le laisse entendre, et lui donna au moins deux enfants. Le récit que Soulavie fit quelques années plus tard de la rencontre dans le même couvent des deux filles de Marie-Louise O'Murphy prend évidemment ici un éclairage nouveau et l'on comprend la colère du Roi lorsqu'il fut informé de la chose. Agathe-Louise de Saint-André et Marguerite-Victoire Lenormant de Flaghac avaient non seulement la même mère mais aussi le même père.

Cette information se colportait dans certains milieux et chez les libellistes mais, selon des versions, une fois encore, tellement contradictoires qu'elles épaississaient le mystère au lieu de le dissiper. Plusieurs sources suggèrent, en effet, que les relations entre Louis XV et Morphise auraient continué après son exil et son mariage. En 1774, le libraire Hardy attribue la paternité de Louis-Charles de Beaufranchet à Louis XV alors que l'enfant fut conçu après le mariage de Marie-Louise. Bien des années plus tard, l'abbé Soulavie affirme, à propos de la belle Irlandaise, que « le Roi qui en avait fait son amusement pendant trois ans, dans les pièces les plus inaccessibles de ses petits appartements, se ressouvint d'elle ». Le Roi aurait alors tenté de renouer une relation intime avec son ancienne maîtresse mais celle-ci, « satisfaite de remplir ses devoirs de mère et d'épouse, eut le bon esprit de vivre loin de la Cour que la faveur du Roi rendait déjà si orageuse[23] ». Soulavie, une fois encore, cherche très clairement à protéger, ici, la réputation de Marie-Louise. Il faut dire qu'à l'époque où celui-ci publie ses *Mémoires historiques et anecdotiques de la Cour de France pendant la faveur de Madame de Pompadour*, l'ancienne petite maîtresse est toujours vivante et encore très influente. Les informateurs de la police révolutionnaire seront plus directs. L'un d'eux indique sans détour qu'après son mariage avec Beaufranchet d'Ayat et son exil en Auvergne, la Morphise « revint à la Cour » et que là, elle fut à nouveau enceinte des œuvres du Roi, accouchant peu après d'une fille qui est morte en bas âge. Ainsi Marie-Louise aurait-elle, selon certaines sources, repris son commerce avec Louis XV, mais en secret, dès le lendemain de son mariage avec Beaufranchet, la petite Louise-Charlotte morte en 1759 pouvant être, elle aussi, considérée comme une bâtarde royale. Au mois d'octobre 1761, l'inspecteur Marais, successeur de Meusnier notait « qu'une des dames du Parc aux Cerfs, pour qui le Roi a des bontés » avait emprunté un « habit fait à la turque » au propriétaire de la salle de comédie de Versailles dans l'intention de surprendre Sa Majesté dans cet accoutrement. L'inspecteur de police avoue ignorer le nom de cette dame mais croit pouvoir dire « qu'elle est la plus ancienne et qu'elle a déjà fait plusieurs enfants ». Cette description restée longtemps mystérieuse correspond en fait à la Morphise[24] car Mademoiselle de Romans, petite maîtresse en titre à cette époque, arrivait au terme de sa première grossesse[25] et ne pouvait plus satisfaire le goût du Roi. Marie-Louise assurait donc, d'une certaine façon, l'intérim.

La naissance de la petite Marguerite-Victoire au mois de janvier 1768 — et sa conception au mois de mars 1767 — apportent ainsi un éclairage nouveau sur une période mal comprise de la vie de Louis XV. Après la mort de la marquise de Pompadour, plusieurs jeunes femmes tentèrent de relever la charge de favorite en titre. Deux d'entre elles, Mademoiselle de Romans et Mademoiselle Tiercelin, avec lesquelles le Roi entretenait des relations parallèles, pouvaient y prétendre mais elle furent exilées simultanément dès 1765. Toutes deux appartenaient à la catégorie des

« petites maîtresses », même si l'orgueilleuse Mademoiselle de Romans que Louis XV surnommait « la grande », avait toujours refusé d'être logée au Parc aux Cerfs et jouissait d'une belle propriété à Passy[26]. Ayant obtenu du Roi lui-même la légitimation de leur fils, le futur abbé de Bourbon, elle avait d'une certaine façon, un droit de suite. Choiseul en décida autrement. Une troisième candidate pouvait prétendre à la succession de la marquise de Pompadour par droit héréditaire car elle était la cousine et l'amie de l'ancienne favorite. La comtesse d'Esparbès, née Thoinard de Jouy, faisait partie de ces jolies parentes dont la Marquise aimait s'entourer pour permettre au Roi de prendre parfois son plaisir sans s'éloigner de la favorite. C'est d'ailleurs en toute affection et selon une amusante mode de cour que la Marquise, désignant sa jeune cousine, parlait de « ma salope. » Il faut dire que la jeune femme n'était pas farouche, elle avait appartenu à tout le monde. Le futur duc de Lauzun la remercia dans ses Mémoires de l'avoir quasiment déniaisé et elle s'affichait comme la maîtresse en titre du prince de Condé. Le Roi lui-même aurait eu pour elle des privautés sans lendemain du vivant de la Marquise. Enfin, la quatrième candidate à ce nouveau choix de Pâris, la duchesse de Gramont, née Béatrix de Choiseul-Stainville, était politiquement d'une autre force car il s'agissait de la propre sœur de celui qui exerçait de fait, sinon en titre, les fonctions de principal ministre, le duc de Choiseul. Une liaison officielle entre le Roi et la duchesse de Gramont aurait porté le crédit de Choiseul à son paroxysme, abolissant d'un coup la rivalité traditionnelle entre le ministre en vue et la maîtresse en titre. La duchesse était femme de tête mais « point belle » et un peu masculine, elle s'offrit au Roi avec une telle effronterie que cet homme timide et parfois défaillant refusa de prendre une place si mal défendue et se retira. Le coup avait raté. Le prince de Soubise, soucieux de remplacer au plus vite la marquise de Pompadour à son profit, poussa la jolie comtesse d'Esparbès. Habitué à la présence de cette jeune femme, Louis XV l'aurait couchée dans son lit en riant de son peu de vertu.

La liaison semblait s'installer quand le duc de Choiseul obtint des espions qu'il avait placés autour de la jeune femme le récit détaillé des défaillances sexuelles de Louis XV au cours d'une nuit particulièrement laborieuse. Dès le lendemain, il présentait au Roi un faux pamphlet rédigé à l'aide des confidences adroitement soutirées à la comtesse d'Esparbès, laissant entendre que la dame alimentait les échotiers de cour[27]. La jeune cousine de la Pompadour, qui se croyait bientôt déclarée, fut aussitôt invitée à se retirer sur les terres de son beau-père près de Montauban. Après ces différentes intrigues, il ne fut plus question de donner au Roi une nouvelle maîtresse en titre et même le Parc aux Cerfs sembla passer de mode. Dès février 1765, le duc de Croÿ notait que le Roi « ne reprenait pas de maîtresse » et « renvoyait même le Parc aux Cerfs ». Changement de vie qui se confirme car, un an plus tard, le mémorialiste remarquait à propos du mode de vie de son maître, « les Conseils et les travaux, les chasses, les fréquents voyages, les cabinets et sa famille occupaient son temps et l'on disait que le Parc aux Cerfs était moins à la mode ». En l'absence d'une maîtresse royale déclarée et de petites intrigues d'alcôve, « la Cour était absolument d'habitude et assez triste et morose », mais ce grand seigneur proche de la famille royale s'empressait d'ajouter que ce retour aux bonnes mœurs lui donnait un « air bien réellement de grandeur ». Cette rupture dans la vie privée de Louis XV a fait l'objet de bien des spéculations. Certains ont attribué ce retour à une vie familiale et presque vertueuse au nouveau confesseur du Roi, le père Maudoux, humble curé de Brétigny-sur-Orge choisi pour remplacer le père Desmarets, victime de l'édit de novembre 1764 qui chassait les Jésuites. D'autres ont fait le lien entre les deuils familiaux qui frappèrent successivement Louis XV à cette époque et son retour à une vie, sinon dévote, du moins rangée. Le Dauphin était emporté par la tuberculose au mois de décembre 1765, sa femme, la Dauphine Marie-Josèphe de Saxe, elle aussi contaminée par la maladie, le suivait dans la tombe onze mois plus tard. La Reine qui ne cessait de décliner depuis la mort quasi simultanée de son fils et de son père, le Roi Stanislas, finit par s'éteindre à son tour au mois de juin 1768. Pidansat de Mairobert écrit dans un libelle publié au lendemain de la mort de Louis XV : « Depuis les pertes successives que le Roi avait éprouvées, Sa Majesté avait fait vuider le Parc aux Cerfs, pour se livrer tout entier à la douleur. L'âge qui avançait, et la facilité qu'a un grand prince de satisfaire en tous sens ses passions, avait très amorti celle des femmes chez celui-ci[28]. » Le Roi, très frappé par ces disparitions successives, avait même rédigé son testament au mois de juin 1766 mais cela, ses contemporains l'ignoraient[29]. La sagesse de ses mœurs était peut-être un signe de la crise morale qu'il traversait alors, mais cette abstinence de façade avait en fait des raisons plus politiques que religieuses. Le duc de Choiseul, libéré du joug amical mais pesant de la marquise de Pompadour, veillait avec un soin jaloux à ce qu'elle n'ait pas de remplaçante, contrecarrant systématiquement toute tentative ambitieuse et faisant certainement valoir aux yeux du Roi les risques politiques qu'une nouvelle maîtresse pouvait représenter. Aussi, entre la fin de l'année 1765 et le printemps 1768, qui voit apparaître une certaine demoiselle Vaubernier dite « Lange », appelée à plus de célébrité sous le nom de comtesse du Barry, on ne connaît pas à Louis XV de véritables aventures. La naissance royale de Marguerite-Victoire Lenormant apporte la preuve indiscutable que pendant cette période de relative sagesse, le Roi renoua en fait avec son ancienne petite maîtresse dans la plus grande discrétion. Cette relation, bien qu'épisodique, n'a jamais véritablement cessé. Homme d'habitude, vite effarouché par des femmes trop entreprenantes, ayant connu quelques fiascos suffisamment retentissants pour se répandre dans les attiques du château de Versailles et les salons parisiens, Louis XV cherchait peut-être à se rassurer, régulièrement, entre des bras connus qui lui rappelaient les beaux jours du Parc aux Cerfs. A l'exception notable de la marquise de Pompadour, tous les protecteurs de la petite Morfi vivaient encore dans l'entourage du monarque : Lebel, Soubise et Marigny étaient toujours en fonction. Il leur était facile d'introduire à nouveau celle qui n'avait alors qu'une trentaine d'années et une beauté inaltérable dans le lit du Roi. Choiseul, de son côté, en savait suffisamment pour tenir en respect celle qui était désormais connue sous le nom de Lenormant de Flaghac, et la belle Morphise, pour avoir déjà fait les frais de la grande politique, connaissait le prix de la discrétion et de l'obéissance. Maîtresse secrète et occasionnelle, Marie-Louise, une fois enceinte, alla retrouver son mari en Auvergne pour sauver les apparences et accoucha de sa fille à Riom au mois de janvier 1768. Il n'est pas inutile de rappeler que la future du Barry fut présentée à Louis XV par Lebel au début du mois de mars de la même année, à une époque où la belle Madame Lenormant se remettait de ses couches en Auvergne et n'était plus en mesure de soulager le Roi de sa passion pour le corps des femmes. La carrière fulgurante de la du Barry serait alors due à une indisponibilité passagère de la Morphise, la première, par son histoire et son parcours, n'étant d'une certaine façon que la réplique triomphante mais tragique de la seconde.

La vestale et l'abbé

Définitivement remplacée dans le lit du Roi, Marie-Louise ne va pas pour autant dételer de la galanterie. A la fin de l'été 1772, la fille du premier lit de son mari, Marie-Antoinette-Joséphine Lenormant, épouse un certain

Charles-François du Myrat, « chevalier, colonel d'infanterie, seigneur de Genouilly, de Châteauneuf et autres lieux ». Ce jeune homme plein d'avenir présente pour principal avantage d'être le neveu du tout-puissant « Joseph-Marie Terray, chevalier, ministre d'Etat, conseiller ordinaire au Conseil royal, contrôleur général des finances, abbé commandataire de l'abbaye de Molesme, commandeur, secrétaire des ordres du Roi », son oncle maternel. Il s'agit là du redoutable abbé Terray qui, depuis la fin du mois de décembre 1769, s'employait d'une main de fer au redressement financier de l'Etat. Jamais peut-être ministre de l'Ancien Régime ne fut plus universellement haï. Concurrents malheureux, publicistes et pamphlétaires de tous ordres l'accablèrent d'injures. Tout Paris chansonnait son avidité, son cynisme et les désordres de sa vie. Le Roi Louis XV, inébranlable, lui conserva sa confiance jusqu'à sa mort.

Terray se moquait éperdument de son impopularité et restait impassible sous les injures. Un jour qu'il exigeait durement de l'Assemblée du clergé une augmentation du don gratuit, Monseigneur de Narbonne, outré et impatienté devant les prétentions financières du contrôleur général, pourtant homme de Dieu, s'écriait : « Mais Monseigneur, c'est prendre dans les poches ! » Imperturbable l'abbé répliqua : « Où voulez-vous que j'en prenne autrement[30] ? »

C'est donc un ministre parfaitement cynique et tout-puissant qui, en ce mois d'août 1772, entrait, par un beau mariage, dans la vie de Marie-Louise O'Murphy et de son mari. Sa protection ne leur fera jamais défaut et ce, même au-delà de la mort. L'origine des liens avec les époux Lenormant reste obscure. Le libraire Hardy comme le pamphlétaire Pidansat de Mairobert[31] avancent un lien de parenté entre les deux familles. La proximité géographique de leurs origines respectives, la Limagne pour les Lenormant, le Forez pour les Terray, plaide en ce sens. Des esprits plus malveillants ont suggéré l'existence d'une liaison entre l'abbé et Morphise qui, à plus de trente ans, conservait une beauté insolente, l'âge ayant même aiguisé une tempérament naturellement voluptueux. Terray était connu pour le dérèglement de ses mœurs qu'il affichait avec la désinvolture d'un prélat romain. Debout à 5 heures du matin, l'abbé était à son bureau dès 6 heures. A 10 heures, les affaires courantes étant expédiées, il était libre et recevait tout le monde. La seconde partie de la journée pouvait être consacrée à ses plaisirs. Moufle d'Angerville raconte que dans le somptueux hôtel particulier que l'abbé possédait rue Notre-Dame-des-Champs[32], « il avait un lit superbe, dont le fond était garni d'un tableau voilé : en levant le rideau on trouvait une femme nue, et il disait aux curieuses : "Mesdames voilà le costume[33]." » Le maître de maison ne pouvait pas être plus explicite sur ses intentions et partout le regard du visiteur se posait sur des nudités qui n'avaient rien de bibliques. Le catalogue de la vente de son mobilier et de ses collections énumère, entre autres, une *Baigneuse* de Falconet, une *Abondance* grandeur nature de Pigalle et une *Pyrrha* de Tassaert. Soucieux de ne pas laisser toutes ces jeunes femmes solitaires, Terray avait commandé un *Apollon* à Mouchy et un *Mercure* à Pajou resté inachevé[34]. Les libellistes prêtaient plusieurs maîtresses à l'abbé, on citait la baronne de la Garde qui monnayait sans discrétion les faveurs du nouveau ministre et Madame d'Amerval que l'on présentait même comme sa propre bâtarde. La luxure ne suffisant plus à contenter le lecteur, il fallait ajouter l'inceste pour faire bonne mesure.

Le mariage entre le neveu de l'abbé et la fille de François Lenormant est la première marque tangible d'un rapprochement entre les deux familles mais des liens plus anciens devaient exister. Signe des relations étroites qui unissent les deux familles, les jeunes mariés et leurs domestiques seront logés et nourris chez les époux Lenormant « tant qu'ils le jugeront à propos et se conviendront respectivement » et moyennant une pension annuelle de 4 500 livres. Au mois de septembre, l'abbé Terray fera donner une fête somptueuse en l'honneur de ce mariage dans son château de La Motte-Tilly[35]. Le petit abbé de Voisenon, auteur licencieux mais qui faisait « bassement la cour » au ministre donnera, pour l'occasion, une comédie de sa composition, interprétée par les amis et les parents des mariés. Le titre de la pièce est aujourd'hui perdu. A n'en pas douter, Marie-Louise témoigna là d'un vrai métier acquis très tôt dans les coulisses de l'Opéra-Comique où ses sœurs aînées se produisirent un temps.

A partir de cette époque, les époux Lenormant vont se retrouver plongés au cœur du système fisco-financier qui caractérise la machine d'Etat sous l'Ancien Régime car, en ouvrant à Marie-Louise O'Murphy les portes de la Ferme générale, l'abbé Terray offre à sa nouvelle protégée le sésame d'une caverne d'Ali Baba qui n'a rien d'oriental. L'ancienne maîtresse royale est invitée à un véritable festin financier : le renouvellement du bail des fermes. Tous les six ans, en effet, le contrôleur général des finances renégociait les conditions financières dans lesquelles les fermiers généraux allaient procéder, pour le compte de l'Etat, à la perception des impositions indirectes comme la gabelle ou les droits d'octroi. La santé générale du royaume déterminait alors les marges de manœuvre du pouvoir royal. Il lui était difficile de négocier quand les coffres étaient vides et que la guerre, par exemple, dévorait les recettes par anticipation mais, à l'inverse, la paix et la prospérité économique lui permettaient de revoir ses exigences à la hausse. En arrivant aux affaires, Terray trouva un bail fixé un an plus tôt à 132 millions de livres[36]. Après quatre ans d'une politique économique intelligente et d'un tour de vis fiscal féroce, l'abbé était en mesure d'imposer aux fermiers généraux une augmentation de 20 millions de livres. A cette première condition financière destinée à enrichir le Trésor royal, venaient s'ajouter d'autres exigences dont l'objet, cette fois, était d'arrondir quelques fortunes privées. Pour obtenir l'attribution définitive de leur concession fiscale, les fermiers généraux devaient, à titre personnel, accepter d'en passer par le paiement de véritables commissions officieuses. Sur simple instruction du Roi, chaque fermier général pouvait se voir imposer un associé secret qui participait aux bénéfices sans apparaître officiellement, c'est le fameux système des « croupes[37] ». Le croupier, désigné de façon parfaitement discrétionnaire par le contrôleur général, avait droit au partage des revenus de la place du fermier général dans des proportions qui pouvaient aller d'un tiers à un huitième, il lui suffisait pour cela d'apporter une mise de fonds correspondant à sa portion d'intérêt. Ces croupes, en fait des prêts obligés, représentaient une lourde charge pour les fermiers généraux qui n'ayant, la plupart du temps, aucun besoin de cet apport de capitaux, subissaient un véritable manque à gagner. A l'inverse, les croupiers trouvaient là un moyen de s'enrichir de façon spectaculaire, sans aucun effort dans la mesure où les placements directs dans les « affaires du Roi » rapportaient deux à trois fois plus d'intérêts que les simples rentes. Obtenir une croupe sur la Ferme générale représentait une faveur financière particulièrement recherchée et réservée aux proches de la famille royale ou du contrôleur général. En plus des croupes, certaines places de fermiers généraux étaient aussi grevées de pensions. Il s'agissait cette fois de pots-de-vin purs et simples, le fermier général étant contraint de payer aux personnes qui lui étaient désignées une rente prélevée sur ses propres bénéfices et sans que l'heureux bénéficiaire n'ait à faire la moindre mise de fonds initiale. Ces arrangements, toujours tenus secrets, étaient l'objet de toutes les rumeurs car ils incarnaient les abus du système. Un commis indélicat a pourtant recopié soigneusement la liste des croupes et des pensions dont le Roi et l'abbé Terray avaient chargé le bail de Laurent David, et cette copie nous est parvenue. Elle est riche d'enseignements. La charité bien ordonnée n'étant pas un vain principe, le Roi et le contrôleur général apparaissent comme les premiers bénéficiaires de ces prélèvements occultes. A lui seul, Louis XV bénéficiait d'une place complète : il avait une moitié de celle attribuée à Poujaud, un quart sur La Haye et un autre quart sur Saleur de Grizien. Ces trois fermiers généraux devaient se sentir particulièrement flattés de partager leurs bénéfices avec le monarque lui-même. L'abbé Terray, de son côté, distribuait les croupes et les pensions à sa famille et à ses protégés. Ainsi, « la famille de Monsieur le contrôleur général » cumule, à elle seule, une moitié de place en croupes et plus de 20 000 livres en pension. La famille royale n'est pas oubliée. Les filles de Louis XV, Madame Victoire, Madame Louise, Madame Adélaïde et Madame Sophie ont, chacune, la faculté de distribuer pour 6 000 livres de pensions à des protégés de leur choix. Il en va de même pour la Dauphine Marie-Antoinette et sa belle-sœur la comtesse de Provence auxquelles 6 000 livres de pensions ont aussi été réservées. Enfin, viennent les maîtresses royales, la comtesse de Séran[38] avec laquelle le Roi entretenait une amitié amoureuse reçoit 4 000 livres, Mademoiselle de Romans ayant pourtant davantage payé de sa personne ne reçoit, quant à elle, que 3 000 livres. Autre maîtresse passagère, Madame Giambone[39], avec un huitième de place, n'était pas oubliée non plus. Pourtant, avec un tiers de place sur la part du fermier général Gauthier d'Hauteserve, Marie-Louise O'Murphy est, de loin, la mieux traitée. Dans une lettre du 13 janvier 1774, annexée au contrat d'association qui lie désormais l'ancienne maîtresse et le fermier général, l'abbé Terray écrit : « C'est avec une véritable satisfaction, Madame, que je vous annonce la grâce que le Roi a bien voulu vous faire. Sa Majesté vous accorde pendant le bail prochain des fermes générales la participation d'un tiers sur la place de Monsieur Gauthier » et termine par cette formule qui en dit assez : « Le plaisir que j'ai à vous procurer cette marque des bontés de Sa Majesté égale la sincérité des sentiments respectueux avec lesquels j'ai l'honneur d'être, Madame, votre très humble et très obéissant serviteur. »

La générosité de Louis XV et de Terray pour les époux Lenormant ne se limitait d'ailleurs pas à la seule Ferme générale. Marie-Louise est généreusement associée à toutes les grandes affaires de finances de la fin du règne. Chaque fois qu'une sous-ferme ou un régie financière est renouvelée, elle ou son mari sont immédiatement intéressés. Chaque fois, une lettre de Terray annonce cette nouvelle grâce.

Ces avantages financiers, bien que parfaitement discrétionnaires, n'étaient pas illégaux. Il s'agissait là de pratiques souvent contestées, certes, mais parfaitement légales. D'autres opérations financières du couple Lenormant, menées avec la complicité évidente de l'abbé Terray, vont se révéler beaucoup plus troubles. Dès 1772, François Lenormant se porte acquéreur de la charge de contrôleur et receveur de l'impôt du Vingtième pour la ville de Paris que vient de créer l'abbé Terray dans le but de pérenniser et de rationaliser la perception de cet impôt. Le montage financier mis au point par l'achat de cette charge — 650 000 livres — est particulièrement douteux.

Pour réunir la somme exigée par le Trésor royal, François Lenormant est contraint de vendre sa charge de receveur des tailles de Riom et plusieurs propriétés dont le domaine de la Gravière en Auvergne. La réalisation de ses biens n'étant pas suffisante encore, le recours au crédit est inévitable. Marie-Louise alors va devenir la principale créancière de son mari en lui avançant la totalité des sommes reçues du Roi. Le produit de ces donations répétées avait été initialement placé en rentes sur les aides et gabelles puis elles-mêmes converties quelques mois plus tard en rentes sur l'Hôtel de Ville. Le 18 novembre 1772, Marie-Louise transfère l'ensemble de ses capitaux sur son mari en échange d'une rente annuelle de 17 000 livres. C'est donc avec ces titres de rentes sur l'Hôtel de Ville que François Lenormant règle la moitié du prix de son office.

C'est là que l'opération devient particulièrement suspecte car ces papiers n'ont pas la moindre valeur. Pour une raison simple, ils n'existent pas. En effet les actes par lesquels Duclos du Fresnoy était censé avoir opéré leur conversion, le 28 janvier et 5 juin 1772, sont parfaitement introuvables. Ils n'ont jamais été ni passés, ni signés, ni enregistrés. Par de simples jeux d'écriture, les très puissants protecteurs de la belle Morphise ont simplement créé 300 000 livres aux dépens du Trésor royal. Le mécanisme est particulièrement ingénieux. L'argent des donations n'ayant jamais réellement existé, il faut trouver un moyen pour lui donner une réalité et blanchir ainsi la malversation. Il suffit pour cela de créer un office, ici celui de contrôleur et de receveur du Vingtième, et d'en gonfler artificiellement le prix. Sur 600 000 livres, l'acquéreur, en l'occurrence François Lenormant, s'acquitte d'une moitié en bonne monnaie, le reste étant payé avec les faux titres de rentes dont le notaire se porte néanmoins garant. Le contrôleur général des finances reconnaît avoir reçu 600 000 livres et le tour est joué. L'Etat devient débiteur du nouveau titulaire de la charge pour pareille somme. Louis XV, par un bon de sa main ajoutait même la faveur à la prévarication en attribuant à son ancienne maîtresse 12 000 livres de pension personnelle à prendre sur la charge de son mari ! Cette création de valeurs financières parfaitement frauduleuse n'a pu se faire qu'avec l'aval du Roi, la complicité du contrôleur général et la collaboration technique de maître Duclos du Fresnoy. Ce notaire qui est à la fois celui des Lenormant et de l'abbé Terray sera d'ailleurs grassement dédommagé pour ces forfaitures. En 1774, il obtient, comme les époux Lenormant, de gros intérêts sur le nouveau bail de la Ferme générale grâce à l'intervention directe de son tout-puissant client qui poussera même la reconnaissance jusqu'à le coucher sur son testament, « en reconnaissance de son désintéressement à son égard » ! Lorsque, après la mort de Louis XV et le renvoi de Terray, la charge de contrôleur du Vingtième est supprimée par Turgot[40], François Lenormant est remboursé sans aucune difficulté à hauteur des 300 000 livres qu'il a versées alors que sa femme, qui a fourni l'autre moitié des fonds mais en fausses rentes, doit se contenter d'un simple bordereau, c'est-à-dire d'une reconnaissance de dette sur le Trésor. C'est bien la preuve que la manœuvre financière n'a pas échappé au successeur de Terray. Sur la vente de ce bordereau, la belle Morphise perdra plus de 100 000 livres, mais le scandale est évité.

La déconvenue est de taille mais elle ne va pas empêcher Terray de continuer à prendre les Lenormant sous sa protection, même après sa propre disgrâce. Turgot remercié, Marie-Louise obtient réparation et son mari reçoit 112 000 livres pour compenser les pertes subies lors de la suppression de son office. Terray était dans d'excellents termes avec Necker, le nouvel homme fort des finances. Les deux hommes avaient travaillé ensemble et détestaient également Turgot. L'abbé est donc intervenu personnellement en faveur des Lenormant. Il leur était tellement attaché, que leur présence lui était indispensable. Le 11 avril 1775, l'ancien contrôleur général se portait acquéreur de la maison mitoyenne de son hôtel de la rue Notre-Dame-des-Champs pour les loger. La maison consiste en un corps de logis principal avec ses communs auquel vient s'ajouter un pavillon d'agrément construit au milieu d'un parc de trois arpents décoré de bassins et « d'arbustes étrangers ». Marie-Louise a toujours aimé les « petites maisons », celle-ci aura tout de même coûté la modique somme de 150 000 livres à l'ancien ministre de Louis XV que l'exercice des responsabilités gouvernementales n'a pas appauvri. Les époux qui, entre-temps, avaient quitté la rue du Faubourg-Saint-Honoré pour la rue de Richelieu, deviennent les locataires de leur protecteur. Le bail est particulièrement avantageux, car non seulement le propriétaire des lieux fait procéder à d'énormes travaux pour mettre la maison au goût de ses locataires avec lesquels les différents embellissements ont même été concertés mais le loyer, fixé à 1 500 livres par an, est dérisoire. Lorsque quelques années plus tard, ce bel hôtel du noble faubourg sera loué dans des conditions normales, le loyer exigé se montera à 5 000 livres. Preuve que l'abbé, pourtant universellement décrié pour son avarice, savait se montrer généreux avec ses amis.

Le testament de Terray va définitivement confirmer les liens étroits qui l'unissaient à la belle Morphise et à sa fille Marguerite-Victoire. Au lendemain de Noël 1776, l'abbé « quoique dans un état de très bonne santé » prend la décision de faire son testament car, comme il l'écrit lui-même, « les exemples de morts promptes et inopinées me font penser à mettre ordre à mes affaires ». Sans même recommander son âme à Dieu, ce qui était pourtant la pratique habituelle et ne paraissait pas superflu pour un homme d'Eglise, le dernier contrôleur général des finances du règne de Louis XV distribue avec méthode son immense fortune[41]. Pour les pauvres de sa paroisse de La Motte-Tilly, 150 livres de rentes annuelles, ce qui est bien peu lorsqu'on sait que la fortune de l'abbé se comptait en millions de livres. En revanche, Marie-Louise et sa famille sont particulièrement bien servies. Prétextant les énormes travaux qu'ils auraient faits dans sa maison de la rue Notre-Dame-des-Champs, les époux Lenormant pourront en jouir gracieusement leur vie durant soit en l'occupant eux-mêmes, soit en la louant à des tiers. Il est pourtant établi que toutes les améliorations apportées à cette demeure ont été entièrement financées par l'abbé. Marguerite-Victoire reçoit, quant à elle, la somme de 120 000 livres pour contribuer à son établissement mais il est précisé que sa mère pourra jouir des intérêts de ce legs jusqu'au mariage de sa fille. Dans un codicille dicté moins de deux mois plus tard, alors que Terray, cette fois très « indisposé », est couché dans sa chambre du rez-de-chaussée donnant sur le jardin de son hôtel, le testateur, implorant cette fois-ci la « divine miséricorde », décide d'améliorer encore la situation de Marie-Louise à laquelle il lègue à titre personnel 6 000 livres de rente viagère à prendre sur la succession. Cette nouvelle faveur, jointe à la jouissance de l'hôtel de la rue Notre-Dame-des-Champs et des intérêts de la dot de sa fille, représente tout de même un revenu annuel de 17 000 livres. Enfin, une charmante attention, inscrite dans le même codicille, attribue à Marguerite-Victoire l'ensemble des instruments de musique et toutes les partitions tant manuscrites que gravées en possession de l'abbé au moment de sa mort.

Une protection indéfectible et tant de sollicitude testamentaire invitent évidemment à s'interroger sur la nature de la relation qui unissait l'abbé Terray, Marie-Louise O'Murphy et sa fille Marguerite-Victoire. Certains ont soutenu que le ministre de Louis XV se dissimulait déjà derrière les mystérieux donateurs soucieux de garantir l'avenir de Marie-Louise et qu'il était donc le père de Marguerite-Victoire. Le mariage entre la fille de François Lenormant et le neveu de Terray aurait ensuite offert une couverture officielle aux relations inavouables qui existaient entre l'abbé et le couple Lenormant[42], cette parenté permettant de justifier la présence permanente de Marie-Louise et de son mari aux côtés du ministre déchu.

Si la liaison entre l'ancienne maîtresse royale et l'ancien ministre des Finances ne fait aucun doute — elle était même tenue pour certaine par la police révolutionnaire qui évoque clairement « les faveurs de l'abbé Théré ancien contrôleur des finances » pour sa « vestale » — la paternité de Marguerite-Victoire revient incontestablement à Louis XV. Terray succéda au Roi dans les faveurs de Marie-Louise, lui-même étant officiellement retenu par la baronne de la Garde jusqu'à l'été 1771, date de leur rupture. Au moment d'établir son propre testament, François Lenormant partagera très équitablement ses biens entre son fils d'un premier lit et Marguerite-Victoire, montrant en cela qu'il n'avait, semble-t-il, aucun doute sur sa paternité. Il était bien le seul.

6

Sauver ce qui peut l'être

La curée froide

La fortune construite en quelques années par Marie-Louise O'Murphy est impressionnante car elle approche les deux millions de livres. Sans être comparables aux richesses accumulées par la marquise de Pompadour et la comtesse du Barry[1], qui recevra plus de six millions de livres en quatre ans, les sommes perçues par la Morphise restent considérables. Elles placent la famille Lenormant sur un pied d'égalité avec les plus riches fermiers généraux. A la même époque, la fortune de Mademoiselle de Romans avait été évaluée pour sa part à moins d'un million. Les deux époux vivent alors sur un grand pied. Au printemps 1780, ils quittent la rue Notre-Dame-des-Champs pour s'installer dans un superbe hôtel particulier de la rue du Faubourg-Poissonnière, construit dans ce goût néoclassique qui fait alors fureur sur les boulevards[2]. Cet hôtel, construit par l'architecte Samson-Nicolas Lenoir présente bien des similitudes avec le pavillon de Louveciennes dessiné pour la du Barry au moment de sa splendeur. A l'imitation de l'œuvre de Ledoux, le pavillon central construit par Lenoir entre cour et jardin se distingue par un avant-corps central orné d'une colonnade ionique formant péristyle auquel le visiteur accède par un perron de huit marches. Le décor intérieur, tout comme le jardin, sont à la hauteur de la modernité des lieux. Comme à Louveciennes c'est dans un vestibule servant de salle à manger que l'on entre de plain-pied. La pièce, de forme ovale, est entièrement décorée à l'antique, ornée de boiseries peintes en faux marbres et meublée de deux buffets placés dans des niches surmontées de leurs trumeaux de glace. La porte centrale de cet immense vestibule donne accès au grand salon qui ouvre lui-même sur le jardin par trois grandes portes-fenêtres. Les appartements de la maîtresse de maison, toujours au rez-de-chaussée, étaient composés d'une belle chambre d'apparat et d'un charmant petit boudoir de forme ronde, au plafond en calotte, et dans lequel, une niche, entièrement recouverte de glaces, était occupée par un profond sofa. C'est là que Marie-Louise recevait sa marchande de mode et ses plus chères amies. De là, il était commode d'accéder à la garde-robe, puis à une superbe salle de bains que l'architecte avait pris soin de faire ceinturer par un couloir de service pour permettre aux domestiques de circuler d'une pièce à l'autre sans surprendre leur maîtresse sortant de sa baignoire.

Le même luxe prévaut au château des Migneaux que les époux Lenormant achètent en 1782 pour pouvoir passer la belle saison à quelques lieues seulement de la capitale. Il était évidemment hors de question pour Marie-Louise d'aller s'enfermer entre les quatre tours gothiques du château de Flaghac. Le château de son mari est trop loin, trop vieux, trop froid. Son mari pouvait bien aller deux fois l'an jouer au seigneur de paroisse, exiger ses droits féodaux et assourdir le voisinage du cri de ses chiens, mais sans elle. Madame de Pompadour portait le nom de son marquisat sans avoir jamais mis le pied sur cette terre perdue à l'autre bout du royaume, la belle dame de Flaghac en ferait de même. Hors des forêts d'Ile-de-France, là où depuis toujours le Roi chasse, il n'était pas de campagne habitable. Meublé à la dernière mode, le grand salon ne compte pas moins de deux canapés, dix fauteuils à la reine, quatre fauteuils en cabriolet et deux chaises, le tout en bois sculptés et dorés, tendus de damas bleus et d'étoffe de soie ; le château est équipé du confort moderne. Marie-Louise qui aime à s'attarder à sa toilette, dispose là encore d'une très belle salle de bains. Migneaux offre donc un lieu de villégiature privilégié en bord de Seine. Une dizaine de domestiques s'affairent en permanence et une magnifique vaisselle d'argent évaluée à plus de 10 000 livres permet de recevoir à table plus de quarante convives. Les dépenses personnelles de Marie-Louise, consignées par son propre mari, comptable rigoureux, s'élevaient, alors, à plus de 20 000 livres par an. Un tel train de vie exigeait des revenus considérables. La mort brutale de François Lenormant, le 26 avril 1783, alors que le couple profitait du printemps à Migneaux, va menacer cette douceur de vivre. Veuve pour la deuxième fois, la Morphise va jouer de tous ses charmes et déployer une activité frénétique pour garder la main sur une fortune qu'elle considère comme sa propriété exclusive.

Pour commencer, il s'agissait d'obtenir du Trésor royal le paiement de la pension de 12 000 livres que le Roi Louis XV lui avait attribuée, à titre personnel sur la charge de receveur général du Vingtième de son mari. Certes, Turgot avait supprimé la charge neuf ans plus tôt et François Lenormant avait été intégralement remboursé de sa mise de fonds mais c'était là un argument auquel Marie-Louise refusait de se rendre. La volonté du feu Roi était clairement exprimée dans le bon signé de sa main, il souhaitait « que Madame Lenormant jouisse personnellement » de cette pension « même après le décès de Monsieur Lenormant, si elle lui survivait ».

Cette affaire obsédait la Morphise et elle avait déjà fait plusieurs tentatives pour récupérer sa pension, mais en vain. Dès le mois d'août 1778, au lendemain de la nomination de Necker aux finances, elle adressait à l'homme providentiel une supplique très argumentée et une copie du bon signé par Louis XV. Un mémoire était aussitôt rédigé par les services du Trésor pour être soumis à l'approbation du ministre, il prenait le soin de retranscrire intégralement le bon signé de son grand-père et le présentait « comme un effet de la protection particulière et personnelle dont le feu Roi honorait Madame Lenormant ». Necker jugea pourtant qu'il n'y avait pas urgence et l'affaire traîna en longueur. Marie-Louise multipliait lettres et mémoires mais n'obtenait, en retour, que des réponses évasives. Alternant la supplique avec un ton d'aimable reproche, Marie-Louise se rappelait régulièrement au souvenir du tout-puissant directeur du Trésor auquel elle écrivait le 7 août 1779 dans un style et avec une orthographe très particuliers : « Si ma santé m'avait permise, J'aurais eu l'honneur de vous aller porter le bon du feu Roi, Je crains que vous ne l'ayés perdu de vue, de grâce représentés au Roi raignant, que je ne lui demande pas une grâce nouvelle, mais qu'il est trop juste pour que je perde un bienfait de son ayeul. » Persuadée que ce brave protestant marié à une espèce de bas-bleu n'était pas vraiment au fait des bonnes pratiques du pouvoir ou qu'il faisait très bien semblant de ne pas l'être, l'ancienne favorite, en femme bien informée, lui rappelait qu'autrefois « il ne tenait qu'au ministre de mettre cette pension sur le Trésor royal » et de conclure au cas où le message ne serait pas bien compris, « de grâce, faites-y mettre la mienne comme vous l'avez fait à d'autres, ma cause est digne de votre justice ». Pour essayer de fléchir Necker, Marie-Louise n'hésite pas à préciser que « depuis que je ne touche plus ma pension je n'ai pas été aux eaux qui me sont utiles ». L'argument était évidemment sans réplique. Néanmoins, n'obtenant toujours pas de réponse, elle écrivit une nouvelle fois et dans des termes identiques, vingt jours plus tard. Cette lettre a été annotée par Necker lui-même et l'on peut lire, en marge : « Elle a une pension, un tiers de place sur Monsieur Gauthier et son mari était dans les régies. » Les faveurs dont la belle épistolière était déjà pourvue n'avaient donc pas échappé à la terrible administration des finances. La situation matérielle de Madame Lenormant n'avait rien de désespéré, loin de là, et Necker en était parfaitement informé. Le 17 janvier 1780, Marie-Louise recevait, en guise d'étrennes, une lettre qui la foudroyait. Dufresne, premier commis du Trésor, lui écrivait : « Monsieur le Directeur général, Madame, m'a chargé d'avoir l'honneur de vous répondre qu'il n'a point oublié l'objet de votre demande, mais que le moment n'est pas favorable pour la mettre sous les yeux du Roi, parce que les circonstances rendent Sa Majesté de plus en plus difficile sur les grâces pécuniaires. »

Tremblante de rage, Marie-Louise maudissait ce banquier suisse au coffre-fort à la place du cœur et qui devait être aussi plaisant au lit que le nouveau Roi. Heureusement, tel n'était pas le cas des ses charmants collaborateurs, toujours plein d'égards pour elle et qui savaient tenir aux femmes un autre langage que celui des livres d'escompte. En effet, c'est à l'occasion de ces pénibles démarches que la Morphise fit la connaissance du bel Antoine Valdec de Lessart, homme plein d'avenir, à peine plus jeune qu'elle il est vrai, et dont elle n'allait pas tarder à faire son amant. Pour l'heure, Bernard Dufresne, lui aussi galant homme, terminait sa lettre par un post-scriptum plein d'attention : « Soyez tranquille, Madame, je guetterai le moment mais il n'est pas encore venu. » Tranquille ! Comment pouvait-elle être tranquille ? Marie-Louise essaya immédiatement, mais en pure perte, d'obtenir une audience de Necker. Faute de mieux, elle lui écrivait dès le 23 janvier : « La lettre que m'a écrit Monsieur Dufresne m'a jettée dans une douleur qui ne peut se peindre. » Après cela, elle exposait la difficulté de sa situation. Le bail de la Ferme générale venant d'être renouvelé, elle avait perdu sa croupe sur Gauthier, et sa sœur, Marie-Brigitte, la pension que le Roi et Terray lui avaient attribuée. Sa demande était donc plus que jamais justifiée mais, poursuivait l'ancienne maîtresse royale, « je crains que vous n'oubliés ceux qui ne peuvent plus me recommander à vous » et de conclure sur un ton de reproche : « Si j'avais pu être reçue chez vous j'aurais été vous peindre toute ma douleur qui ne peut se calmer que par vos bontés et votre justice. » Il est vrai que pour une femme comme Marie-Louise, un tête-à-tête avait toujours eu plus d'efficacité qu'une trop courte lettre. Un nouveau mémoire était aussitôt rédigé qui reprenait les arguments du précédent tout en suggérant que sur les 12 000 livres de rentes, 6 000 soient placées sur sa tête et 3 000 pour chacun de ses enfants comme pour rappeler opportunément l'existence de cette descendance que l'on attribuait au Roi. En effet, les commis des finances, chargées de ce dossier n'hésitaient pas à signaler que le « feu Roi » prenait « un intérêt particulier » au fils du premier lit de Madame Lenormant. Un soupçon de bâtardise planait donc aussi sur le jeune Louis-Charles de Beaufranchet.

Le 21 mai 1781, Necker démissionnait avec fracas. Marie-Louise qui, en bonne Irlandaise jacobite, n'attendait plus rien de ce protestant insensible, reprit espoir. Dès le mois de juillet, s'adressant à son successeur, elle n'hésitait d'ailleurs pas à attribuer ses malheurs « aux opérations du dernier ministre ».

Avec la mort de François Lenormant et l'ouverture d'une succession qui s'annonçait difficile, la pension du Roi devenait indispensable pour permettre à Marie-Louise de garder son train de vie. Après des années de vaines sollicitations, le salut vint d'un très jeune ministre, à peine âgé de trente-deux ans mais descendant d'une illustre lignée de grands serviteurs de l'Etat, Henri d'Ormesson, que Louis XVI venait de nommer à la tête du Contrôle général. Le 11 mai 1783, se prévalant d'une recommandation de l'archevêque de Bourges, le fastueux Georges-Louis Phélypeaux d'Herbault[3], Marie-Louise priait instamment le nouveau ministre de faire en sorte « que cette affaire se terminât vite ». Elle était veuve depuis quelques semaines à peine et selon sa propre expression venait de perdre « toute l'aisance dont son mari la faisait jouir ». N'ayant, par ailleurs, aucun doute sur son pouvoir de séduction, elle n'hésitait pas à terminer sa lettre en écrivant : « Vous avez l'air si bon que je ne puis douter que votre intérieur n'est de même, j'en attends les effets avec confiance et me flatte que vous m'accorderez le plaisir de vous remercier. » L'invitation à peine voilée fut-elle entendue ? Trois jours plus tard, Henri d'Ormesson plaçait le dernier mémoire de Marie-Louise O'Murphy sous les yeux du Roi Louis XVI qui accordait, enfin, à l'ancienne maîtresse de son grand-père, une pension de 12 000 livres sur le Trésor royal. Il est vrai que le mémoire présentait ouvertement la décision de Louis XV comme « fondée sur des motifs qui étaient personnels à Sa Majesté » et destinée « à des objets qui intéressaient également sa sensibilité et sa justice ». Louis XVI ne pouvait récuser l'argumentation mais refusait, en revanche, de continuer cette faveur pour Louis-Charles de Beaufranchet car, étant dans le service, « il pouvait être susceptible, par la suite, d'autres grâces militaires ».

Après tout, l'essentiel était acquis et, par ailleurs, la famille royale avait déjà dû s'émouvoir car le 15 novembre 1781, selon une méthode déjà éprouvée, Dominique Belon, prêtre, avait fait donation de 1 800 livres de rentes à Marguerite-Victoire Lenormant et de 1 260 livres à Louis-Charles de Beaufranchet avec réserve d'usufruit pour leur mère qui était ainsi assurée de percevoir 3 000 livres jusqu'à sa mort. L'identité du généreux donateur reste ici une énigme mais il y a toute chance pour qu'il s'agisse de Madame Adélaïde ou Madame Victoire, l'une ou l'autre des filles de Louis XV, qui se sont toujours fait, par piété, un devoir de réparer, au moins matériellement, les frasques de leur père. Marie-Louise était assez fine mouche pour être allé frapper à cette porte-là quand l'ingrat Necker lui fermait la sienne. Une fois sa pension et son confort assurés, elle pouvait s'atteler à la grande affaire de toute mère de famille, doter et marier dignement ses enfants, au mieux de ses intérêts.

Au mois d'août 1783, son fils aîné, Louis-Charles de Beaufranchet épousait à Paris une demoiselle Guyot de Mongran. Fils posthume, au moins officiellement, d'un officier mort pour le Roi, Louis-Charles était destiné dès son plus jeune âge au métier des armes. A quatorze ans, il entrait, par protection, chez les pages de la Petite Ecurie et pouvait, pendant plus de quatre ans, faire les quatre cents coups dans les rues de Versailles. A sa sortie des pages, sa mère lui offrait une belle compagnie de dragons et, huit jours avant sa mort, le roi Louis XV investissait son protégé dans son nouveau grade. Les Guyot de Mongran appartenaient à la haute finance. Le beau-père de Louis-Charles occupait la charge lucrative de receveur général de la généralité de Limoges tout en résidant à Paris et la famille de sa belle-mère avait des intérêts dans la Sous-Ferme. La belle-famille du jeune Beaufranchet et les conditions financières de ce mariage étaient honorables mais non exceptionnelles. Le maréchal-prince de Soubise, parrain du marié, avait néanmoins fait le déplacement pour venir signer le contrat de mariage. En dehors de cette signature prestigieuse, les témoins appartiennent aux deux familles et les financiers y sont bien plus nombreux que les militaires. C'est l'occasion pour Marie-Louise de recevoir ses neveux, Nicolas Bourlier de Ballimore, avocat au parlement, et Henry Lavabre qui, alors, réussissait fort bien dans la banque. En revanche, la présence de sa sœur Marie-Brigitte, pourtant très proche de la famille Lenormant, n'avait pas été jugée indispensable. L'ancien modèle d'atelier n'était certainement plus montrable. Peut-être avait-elle gardé de sa jeunesse un ton et des manières un peu trop pittoresques. Enfin, contrairement à ce qui se fera, trois ans plus tard, pour Marguerite-Victoire, aucun membre de la famille royale ne vint apposer son prénom au bas de ce contrat de mariage. Cette lacune laisse clairement entendre qu'un doute persistait à

Versailles sur la réalité de la filiation royale de Louis-Charles. Quelques mois à peine après ce mariage, Casanova, de passage en France, croisait le jeune homme à Fontainebleau. Selon son témoignage, ce beau militaire « ne savait rien de l'histoire de sa mère, dont il était le portrait ». Le Vénitien, toujours galant homme, ne manquait pas de « le prier de lui faire ses compliments » et inscrivait même, à cet effet, son nom sur ses tablettes[4]. La suite ne dit pas si la commission fut faite ni comment elle fut appréciée par « la belle O-Morphi » que ce nom à consonance italienne devait ramener trente ans en arrière, aux lointains souvenirs de la rue des Deux-Portes-Saint-Sauveur et de la foire Saint-Laurent. En revanche, si Casanova avait observé la moindre ressemblance physique du fils de Morphise avec Louis XV, nul doute qu'il n'aurait pas manqué de souligner une telle analogie.

Trois ans plus tard, la cour de l'hôtel de Flaghac était encombrée de carrosses, les voitures stationnaient même rue du Faubourg-Poissonnière, provoquant dans un quartier habituellement paisible des encombrements dignes du centre de la capitale. Les jurons le disputaient aux claquements de fouets, une foule de badauds ravis applaudissait aux manœuvres les plus hardies et riait de l'impatience qui se devinait, malgré le fard, sur les visages des belles passagères. Des laquais en livrée couraient en tous sens, tenant des flambeaux que la tombée du jour rendait nécessaires, d'autres s'affairaient à déplier les marchepieds pour éviter que les riches souliers gainés de soie et de satin ne viennent patauger dans une boue neigeuse. Chacun cherchait à sauvegarder la blancheur de ses bas et, à ce jeu-là, certains réussissaient mieux que d'autres. Le suisse de Marie-Louise, en grand uniforme, se désespérait, il venait de confondre la voiture de Monsieur de Vergennes avec celle du baron de Breteuil, sa maîtresse ne le lui pardonnerait pas. A l'intérieur, l'hôtel étincelait, Marie-Louise avait fait éclairer les salons *a giorno* en l'honneur du mariage de sa fille et son mari n'était plus là pour rationner les bougies. Des centaines de lampions illuminaient déjà les jardins et bientôt un feu d'artifice à tout rompre laisserait croire aux habitants du quartier que l'hôtel de Menus-Plaisirs, tout proche, venait de sauter[5]. Ce mariage était son œuvre, sa fierté, son triomphe. Le matin même, le Roi, la Reine et toute la famille royale avaient signé de leur main le contrat qui leur était présenté par maître Duclos du Fresnoy en grand habit. Le délicat service à thé en porcelaine de Vincennes, offert par le comte d'Artois à la fille de son ancien maître d'hôtel et plus vraisemblablement encore de son propre grand-père, trônait dans le vestibule. Les invités se pressaient dans le grand salon, chacun voulant fêter la maîtresse de maison et profiter de l'occasion pour faire sa cour à l'un des trois ministres qui honoraient ce mariage de leur présence. En ce mois de février 1786, Marguerite-Victoire Lenormant épousait à dix-huit ans Jean-Didier Mesnard de Chouzy, « chevalier, capitaine en second au régiment royal de Navarre Cavalerie, commissaire général de la Maison du Roy et gouverneur de la ville de Courtenay ». Les Mesnard n'appartenaient pas à la plus vieille noblesse et l'arrière-grand-père était simple président au présidial de Blois[6]. Luynes raconte en effet que lorsque l'oncle du marié, ayant abandonné la bureaucratie versaillaise pour le métier des armes, devint exempt des gardes du corps de Sa Majesté, l'on « murmura » à la Cour. Des bourgeois récemment anoblis pour avoir tenu les livres de comptes de la famille royale ne pouvaient tout de même pas commander à des gardes du corps appartenant à la fine fleur de l'aristocratie française[7]. Cela dépassait les bornes. L'affaire néanmoins fut arrangée et les murmures cessèrent.

Marie-Louise, elle, n'avait que faire de ces hobereaux, gueux comme des rats d'église, qui possédaient plus de titres de noblesse que de titres de rente car elle gardait un très mauvais souvenir des parents de son premier mari et de leur sinistre château d'Ayat. L'essentiel était ailleurs. La famille dans laquelle Marguerite-Victoire faisait son entrée était riche, très riche même, occupait des emplois dans la Maison du Roi depuis plus d'un demi-siècle et avait, de ce fait, ses entrées à la Cour. Quelques jours avant cette cérémonie, Marie-Louise s'était prêtée à une curieuse démarche. Accompagnée de son fils, de son beau-frère Daniel Lavabre et d'un certain René Dumas de la Motte, capitaine d'infanterie, elle s'était rendue chez son notaire pour déclarer que depuis son premier mariage, elle avait été désignée dans tous les actes officiel sous le nom de Marie-Louise de Boisfailly « par erreur et inadvertance » car « son véritable nom de baptême et de famille » était Marie-Louise Morfi. Un extrait des registres de la paroisse Saint-Eloi à Rouen se trouvait même joint comme pièce justificative à cette étonnante déclaration. Les raisons de cette rectification patronymique restent obscures, d'autant qu'elle ne sera pas suivie d'effets car dans le contrat de mariage de sa fille, Marie-Louise continuait à être désignée sous le nom de Boisfailly et signait imperturbablement, « Ô Murphy Lenormant ». La fille de Daniel Morfi et de Marguerite Iquy était peut-être sincèrement attachée au nom de son père, à moins qu'elle n'ait voulu se prémunir contre des curiosités mal intentionnées qui auraient pu se pencher sur l'origine de ce nom sorti de nulle part. Récemment anoblis, les Mesnard de Chouzy se montraient intraitables sur ces questions. Le père du marié était « commandeur des ordres royaux militaires et hospitalières de Notre-Dame-du-Mont-Carmel et Saint-Lazare-de-Jérusalem, conseiller d'Etat, ministre plénipotentiaire de Sa Majesté Très Chrétienne près le Cercle de franconie, commissaire général de la Maison du Roi » et, enfin, membre de l'Académie royale des sciences. Si la naissance faisait défaut, l'argent, lui, ne manquait pas. Le jeune Mesnard apportait 320 000 livres tout en conservant intacte sa portion héréditaire sur la succession de ses parents. Trois ans plus tôt, son père avait obtenu du roi Louis XVI la survivance de sa charge en faveur de son fils en arguant que c'était là « le seul moyen pour lui de faire un mariage avantageux ». La dot de Marguerite-Victoire, quant à elle, se composait du legs de l'abbé Terray, de l'hôtel de la rue du Faubourg-Poissonnière où se déroulait la réception, à quoi venait enfin s'ajouter une somme de 410 000 livres à prendre sur la succession de son père légal. Tout cela mit bout à bout composait, au final, une dot de plus de 700 000 livres, somme exceptionnelle même dans ces milieux et quatre fois supérieure à celle dont avait dû se contenter son demi-frère lors de son propre mariage.

La cire répandue à profusion par les chandeliers d'argent était encore chaude et le mariage de sa fille à peine consommé que Marie-Louise, jamais inactive, s'engageait dans de nouvelles démarches et manœuvrait déjà pour capter, à son seul profit, la succession de son défunt mari. Au mois de février 1781, le riche financier sentant sa fin prochaine, avait dicté ses dernières volontés à son notaire. La fille de son premier mariage, Marie-Antoinette du Myrat étant morte sans postérité, il léguait donc sa charge de maître d'hôtel du comte d'Artois et la totalité de ses biens auvergnats à son fils Jean-Jacques Lenormant de Flaghac pendant que Marguerite-Victoire recevait l'hôtel du Faubourg-Poissonnière avec 210 000 livres en argent comptant. Le reste de la succession devait être partagé à égalité entre ses deux enfants survivants. Pour lui témoigner une « dernière marque de son amitié », François Lenormant désignait sa femme comme exécutrice testamentaire, reconnaissait par la même occasion et avec un luxe de détails qu'une partie des capitaux qu'il manipulait lui appartenaient en propre mais, en revanche, ne lui laissait rien, pas la moindre rente, pas même le plus mince usufruit en dehors de son douaire. Marie-Louise accusa le coup mais n'en laissa rien paraître et comme à cette date sa fille était encore mineure, elle se fit immédiatement nommer tutrice avec le droit d'administrer ses biens. Le mariage et l'émancipation de Marguerite-Victoire allaient obliger sa mère à lui rendre des comptes et à liquider la succession. Depuis plus de trois ans, Jean-Jacques Lenormant de Flaghac patientait mais il commençait à montrer quelques signes d'agacement. Cet encombrant beau-fils que l'on avait longtemps tenu à l'écart en le faisant embarquer pour le Sénégal demandait des comptes. Au mois de mars 1787, il obtenait un jugement obligeant sa belle-mère et sa demi-sœur à produire et à faire vérifier l'ensemble des papiers de la succession. Son procureur, un certain Louis Bourcey, particulièrement coriace, les assignait même par voie d'huissier à se conformer au jugement. Il allait donc falloir de nouveau ouvrir l'énorme coffre-fort qui faisait l'orgueil de François Lenormant rue du Faubourg-Poissonnière[8], sortir les titres, remuer les liasses, produire les comptabilités, lire publiquement le contenu des papiers les plus secrets, étaler au grand jour les multiples affaires dans lesquelles les époux Lenormant avaient des intérêts communs. La partie s'annonçait difficile, Marie-Louise devait jouer serré. Pour l'heure, il fallait lâcher du lest et accepter de procéder « au recollement de toutes les pièces comprises à l'inventaire de la succession » mais les choses commençaient mal. Plusieurs documents renfermés dans le coffre du Faubourg-Poissonnière avaient été falsifiés. Ainsi, une copie de l'arrêt du Conseil par lequel le Roi semblait attribuer à Marie-Louise O'Murphy de Boisfailly un intérêt dans la régie des Droits réunis comportait de bien curieuses surcharges manuscrites qui substituaient partout le mot de « madame » à celui de « monsieur » et intercalaient le nom de O'Murphy de Boisfailly entre deux lignes. Un providentiel coup de plume avait donc tout simplement changé le bénéficiaire de cet arrêt. Cela faisait mauvais effet. Plus grave encore, le propre gendre de Marie-Louise avait adhéré aux différentes demandes formées contre elle par Jean-Jacques Lenormant. Jean-Didier Mesnard de Chouzy étant devenu, de droit, le tuteur de sa femme mineure, il pouvait donc, désormais, agir en son nom contre sa belle-mère. Les manières hautaines du mari de sa fille déplaisaient à Marie-Louise depuis le premier jour mais le temps de rappeler son gendre à des sentiments plus respectueux n'était pas encore venu. Pour l'instant, il était urgent d'empêcher la constitution d'un front commun des héritiers de son mari. En redoutable tacticienne, la Morphise allait s'employer à isoler méthodiquement un beau-fils qui avait surestimé ses propres forces. Quelques semaines après son mariage, la veuve Lenormant s'était installée d'autorité chez sa fille et son gendre, rue Taitbout. Là, elle allait user du secret de famille comme d'une arme de guerre. Marguerite-Victoire n'était plus une jeune fille, elle pouvait entendre certaines vérités. La fortune et la brillante situation sociale dont elle profitait depuis son enfance et que son récent mariage n'avait fait que renforcer n'étaient pas tombées du ciel. Contrairement à d'autres, sa mère ne s'était pas seulement donné la peine de naître, elle avait conquis tout cela de haute lutte et personne ne viendrait l'en priver. De longs et pénibles conciliabules eurent lieu dans le huis clos familial. Ils allaient donner lieu à un incroyable document notarié. Le 18 mars 1788, Marie-Louise obtenait de son gendre et de sa fille qu'ils abandonnent toutes les poursuites à son encontre pour se ranger de son côté. Ebranlé par les arguments de sa belle-mère, le comte de Chouzy changeait son fusil d'épaule et reconnaissait, par écrit et devant témoins, qu'il ne lui avait pas été possible « d'apprécier le mérite » des demandes de son beau-frère mais que « les parties s'étant rapprochées par la médiation d'amis et conseils communs, il s'est tenu plusieurs conférences pour examiner les différents objets de contestation et qu'après un examen approfondi et une ample discussion des prétentions respectives », un accord était devenu possible. Cette transaction était même déclarée « irrévocable et indivisible ». Afin d'éviter qu'un jour les ayants droit de Marguerite-Victoire puissent soupçonner que cette transaction entre une mère majeure et une fille mariée mais mineure avait été « uniquement l'ouvrage de la soumission et du respect », il était écrit noir sur blanc qu'elle était au contraire « le résultat de la discussion la plus approfondie faite de vive voix et dans différentes conférences verbales ».

Au cours de ces discussions familiales orchestrées de main de maître par le fidèle notaire de Marie-Louise et de feu l'abbé Terray, tout fut dit sur l'origine de la fortune familiale. A propos des fameuses donations reçues par Marie-Louise au lendemain de la naissance de sa fille, il est ainsi écrit que « l'origine des libéralités de ces deux donations » est désormais « parfaitement connue des parties ». Il n'est donc plus question de partager cette fortune avec qui que ce soit. Après avis de maître Lapeyre « un des plus fameux consultants de Riom en Auvergne », ces sommes avaient d'ailleurs été reconnues comme biens paraphernaux de Marie-Louise. Le débat était clos sur cette question-là. Pour les multiples intérêts de finances auxquels François Lenormant avait été associé de son vivant, réalisant des bénéfices colossaux sur lesquels son fils croyait avoir des droits, la mise au point était, là encore, sans la moindre ambiguïté. Ces intérêts divers, comme la charge de contrôleur du Vingtième n'avaient été procurés au feu sieur Lenormant que par « le seul crédit » de sa femme. Il était difficile d'être plus explicite. La veuve avait donc des droits sur cet argent. « Le comte et la comtesse de Chouzy » voulurent bien en convenir, et déléguaient aussitôt leur mère et belle-mère à la défense de leurs intérêts dans la succession. La signature de cette convention fut triomphalement annoncée au malheureux Jean-Jacques Lenormant de Flaghac le 18 avril 1788. Marie-Louise avait gagné une première manche. Un an plus tard, elle obtenait une décision identique de son beau-frère. Jean-Jacques Lenormant de Maupertuis, frère de François Lenormant, ancien capitaine d'infanterie et chevalier de Saint-Louis retiré à Riom, lâchait à son tour son propre neveu.

Considérant que « la conciliation est toujours plus honnête entre parents proches », il acceptait les propositions de sa belle-sœur. Marie-Louise lui versait aussitôt 30 000 livres comptant pour prix de son ralliement. Cette somme représentait une petite fortune pour un cadet de famille réduit à sa seule légitime[9] et à sa demi-solde d'officier en retraite.

Jean-Jacques Lenormant de Flaghac avait perdu la partie. Pendant deux années encore, il tenta de résister pour éviter l'humiliation d'une capitulation sans condition devant sa redoutable belle-mère mais c'était peine perdue. Au mois d'août 1791, il rendait les armes. La Révolution prenait un tour de plus en plus dramatique, la tentative de fuite de la famille royale avait lamentablement échoué à Varennes, les départs en émigration se multipliaient, les routes n'étaient plus sûres. Plus rien ne garantissait la sécurité des biens et des personnes. Un monde s'effondrait autour de lui et rien ne semblait devoir entamer le puissant crédit de sa belle-mère qui avait pourtant eu bien des amis à la Cour. Il n'était plus temps de chercher à comprendre ni de se battre, il fallait transiger. Marie-Louise acceptait de reconnaître à son beau-fils la pleine propriété des biens auvergnats et de la charge de maître d'hôtel du comte d'Artois, devenue bien inutile en vérité depuis le départ de ce prince en émigration. Ce n'était pas là une concession majeure dans la mesure où elle n'avait pas réellement contesté ces legs clairement exprimés, dix ans plus tôt, dans le testament de François Lenormant. Sur le reste de la succession, Jean-Jacques obtenait de sa marâtre une soulte supplémentaire de 54 000 livres. C'était bien peu au regard des bénéfices financiers accumulés pendant des années par François Lenormant. Certes, sur la fin de sa vie, celui-ci avait perdu de grosses sommes, près de 200 000 livres, à la suite d'investissements malheureux dans le commerce maritime mais ces pertes ne pouvaient pas expliquer à elles seules l'évaporation de toute une fortune mobilière. Cet argent n'avait évidemment pas disparu pour tout le monde car au terme de cette transaction, Marie-Louise exigeait d'être reconnue comme « propriétaire de tous les autres objets composant la succession de son défunt mari consistant en mobilier, capitaux, arrérages et intérêts d'immeubles fictifs, rentes sur les aides et gabelles, l'ordre du Saint-Esprit, sommes dues par le Trésor royal et autres choses généralement quelconques dépendantes de ladite succession et cela sans aucune réserve ». Jean-Jacques de Flaghac signait, abandonnait ses droits à sa belle-mère et s'empressait de quitter Paris où l'on chantait un peu trop « La Carmagnole » à son goût, pour retourner en Auvergne mettre ses affaires en ordre et attendre le retour de jours meilleurs. En remontant dans son bel équipage, Marie-Louise triomphante partait rejoindre son nouvel amant, le bel et ambitieux Valdec de Lessart qui négociait, pour l'heure, son retour au gouvernement. Les perspectives étaient excellentes, l'argent allait encore pouvoir couler à flots. Cette Révolution qui effrayait tant son gendre n'était pas si mauvaise fille.

« *La citoyenne Morfi* »

Veuve, libre et riche, Marie-Louise passa les dernières années de l'Ancien Régime dans cette délicate douceur de vivre qui, bien des années plus tard, arrachait encore à Talleyrand des soupirs de nostalgie. L'ancienne maîtresse de Louis XV, comme beaucoup de ses semblables, évoluait dans un milieu aussi mondain que libéral qui réunissait, dans les salons de la Chaussée-d'Antin ou de la Nouvelle France, la haute finance, quelques riches étrangers et la fine fleur de la galanterie parisienne. Il faut dire que le libertinage effréné qui régnait alors à la Ville comme à la Cour estompait tous les jours davantage la frontière entre les filles publiques et les femmes à la mode. Les couples illégitimes s'affichaient sans vergogne et les portes des salons les plus recherchés s'ouvraient avec égards pour la comtesse de Flaghac, la marquise de Champcenetz[10] ou de Cavanac[11] dont les titres superbes cachaient d'anciennes pensionnaires du serdeau de Versailles. Madame Vigée-Lebrun et Ducreux étaient les peintres quasi officiels de cette société élégante et mélangée. De fait, la Reine Marie-Antoinette, qui avait emprunté leur portraitiste attitrée aux plus belles libertines du règne, posait dans les mêmes tenues indécentes. Toutes ces femmes en chemise affolaient le public masculin et indignaient les vertueux.

A une époque difficile à préciser, Marie-Louise O'Murphy était devenue la maîtresse de Claude-Antoine Valdec de Lessart. Jeune maître des requêtes au Conseil du Roi, celui-ci avait été remarqué par Necker pour ses talents d'administrateur au moment de la liquidation de la Compagnie des Indes. Une fois devenu directeur général des finances, le banquier protestant avait placé ce brillant collaborateur à la tête d'un des importants bureaux de cette toute-puissante machine administrative. Necker parti, Calonne, contrôleur général en 1783, avait maintenu Valdec dans ses fonctions et l'avait même promu « intendant du département des municipalités, retenues et dépenses des villes, bourgs et communautés d'habitants[12] ». Ces fonctions financières auprès de ce que nous appellerions aujourd'hui les collectivités locales allaient être d'une très grande utilité pour celui-ci lorsque, à la faveur de la Révolution, il délaissa l'administration au profit d'une brillante carrière politique. Emporté par la disgrâce de Calonne, dépassé comme ses prédécesseurs par l'insondable déficit public, Valdec revint sur le devant de la scène avec le retour de Necker aux affaires au mois d'août 1788. Sa liaison avec Marie-Louise était à ce point de notoriété publique, à l'époque, que les agents de renseignement du Comité de salut public les soupçonnaient d'avoir contracté un mariage secret. Les deux amants vivaient d'ailleurs ensemble rue de la Grange-Batelière ou Faubourg-Poissonnière et Valdec servit même d'homme d'affaires à

Marie-Louise lorsqu'elle fit l'acquisition d'une magnifique propriété à Soisy-sous-Etiolles[13]. Les Migneaux ayant été vendus en 1785, il fallait à la veuve Lenormant une propriété bien à elle où elle pourrait passer la belle saison et recevoir dignement. Elle jeta son dévolu, mais ce n'est pas un hasard, sur la forêt de Sénart, à proximité de la propriété des Lenormant d'Etiolles qui avait abrité, quarante ans plus tôt, les débuts mondains de la future marquise de Pompadour. Le château de Soisy, avec ses quatre cent quatre-vingts arpents de terres labourables et de bois, formait une belle seigneurie, en bordure de Seine, qui donnait à la Morphise le droit de haute, moyenne et basse justice sur les habitants du village. Là encore, les dénonciations révolutionnaires insinuaient que « Lessart avait acheté et payé la propriété de Soisy ». Ce n'est pas tout à fait exact car Marie-Louise acquitta une partie du prix de cette terre avec « ses deniers personnels » et le reste à l'aide d'emprunts auprès de divers particuliers. En revanche, il est vrai que parmi les différents prêteurs, se trouvait un certain Jacques Delcro pour une somme de 14 000 livres. Ce Versaillais, avocat au parlement, dont le père et l'oncle appartenaient comme par hasard à la domesticité royale[14], était aussi le secrétaire particulier de Valdec de Lessart et ce prêt, qui ressemble bien à une donation déguisée ne fut, semble-t-il, jamais remboursé. Somme relativement modeste, il est vrai, au regard du prix global du château et des terres de Soisy qui s'élevait tout de même à près de 220 000 livres. Les deux amants menaient une vie fort libre où la fidélité n'était pas nécessairement de mise car, à la même époque, Valdec fréquentait assidûment une belle Anglaise venue des Indes qui recevait les hommages de ses admirateurs dans un adorable boudoir vert et rose de l'hôtel Harenc de Presle, rue du Sentier. Cette jeune femme, séparée d'un certain Monsieur Grand, ancien administrateur de la Compagnie des Indes, avait vu sa beauté exposée au salon de 1782 sous la signature de Madame Vigée-Lebrun. Valdec en était fou et assura, un temps, son fastueux train de vie[15] sans que Marie-Louise en prenne réellement ombrage. Il n'était d'ailleurs pas le seul, cette « belle Indienne », plus ou moins espionne, comptait de nombreux amants, dont Talleyrand qui finit par l'épouser, bien des années plus tard, sur ordre de Napoléon. Elle amusait beaucoup la société par ses bons mots plus ou moins involontaires ; ainsi lui arrivait-il d'excuser ses difficultés à comprendre les subtilités de la langue française en expliquant : « Je suis d'Inde. »

Ce joli monde ne fit pas mauvais accueil aux idées nouvelles et à la Révolution naissante ; un vent de liberté « à l'américaine » soufflait sur le Paris des beaux salons, l'emballement des événements ouvrait des perspectives et libérait des places à ceux qui avaient le talent de s'en saisir. La Cour perdait la main et c'est en ville que désormais les carrières se faisaient et se défaisaient. Au mois de septembre 1790, Necker quittait le gouvernement sous les huées un an à peine après avoir été accueilli en sauveur par l'opinion publique. Lambert, contrôleur général fantoche qui avait été placé par lui à ses côtés perdait aussitôt la confiance de l'Assemblée nationale. Il lui fallait un successeur et, le 30 novembre, Louis XVI « par la grâce de Dieu et par la loi constitutionnelle de l'Etat, roi des Français » nommait Valdec de Lessart. La joie et la fébrilité s'étaient emparées de la maison de Marie-Louise, où le nouveau ministre, restait malgré ses infidélités, un habitué. Pour la deuxième fois de sa vie, la Morphise bénéficiait des faveurs d'un contrôleur général des finances. Elle était déjà riche, elle allait, à n'en pas douter, le devenir immensément. Les puissantes relations politiques de la veuve Lenormant n'échappaient d'ailleurs pas aux multiples pamphlétaires qui, depuis 1788, jouissaient d'une totale liberté d'expression. Un libelle publié en 1790 pour dénoncer les turpitudes de Louis XV et les dépenses prodigieuses du Parc aux Cerfs égrenait les noms et qualités de toutes les maîtresses réelles ou supposées du feu Roi mais oubliait très opportunément les aventures d'une certaine demoiselle O'Murphy. La Bastille n'existait plus mais les nouveaux maîtres avaient à leur disposition des cachots garnis d'une paille toute patriotique. Il n'était pas conseillé de rappeler le passé aussi honteux que sensuellement monarchiste de la maîtresse d'un ministre du nouveau régime.

Au mois de janvier 1791, l'amant de Marie-Louise ajoutait le ministère de l'Intérieur au portefeuille des Finances. Il devenait une véritable puissance politique et comme beaucoup de jeunes ambitieux révélés par la Révolution, fut discrètement approché par la Cour qui cherchait à se gagner des amitiés sûres à l'intérieur du gouvernement. Ce fut la mission de la belle Madame de Saint-Brice, femme de chambre du petit Dauphin qui, malgré ses origines plébéiennes, avait fait la conquête de la Reine Marie-Antoinette et suivit la famille royale aux Tuileries. Valdec de Lessart, amateur de jolies femmes, tomba sous le charme et devint son amant mais jamais cette nouvelle maîtresse ne parvint à obtenir son soutien dans les multiples complots qui s'échafaudaient quotidiennement à la Cour[16]. Au moment où la famille royale faussa compagnie au peuple de Paris pour aller se faire arrêter par un maître de poste à Varennes, Valdec, que ses fonctions au ministère de l'Intérieur plaçait à un poste stratégique, appliqua à la lettre les ordres de l'Assemblée nationale et fit ramener les fugitifs vers leur destin. Cette fidélité à la nation accéléra sa carrière. La guerre menaçait, il fallait des hommes sûrs aux ministères clés. Au mois de septembre 1791, cette coqueluche des milieux monarchiens assurait l'intérim du ministère de la Marine et, quelques mois plus tard, porté par les Feuillants, il obtenait le ministère des Affaires étrangères. Pourtant, le basculement politique de la Révolution vers la gauche contraignait peu à peu les anciens libéraux de 1789 à occuper les bancs de la droite. Le triumvirat Barnave, Du Port, Lameth, partisans d'une monarchie limitée mais garante de l'ordre social, cherchait un compromis avec la

Cour pour maintenir le fragile équilibre de la Constitution de 1791. Le nouveau ministre des Affaires étrangères apparaissait comme leur créature et ses sympathies pour le clergé réfractaire n'étaient plus un secret pour personne. Les Jacobins regroupés, pour l'heure, autour du fameux Brissot, allaient lui en faire payer le prix. Le double langage politique de Louis XVI serait fatal à Valdec. En effet, une alliance objective entre les intérêts de la Cour et ceux des Jacobins poussait le pays vers le conflit, laissant les Feuillants et leurs amis du gouvernement dangereusement isolés. La famille royale croyait trouver son salut dans une guerre qui renverserait l'Assemblée, quand les Girondins, qui tenaient encore la majorité aux Jacobins souhaitaient en finir au plus vite avec la menace extérieure et pensaient, à juste titre, que celle-ci souderait la Révolution. Dès la fin du mois de décembre 1791, Brissot réclamait depuis la tribune de l'Assemblée « une croisade de liberté universelle ». Valdec de Lessart, suivant en cela les consignes du triumvirat, tentait de s'interposer ; il remporta même une victoire apparente en obtenant le renvoi de Narbonne, ministre de la Guerre, acquis depuis peu à la politique belliciste. La réaction des Girondins fut redoutable, Vergnaud se déchaînait contre les « conseillers pervers » du Roi et Brissot prononçait un réquisitoire en règle contre ce ministre des Affaires étrangères trop attaché à la paix pour être véritablement fidèle à l'Assemblée et à la Révolution. Le 10 mars 1792, Valdec de Lessart était arrêté et mis en accusation devant la Haute Cour créée par la Constitution pour « connaître de tous les crimes et délits dont le corps législatif s'était porté accusateur ». Dumouriez le remplaçait aussitôt. Epouvantés, la plupart des ministres feuillants donnèrent leur démission et cherchèrent à aller se faire oublier en province. Louis XVI appelait un gouvernement girondin et belliciste. Brissot triomphait, la guerre était imminente. Déclarée le 20 avril 1792, elle allait mettre le feu à l'Europe pour vingt ans.

Devant la dangereuse tournure prise par les événements, l'enthousiasme patriotique de Marie-Louise montrait des signes de faiblesse. Elle qui, dès l'aube de la Révolution, avait pris à son compte l'équipement complet de douze volontaires nationaux, s'engageant même à payer une rente de 600 livres aux parents de « ces braves défenseurs de la patrie », et acquis quelques biens nationaux comme tout un chacun, se montrait avec sa fille dans le salon très conservateur d'une belle créole, Madame d'Eprémesnil. Le mari de cette femme élégante, après avoir été l'un des piliers de la Révolution aristocratique de 1788 et avoir siégé sur les bancs de la noblesse aux Etats généraux, portait la cocarde noire en signe de ralliement à la Reine. C'est dans ce salon que fut mise au point la fameuse conspiration des chevaliers du poignard qui devait enlever le Roi des mains de la garde nationale. L'arrestation et la détention à Orléans de son ancien amant avaient très vivement frappé Marie-Louise ; le visage de la Révolution devenait grimaçant même si elle disposait encore de quelques appuis de ce côté-là. Son fils, Beaufranchet, tout comte d'Ayat qu'il fût, avait embrassé avec enthousiasme cette révolution qui le faisait lieutenant-colonel et bientôt général. Pour autant, la nervosité de la capitale l'inquiétait. Les échecs militaires du printemps avaient chauffé à blanc l'opinion publique. Dans les derniers salons encore ouverts de l'aristocratie parisienne circulait depuis le mois de juin une information alarmante : un soulèvement populaire plus ou moins orchestré était imminent. Il fallait quitter Paris au plus vite. Le 23 juin, Marie-Louise réalisait quelques biens immobiliers et vendait à son fils le château d'Ayat comme elle s'y était engagée lors de la signature de son contrat de mariage. Le 11 juillet, la proclamation de la « patrie en danger » révélait la gravité de la situation, le peuple de Paris était sous les armes. Il n'était plus question de s'éterniser. Quelques jours plus tard, l'élégante « diligence à l'anglaise » de Madame Lenormant, encombrée de bagages et dont les portes avaient été repeintes pour en masquer les armoiries, faisait route vers Le Havre. Là se regroupaient autour de Madame d'Eprémesnil et des Leduc de Bernières une petite société élégante qui fuyait Paris sans véritablement émigrer tout en restant prudemment à quelques encablures de l'Angleterre. La Morphise, accompagnée de ses petits-enfants et munie de solides lettres de change, était bien décidée à attendre confortablement, loin des tumultes parisiens, la libération de Valdec de Lessart. Ils aviseraient, ensemble, de la suite des événements. Les indicateurs de la police révolutionnaires ont même pris le soin de noter que les deux amants parvenaient à communiquer par l'intermédiaire de la citoyenne Bresta, ancienne femme de chambre de Marie-Louise qui aurait fait plusieurs allers et retours entre Orléans et Le Havre pour « porter de bouche des nouvelles de Lessart ».

Au mois de septembre, les premiers récits des massacres de Septembre glaçaient d'effroi la petite communauté aristocratique du Havre mais, pour Marie-Louise, le pire était à venir.

Valdec de Lessart et les suspects retenus à Orléans depuis plus de six mois devaient être ramenés à Paris pour être jugés, non plus par la Haute Cour mais par le Tribunal révolutionnaire de Paris. Les prisonniers sont alors confiés au sinistre Fournier, dit l'Américain, qui s'est déjà distingué lors de la prise de la Bastille et des journées d'Octobre. Ce dernier, au lieu de diriger son convoi vers le château de Saumur comme il en avait reçu initialement l'ordre, décide de rejoindre Paris où les massacres de prisonniers font rage. Deux envoyés de l'Assemblée nationale interceptent la caravane pour l'empêcher d'aller se jeter dans un Paris ivre de sang et la détournent sur Versailles. Une foule hostile venue assister à cette angoissante procession, invective les prisonniers aux cris de : « A bas les seigneurs ! A bas les seigneurs ! » Les coups succèdent rapidement aux injures et sur la route de Saint-Cyr, l'évêque de Mende,

Monseigneur de Castellane, frappé à la tête, s'écroule. Le duc de Brissac, facilement repérable par sa haute taille, est lui aussi pris à partie. La protection des gardes nationaux qui entourent les charrettes est de plus en plus molle. A Versailles, un attroupement s'est fait devant le château, des agitateurs venus de Paris préparent les esprits, des armes et du vin circulent. A midi, les prisonniers sont en vue. Hyacinthe Richaud, le maire de la ville, parfaitement conscient du danger qu'ils courent va tenter par tous les moyens de les protéger. Il propose de les faire enfermer derrière les grilles de l'ancienne ménagerie mais le gardien refuse d'ouvrir les portes. Sur la place d'Armes, l'arrivée du convoi est annoncée mais, après avoir longé la pièce d'eau des Suisses, au lieu de prendre à gauche par l'actuelle rue de l'Indépendance-Américaine, il s'engage lentement dans la rue de l'Orangerie, à quelques pas de ce Parc aux Cerfs où, quarante ans plus tôt, la petite Morfi attendait patiemment le bon vouloir de Louis XV. Prévenue de ce changement d'itinéraire, la populace en armes bien décidée à ne pas lâcher sa proie quitte aussitôt la place d'Armes pour aller à sa rencontre. Au carrefour des Quatre-Bornes, là où aujourd'hui encore, la rue de Satory croise celle de l'Orangerie, les charrettes sont immobilisées par la foule furieuse. Le départ de Fournier l'Américain et de ses gardes nationaux donne le signal du massacre. Pas un coup de feu ne sera tiré, tout se fera à l'arme blanche. Les prisonniers, mains liées derrière le dos, sont dans l'incapacité de se défendre. Certains témoins assurent pourtant avoir vu l'immense silhouette du duc de Brissac qui serait parvenu à se désentraver, se lever et se battre en faisant tournoyer autour de lui un bras de charrette. Il va pendant quelques minutes vendre chèrement sa peau d'aristocrate mais bientôt son propre sang l'aveugle, les coups se multiplient et le géant tombe. Aussitôt les lames d'acier entament son dépeçage. Les massacreurs, dont la plupart se sont fait la main à la prison de la Force quelques jours plus tôt, tranchent les gorges avec une application de boucher. Bientôt, les hurlements des suppliciés se taisent, la tête du duc de Brissac, dernier amant de la comtesse du Barry, se promène au bout d'une pique[17]. La fontaine des Quatre-Bornes est rouge de sang, les corps sont dépouillés et la rumeur parla même de scènes d'anthropophagie. Depuis la fenêtre de l'une des maisons du carrefour, un homme vient d'assister, impuissant et horrifié, à cette scène de cauchemar : c'est Delcro, le fidèle secrétaire de Valdec de Lessart. Ce Versaillais avait trouvé refuge depuis quelques semaines chez ses parents qui habitent justement rue de Satory[18]. La nuit venue, alors que la troupe des terroristes a repris le chemin de Paris, Delcro et son père sont descendus, une lanterne à la main, pour porter secours aux rares survivants du massacre. Dans l'obscurité, Joseph Delcro cherche le cadavre de son ancien maître, le trouve et le réclame aux fossoyeurs qui s'apprêtaient à aller le jeter à la fosse commune. Il approche sa lanterne et découvre le visage tuméfié de Valdec de Lessart dont le cœur bat encore. L'ancien ministre est bien vivant mais il a eu les deux poignets sectionnés d'un coup de hache et perd abondamment son sang[19]. Il est aussitôt transporté chez les parents Delcro et sera caché, dès le lendemain, dans une maison aux environs de Saint-Germain-en-Laye. Remis de ses blessures, il travaillera à sa défense avec l'aide de Giraud, un ancien greffier du parlement de Paris. Il meurt huit mois plus tard des suites d'une fièvre. Une fois son ancien protecteur en lieu sûr, Delcro quitte Versailles pour Le Havre où il arrive quatre jours plus tard, le 13 septembre, pour raconter à Marie-Louise pâle comme la mort les scènes atroces auxquelles il venait d'assister.

A cette première terreur, mélange redoutable de violence populaire archaïque, résurgence de très anciens rituels macabres et d'un habile conditionnement des foules, va bientôt succéder une autre terreur, moderne, organisée et rationnelle. Le couteau ébréché de l'équarisseur laisse la place au rasoir bien aiguisé de la machine philanthropique du bon docteur Guillotin et la mise en scène des exécutions publiques remplace la sauvagerie des massacres collectifs.

Pourtant, au cœur de la tourmente, l'administration française continue à fonctionner imperturbablement et, au mois de janvier 1793, quelques jours avant que Louis XVI ne monte sur l'échafaud, la veuve Lenormant, toujours réfugiée au Havre donne procuration à Jean-François Frémin, homme de loi à Paris pour qu'il puisse percevoir en son nom la fin du remboursement de la charge de trésorier du Marc d'or et de l'ordre du Saint-Esprit qui appartenait à son défunt mari. Elle renouvelle même l'opération près d'un an plus tard pour confier à ce même homme de confiance, la gestion de ses biens immobiliers. C'est toujours au Havre que Marie-Louise apprend, au mois d'août, la mort de sa sœur Marie-Brigitte à laquelle elle avait confié la garde de son château de Soisy[20]. Cette aînée de dix ans, que l'inspecteur Meusnier considérait, quarante ans plus tôt, comme le laideron de la famille, était restée vieille fille et ne quittait pas sa cadette. La vie s'obscurcissait tous les jours un peu plus. Quelques mois plus tard, une nouvelle autrement plus angoissante parvenait au Havre où Marguerite-Victoire avait rejoint sa mère. Son mari Jean-Didier Mesnard de Chouzy venait d'être arrêté le 12 septembre 1793 avec son domestique. Le Comité de sûreté générale lui reprochait sa présence aux Tuileries le 10 août. Jean-Didier, survivancier de son père dans sa charge auprès du Roi, ne faisait, ce jour-là, que remplir son service. Participa-t-il à la défense de la famille royale contre les émeutiers en faisant le coup de feu ? Il se garda bien de le dire à ses accusateurs mais, dénoncé par les domestiques de son père, il fut contraint d'avouer sa fuite du palais, déguisé en cuisinier grâce à un uniforme emprunté au frère de son valet de chambre qui travaillait aux communs du château. Laissant ses jeunes enfants à sa mère, Marguerite-Victoire se précipitait immédiatement à Paris, non pas, comme l'on aurait pu s'y attendre, pour tenter de sortir son mari de prison mais pour demander aussitôt le divorce comme la loi lui en donnait désormais le droit. Marie-Louise n'avait jamais apprécié ce gendre hautain et n'oubliait pas les trésors de diplomatie qu'il lui avait fallu déployer pour l'empêcher de se retourner contre elle dans le règlement de la succession de son mari, mais le problème n'était plus là. Il fallait maintenant couper tout lien avec une famille restée déraisonnablement royaliste. Quelques mois plus tard, son demi-frère, le général Beaufranchet demandera lui aussi la dissolution de son mariage, les Guyot de Mongran n'étant pas suffisamment patriotes. Pendant des mois, emprisonné à la prison de la Force et abandonné de sa femme, Jean-Didier abreuva le Comité de sûreté générale de mémoires en défense qui resteront lettres mortes. Très affaibli, au moral comme au physique, il tombe malade, crache le sang et supplie qu'on veuille bien le placer dans une maison de santé. Le 9 décembre, il est donc transféré à la maison de santé du citoyen Belhomme rue de Charonne au faubourg Saint-Antoine, et trois mois plus tard à Picpus. C'est tremblant de fièvre qu'il sera traîné devant le Tribunal révolutionnaire, le 17 mars 1794, pour être exécuté le lendemain avec son père.

Au Havre, la mère et la fille avaient beau donner le change, renier les Mesnard de Chouzy et graisser la patte des autorités locales, l'étau se resserrait autour d'elles. Un premier mandat d'arrêt délivré contre Marguerite-Victoire et Joseph Delcro était resté sans effet mais Marie-Louise venait d'être dénoncée comme émigrée par le régisseur de Soisy auquel elle avait refusé de vendre une partie de son domaine. Cet ancien militaire, chevalier de Saint-Louis, trouvait certainement des attraits au nouveau régime. Laisser sans réponse une accusation aussi grave, c'était risquer la confiscation. Suivant en cela l'exemple malheureux de la comtesse du Barry, Marie-Louise quittait aussitôt son refuge normand pour aller se jeter tête baissée dans la gueule du loup. Au mois de janvier 1794, alors que la

Terreur se renforçait après l'échec des « indulgents » et des amis de Danton, l'ancienne maîtresse de Louis XV rentrait dans son château. Le comité de Corbeil était moins féroce que celui de Paris mais il décida tout de même de placer la châtelaine de Soisy-sous-Etiolles en résidence surveillée. Certes, contrairement à ce que son accusateur affirmait, cette femme n'avait pas émigré. Elle s'était même acquittée scrupuleusement de toutes les contributions patriotiques exigées depuis 1789 mais elle revenait du Havre-Marat, véritable guêpier contre-révolutionnaire. Et certains l'avaient entendu dire là-bas qu'il était devenu dangereux de respirer. Ces propos étaient à eux seuls une insulte à la Révolution et aux représentants de la nation qui travaillaient jour et nuit à la sauvegarde et au bonheur de la patrie. La fortune de la veuve Lenormant aiguisait les appétits, même à Paris, et de vieilles histoires remontaient à la surface. Le ci-devant Louis XV ne l'avait-il pas couverte de diamants en la couchant dans son lit ? Le trésor de l'ordre du Saint-Esprit dont son défunt mari avait eu la garde ne dormait-il pas quelque part dans les caves de son hôtel de la rue Faubourg-Poissonnière ? Le château de Soisy n'était-il pas un don de Valdec de Lessart, ministre félon et ennemi de la Révolution ? Voilà bien des questions qui, si elles trouvaient une réponse positive, pouvaient justifier la confiscation de tous les biens de cette drôle de citoyenne au bénéfice de ceux qui auraient dénoncé ses turpitudes. Le 16 février de la même année, le Comité de sûreté générale lançait un mandat d'arrêt. Quelques jours plus tard, Marie-Louise était arrêtée et conduite à la prison de Sainte-Pélagie dont la comtesse de Barry n'était ressortie, quatre mois plus tôt, que pour être traduite devant le Tribunal révolutionnaire et guillotinée. Trois jours auparavant, le père de son gendre avait lui aussi était arrêté chez sa maîtresse, sur dénonciation du citoyen Pierrard, ancien limonadier de la rue de Grenelle qui l'accusait d'avoir dissimulé l'émigration de trois de ses enfants. Il était lui aussi conduit à Sainte-Pélagie. Venait ensuite le tour de Joseph Delcro, arrêté au Havre sur ordre du Comité. La police révolutionnaire ratissait large, une liste impressionnante de suspects dressée en vue de futures arrestations est restée jointe au dossier d'accusation de Marie-Louise. Elle ne compte pas moins de quinze noms parmi lesquels on retrouve le beau-frère et le neveu de Marie-Louise, les fameux Bourlier de Ballimore, différents hommes d'affaires ayant défendu ses intérêts et la plupart de ses domestiques, dont la citoyenne Bresta, fidèle femme de chambre. En face de la plupart d'entre eux, une plume rageuse a tracé la lettre « A » pour désigner les arrestations prioritaires.

Devant les dangers courus par sa mère et sa demi-sœur, Louis-Charles de Beaufranchet d'Ayat, devenu le général Beaufranchet-Dayat, intervint immédiatement. Bien que retiré à Soisy après le décret du 28 juillet 1793 qui interdisait à tout officier « cy-devant noble » d'exercer un commandement dans les armées de la République, le fils de la Morphise était un authentique héros de la Révolution. La lettre qu'il adressa le 14 mars à un vieil ami « citoyen représentant » et, semble-t-il, membre du Comité pour protester contre l'arrestation de sa mère et ses états de service sont sans équivoque. Non seulement Beaufranchet, alors maréchal de camp, a combattu les monarchies coalisées à Valmy aux côtés de Kellermann mais il a ensuite aidé à chasser de Strasbourg « l'aristocratie qui l'infectait ». Le 21 janvier 1793, il commandait la troupe chargée de surveiller l'exécution de Louis XVI en compagnie du destinataire de sa lettre auquel il rappelle : « J'ai passé la nuit du 20 au 21 janvier aux jacobins avec toi et en sortant, conduit le tyran à l'échafaud, tu le sais. » Certains témoignages affirment même que c'est lui et non Santerre qui aurait donné le signal du roulement de tambour destiné à couvrir les dernières paroles du Roi. Cet épisode prend évidemment une dimension toute particulière si, comme la police révolutionnaire le soupçonnait, le citoyen Beaufranchet était vraiment le fils de Louis XV. Etonnante revanche inconsciente que celle du fils bâtard sur l'héritier légitime de la lignée.

Deux mois, jour pour jour, après la mort de Louis XVI, le fils de Marie-Louise était nommé général de brigade et affecté à l'armée que l'Assemblée nationale envoyait au-devant de l'insurrection vendéenne. Le tout nouveau général se signalera dans cette guerre par son sens de l'organisation, sa présence d'esprit et son courage. Ainsi, au mois de mai, alors que la situation paraissait désespérée pour les « bleus » qui s'apprêtaient à abandonner Fontenay aux hommes de l'armée catholique et royale, le général Beaufranchet, avec pour seule troupe seize gendarmes à cheval, chargeait les insurgés dans les rues de la ville et empêchait la débâcle. Le 8 juin, il recevait pour cela les félicitations de la Convention. Dans la lettre destinée à sauver sa mère, le fils de Marie-Louise ne cachait d'ailleurs pas son admiration pour « les mouvements de terreur et d'énergie » que les représentants du peuple avaient donnés au gouvernement. La Terreur était salutaire mais elle n'avait aucune raison de s'appliquer à cette mère « vieille » et « infirme ». Il était difficile au Comité de sûreté général d'écarter d'un simple revers de main une telle caution révolutionnaire, surtout de la part d'un homme qui affirmait tenir sa mère pour « une bonne citoyenne » et à laquelle il avait même demandé de « continuer l'éducation républicaine » de ses enfants pendant qu'il combattait les ennemis de la patrie. Par ailleurs, un autre soldat veillait sur l'ancienne maîtresse de Louis XV, son neveu, le général Desaix que l'Assemblée avait maintenu dans son grade et qui avait toujours manifesté un faible pour sa cousine Marguerite-Victoire. Certes, en pleine dictature du Comité de salut public, la Révolution n'avait pas encore un sabre dans les reins mais il était difficile de faire monter sur l'échafaud la mère et la tante de deux grands soldats de la République.

A Sainte-Pélagie, le temps s'écoulait lentement. Les

compagnes de détention de Marie-Louise quittaient la prison les unes après les autres pour être présentées devant le Tribunal révolutionnaire dont le verdict ne faisait aucun doute. Un mois après son arrestation, Marie-Louise était transférée à la prison des Anglaises, faubourg Saint-Marcel, avec quatorze autres détenues parmi lesquelles se trouvaient Madame de Saint-Amarand, surnommée Sainte-Amaranthe, l'une des innombrables maîtresses du prince de Conti, et dont le salon avait été le plus fameux tripot des premiers temps de la Révolution[21], sa fille Rose mariée au fils de Sartine, l'ancien lieutenant général de police de Louis XV, Marie-Françoise de Beauharnais, parente de la future impératrice des Français ou encore la marquise de Mirabeau, mère du tribun. Le même jour, Didier Mesnard de Chouzy quittait lui aussi Sainte-Pélagie mais pour comparaître devant Fouquier-Tinville. En arrivant aux Anglaises, les prisonnières étaient enregistrées sur son grand in-folio par le greffier Ressoir, homme « d'un caractère borné, en qui cependant l'on n'a point reconnu de scélératesse » d'après les souvenirs d'un ancien détenu. Il en allait tout autrement du citoyen Bertrand, concierge tout-puissant de la maison. C'était un homme « d'environ quarante ans, les cheveux noirs et plats, pris en force, d'une figure sinistre, le bonnet rouge en tête, la moustache sous le nez, un pantalon d'étoffe brune râpée, un gilet de gros rouge sous la carmagnole brune, une chemise sale et ouverte du haut qui laissait apercevoir le touffu de son estomac, le langage choisi et répondant à l'ajustement[22] ». Hébertiste enragé puis robespierriste fervent, il s'amadouait vite à la vue de l'or. Dans les premiers temps, Marie-Louise et ses compagnes pensèrent avoir gagné au change. La circulation était libre à l'intérieur de cet ancien couvent de femmes et l'on pouvait même profiter du jardin et du potager jusqu'à la tombée du jour. Le soir, après que chacun eut dîné dans sa chambre, les prisonniers, en majorité des femmes, se retrouvaient dans l'ancien réfectoire autour de quelques tables à jeux pour entamer de longues parties de trictrac ou de vingt-et-un. « Le meilleur ton de la société, les égards réciproques, tout annonçait un séjour agréable » ; pourtant, le transfert de Marie-Louise et de plusieurs de ses compagnes à la prison des Anglaises n'avait rien d'un traitement de faveur. Il s'agissait là d'une manœuvre policière visant à créer des complicités factices en rapprochant des suspects contre lesquels les accusateurs du Tribunal révolutionnaire ne disposaient d'aucune preuve tangible. Ces manipulations étaient confiées à Dossonville, l'exécuteur des basses œuvres du Comité et agent secret de l'Angleterre qui veillait lui-même au tri et à l'appareillage des prisonnières. Il les faisait ensuite espionner par des agents infiltrés parmi les détenus qui se chargeaient de recueillir leurs confidences imprudentes pour se transformer, le temps venu, en témoins à charge devant l'accusateur public. Ainsi, à peine arrivées aux Anglaises où elles se croyaient en sécurité, les prisonnières étaient-elles prises en main par un certain Guillaume Armand, agent de Dossonville, qui s'employait à les faire parler. Tous les trois jours, les hommes du Comité de sûreté général et du Comité de salut public venaient s'entretenir avec lui. Armand suggérait ensuite à certains prisonniers de « dénoncer de grandes conspirations » en désignant « qui l'on voulait » car cela suffisait, selon lui, à gagner la confiance du Comité. La situation ne tarda pas à se détériorer, le souvenir des massacres de Septembre étaient dans tous les esprits, surtout celui de Marie-Louise hanté par les terrifiants récits de Delcro. Au début du mois de mai, une troupe en arme fit irruption dans la cour de l'ancien cloître. Chacun reçut l'ordre de gagner sa chambre. Tous croyaient leur dernière heure venue quand des citoyens de la garde, plus humains que d'autres, chuchotèrent : « Bijoux, assignats. » Le message fut immédiatement compris et donna le signal d'une ruée vers les cachettes. L'une plongeait ses bijoux dans le seau d'aisances, l'autre dissimulait ses billets sous le siège qu'elle tendait à l'inspecteur du Comité. Précautions qui n'empêchèrent pas la saisie de plus de 70 000 livres[23]. Pour cette fois, la peur avait été pire que le mal mais le sort de plusieurs des compagnes de Marie-Louise était déjà joué et elles n'en savaient rien. Quelques jours avant leur transfert, Saint-Just était monté à la tribune pour fustiger les complices de Danton qui donnaient des « repas à cent écus par tête » et parmi lesquels il avait dénoncé « l'infâme Sainte-Amaranthe » et « le fils du ministre Sartine gendre de la Sainte-Amaranthe », agents d'une formidable « conspiration de l'étranger ». Il n'en fallait pas davantage pour être condamné car les mots de Saint-Just tuaient alors plus sûrement qu'un coup de pistolet. Ces accusations terribles finirent par pénétrer à l'intérieur de la prison où l'angoisse était à son comble. Madame de Sainte-Amarand ne se faisait plus d'illusion ; sûre d'être arrêtée, elle espérait que l'on épargnerait ses enfants. Un témoin raconte : « Chaque bruit de voiture était un coup de poignard, ce ne fut que le troisième jour à onze heures du soir que l'on vint les chercher. Les victimes étaient couchées. Nous étions encore plusieurs dans la cour du cloître. Nous apercevons un guichetier qui va les faire lever, nous nous approchons : quel spectacle ! Les enfants se voyant compris dans le même acte d'accusation que leur mère, se jettent à leur cou :

« — Ah maman, que nous sommes contents, nous allons mourir avec toi !

« Malgré la barbarie du guichetier Bignon, nous recevons leurs derniers embrassements[24]. » Et toujours selon le même témoin, Guillaume Armand qui, quelques jours plus tard, allait accabler les accusés, les embrassait à les étouffer. Marie-Louise voyait partir non seulement Jeanne de Saint-Amarand et ses enfants mais encore son amie, Madame d'Eprémesnil qui était, elle aussi, enfermée aux Anglaises, et Madame Babin de Grandmaison, maîtresse du baron de Batz, affairiste douteux et agent royaliste, arrêtée le même jour qu'elle et transférée elle aussi aux Anglaises. Trois jours plus tôt, dans un rapport lu et approuvé par la Convention, Elie Lacoste, député à la Convention et membre du Comité de sûreté générale avait déjà condamné les accusées. A l'aide de faux témoignages et par le jeu des amalgames, il avait lié entre elles plus de cinquante personnes pour former un vaste complot de l'étranger. Le procès du 19 prairial fut une farce sinistre, — les accusés n'ayant plus droit à une défense depuis que la loi du 22 prairial[25] avait jugé qu'il était inutile d'être défendu devant le Tribunal révolutionnaire —, ils furent tous condamnés à mort. L'exécution, une des plus spectaculaires de la Terreur, eut lieu le jour même avec une mise en scène particulièrement soignée, les condamnés devant porter la chemise rouge des parricides pour avoir menacé la vie des « pères du peuple ». Madame de Sainte-Amarand fut prise de malaise après l'exécution de son fils de seize ans, on la traîna donc inconsciente sur l'échafaud. Puis ce fut le tour de Madame d'Eprémesnil. Parmi les nombreux chefs d'accusation dont elles étaient accablées, ces femmes s'étaient vu, entre autres, reprocher leurs liens avec Valdec de Lessart et Delcro, désignés comme de dangereux agents de l'étranger. Selon toute logique, Marie-Louise, maîtresse du premier et amie du second, aurait donc dû se trouver à leurs côtés dans l'une des huit charrettes qui conduisaient les victimes vers la guillotine dressée place du Trône Renversé. Pourtant, son nom ne fut jamais inscrit sur les listes de suspects. Eut-elle l'intelligence de se taire quand ses imprudentes compagnes de détention parlaient à tort et à travers ? Ce n'est pas impossible. Marie-Louise n'était pas l'une de ces petites aristocrates à la tête légère qui se croyaient encore dans un salon quand elles étaient déjà dans l'antichambre de la mort. Le fait est que jamais la veuve Lenormant, malgré son lourd passé et ses amitiés compromettantes, ne comparut devant le Tribunal révolutionnaire. Les amis terroristes de son fils veillèrent sur elle. Les jours qui précédèrent le 9-Termidor, la rumeur d'une nouvelle émotion populaire se répandit dans la prison. « Nous savions qu'il se préparait une attaque », écrit le citoyen Foignet qui partageait sa captivité avec Marie-Louise et chacun s'attendait à « être élargi ou expédié ». Un matin, le concierge de la prison disparu, les informations les plus contradictoires parvenaient déformées et amplifées à travers les murs du vieux cloître. Les prisonniers se couchèrent dans l'angoisse mais, en pleine nuit, vers deux heures du matin, ils furent réveillés par un cri repris dans la rue de bouche en bouche : « Il s'est tué. » Robespierre n'était que blessé, la mâchoire fracassée d'un coup de pistolet mais la Révolution thermidorienne était en marche. Elle devait permettre aux terroristes les plus compromis de faire porter la responsabilité de leurs exactions au seul Robespierre, aux conventionnels de retrouver le sommeil et à la vie de reprendre ses droits.

Dès le lendemain, les « autorités constituées » et les habitants de Soisy-Marat, « vivement affectés par la détention de la veuve Lenormant leur concitoyenne » réclamaient « avec insistance » au Comité de sûreté général la libération de leur châtelaine. La pétition ne craignait pas d'affirmer que « la citoyenne veuve Lenormant ainsi que son mari n'avaient jamais appartenu à la caste ci-devant privilégiée » et précisait que ni elle ni ses enfants n'avaient jamais quitté le territoire de la République pour émigrer. Un membre du Comité de surveillance de la commune était aussitôt dépêché à Paris pour obtenir cette libération. Deux jours plus tard, Marie-Louise, après cinq mois d'une détention éprouvante, quittait sa prison. La peur avait été terrible car un mois à peine après sa libération, celle qui avait partagé le lit de Louis XV et de l'abbé Terray tentait de couper tous les liens, même financiers, qui pouvaient la relier au souvenir de l'ancienne monarchie. Le 13 septembre, le procureur habituel de Marie-Louise, venait déposer devant Robin, notaire à Paris et successeur de Duclos du Fresnoy, un acte de notoriété par lequel « les citoyens François Laforge menuisier et Nicolas Cossul terrassier demeurant à Soisy-Marat » assuraient connaître la citoyenne Marie-Louise Morfy « depuis nombre d'années » et pouvaient affirmer que son véritable nom n'était pas « Murphy, Morphy, Ô Murphy ou autrement » mais bien Morfi comme en attestaient son acte de baptême et celui de sa sœur Marie-Brigitte. La signification politique de cette déclaration est, cette fois-ci, limpide : en abandonnant l'usage du patronyme O'Murphy dans sa forme irlandaise, Marie-Louise renonçait à toute prétention nobiliaire et cherchait à faire oublier les efforts généalogiques déployés dès les débuts de sa faveur, dans les années 1753-1754, pour rattacher sa famille à l'aristocratie jacobite. Elle faisait bien car ce soupçon de noblesse n'avait pas échappé aux enquêteurs du Comité qui notaient au moment de son incarcération : « La Lenormant s'est fait faire un arbre généalogique qui vient d'Irlande où elle s'appelle Ô Murphy et sa sœur qui est à Soisy s'appelle de Boisfailly. » Le renversement de la dictature du Comité de salut public avait, certes, ralenti les exécutions mais il n'était pas encore question de faire étalage de quartiers de noblesse, aussi hypothétiques soient-ils. Après avoir abandonné son nom, Marie-Louise abandonnait ses rentes. Le lendemain de cette déclaration, le même procureur se présentait chez le même notaire pour faire enregistrer la copie d'un acte passé à Corbeil, une semaine plus tôt, par lequel la veuve Lenormant se désistait de l'usufruit d'une maison qui lui avait été léguée par feu l'abbé Terray. Par la même occasion, elle renonçait à la pension viagère de 12 000 livres qui lui avait été attribuée sur le Trésor royal le 11 mai 1783 et pour laquelle elle avait été dénoncée dans le fameux livre rouge des pensions de la Cour. Marie-Louise préférait encore la vie à l'argent. Ce sacrifice momentané n'avait d'ailleurs rien de démesuré car ces revenus étant perçus en assignats, la veuve Lenormant renonçait, en réalité, à de la monnaie de singe.

Après avoir échappé aux prisons de la Terreur, retrouvé son fils et son beau château de Soisy-sous-Etiolles, Marie-Louise O'Murphy aurait pu dételer. Il n'en fut rien. Moins d'un an après sa libération, elle se mariait pour la troisième fois avec « Louis-Philippe Dumont, représentant du peuple français à la Convention nationale ». Il n'est pas surprenant que la Morphise ait montré pendant toute cette période un sens aigu de l'adaptation. En revanche, il est plus étonnant, même à cette époque, de voir une femme de cinquante-huit ans convoler avec un homme de trente ans plus jeune qu'elle. Par galanterie, l'officier d'état civil qui donne l'âge du marié, né en 1765, omettra soigneusement de préciser celui de la nouvelle mariée. Les raisons de cette union sont difficiles à établir. Au plus fort de la Terreur, lorsque la guillotine fonctionnait à plein régime, de tels mariages s'expliquaient aisément, une riche veuve compromise par son passé aristocratique pouvait offrir sa fortune à un jeune député de la nation en échange de sa protection. Protection toute relative, d'ailleurs, car les luttes intestines décimaient les rangs de la représentation nationale avec autant de rage que ceux de l'ancienne cour royale. Peut-être faut-il voir dans ce mariage surprenant un geste de panique devant les journées insurrectionnelles du printemps 1795. Pendant quelques semaines, en effet, les sans-culottes que la Convention thermidorienne n'avait pas tous désarmés se soulevèrent. Comme aux beaux jours des grandes émeutes révolutionnaires, la salle de la Convention fut assiégée par les piques et même occupée pendant quelques heures. La tête d'un député thermidorien fut promenée sous les yeux de ses collègues, le spectre du 10 Août resurgissait. Le mariage avec Dumont avait eu lieu dans ce contexte particulièrement troublé. A cette date, la Révolution terroriste pouvait recommencer. En épousant un conventionnel, Marie-Louise avait peut-être tout simplement cherché à éloigner ses cauchemars. Louis-Philippe Dumont, originaire du Calvados, n'a pas laissé de traces particulières dans l'histoire de la Convention, il incarne à la perfection cette bourgeoisie rurale qui sera la grande gagnante de la Révolution française et qui, repue de biens nationaux, applaudira Bonaparte. Fils de cultivateur aisé, ce petit avocat de Vire prend fait et cause pour la Révolution. Engagé volontaire en 1791, il est élu à la Convention aux côtés de son ami Doulcet de Pontécoulant qu'il sauve des purges de 1793 et qui lui sert de témoin à son mariage. Constitutionnel modéré, Dumont se range du côté des Girondins, ne vote pas la mort du Roi et sait se faire oublier pendant la Terreur. Ce n'est qu'au moment de son mariage avec l'ancienne maîtresse de Louis XV qu'il se déchaînera à la tribune de l'Assemblée contre les Chouans, qui venaient d'égorger sous les yeux de sa famille Pierre Bosnière, aubergiste de Vassy près de Vire et père de l'un de ses amis d'enfance. En échange de sa protection politique, la veuve Lenormant s'engageait en tout cas à assurer le train de vie de son jeune mari et garantissait même son avenir. De ce point de vue, les termes du contrat de mariage sont éclairants. Certes, la nouvelle Madame Dumont conservait la libre gestion de ses biens mais il était convenu que « les loyers, les dépenses de ménage seront supportées par la future épouse seule et sur ses biens » et si elle venait à mourir avant son mari, ce qui était probable, celui-ci conservait l'usufruit de la moitié de ses biens et 20 000 livres « à titre de gain de survie ». Cette clause revenait à repousser fort loin l'héritage des propres enfants de la mariée qui avaient le même âge que Dumont, mais ce mariage ne dura pas plus longtemps que la Révolution elle-même. Marie-Louise quittait son mari deux ans plus tard. Au moment de leur divorce, prononcé le 26 frimaire de l'an VII, les époux ne vivaient déjà plus ensemble.

L'argent, encore une fois, avait dû être au cœur de cette union car les quelques éléments de la carrière de Louis-Philippe Dumont qui nous sont parvenus ne le font pas apparaître comme un homme particulièrement désintéressé. Receveur des contributions directes du Calvados, l'ancien représentant du peuple sera contraint d'abandonner son poste à la suite de malversations trop visibles. Il obtint néanmoins de devenir payeur de l'armée du Portugal grâce à la protection indéfectible de son ami Pontécoulant qui lui devait la vie[26]. Dumont avait su se ménager de solides amitiés dans les milieux d'Ancien Régime.

Marie-Louise O'Murphy, rompue aux arcanes financières de l'Ancien Régime, avait initié son jeune mari à la pratique des affaires publiques, servant ainsi de relais entre deux univers politiques que tout opposait en apparence mais qui poursuivaient un seul et même but, s'enrichir.

Le retour du clan

Quelques mois à peine après la fin de la Terreur, le 22 novembre 1794, Marguerite-Victoire, femme divorcée de Jean-Didier Mesnard de Chouzy, à qui la guillotine avait opportunément donné le statut de veuve éplorée, se mariait dans la plus grande discrétion avec un certain Charles-François-Constant Lenormant, négociant au Havre. Les deux époux portaient le même patronyme, mais ce n'était pas la seule curiosité de leur union. L'homme qu'épousait, ce jour-là, la fille de Marie-Louise O'Murphy, ancienne pensionnaire du Parc aux Cerfs, n'était autre que le fils de Charles-Guillaume Lenormant d'Etiolles, l'encombrant mari de la marquise de Pompadour. L'histoire a souvent été racontée, Charles-François de Tournehem, père putatif de la petite Jeanne-Antoinette Poisson, avait marié, dès 1741, sa fille bâtarde avec son propre neveu de façon à pouvoir lui léguer tout à la fois son nom et sa fortune[27]. Quelques années plus tard, le jeune mari dut céder sa place à Louis XV. Il le fit de très mauvaise grâce mais trouva des consolations auprès d'une très jeune danseuse de l'Opéra, la petite Raime, elle-même fille bâtarde d'une dame de petite vertu. De cette union qui prit rapidement l'allure d'une liaison durable, presque conjugale, naquirent plusieurs enfants illégitimes que l'on affubla d'une identité de fantaisie mais qui furent élevés par leur mère. La mort prématurée de la marquise de Pompadour, le 14 mars 1764, changea bien évidemment la situation sociale du couple. Les deux amants se marièrent dès le mois de janvier suivant et deux ans plus tard, le 2 juin 1762, naissait Constant[28], le seul fils du couple à pouvoir porter officiellement le nom de son père. C'est ce fils que Marguerite-Victoire Lenormant, fille adultérine de Louis XV et de Marie-Louise O'Murphy, épousait au Havre, à la fin du mois de novembre 1794. Ainsi, en pleine Révolution, au lendemain même de la Terreur, ce mariage réalisait l'ambition secrète de la marquise de Pompadour en alliant son nom, celui des Lenormant d'Etiolles, avec le sang, même bâtard, des Bourbons. C'est en tout cas l'intention que lui prêtèrent les pseudo-*Mémoires de Madame du Hausset* et bien des témoins du temps.

Ce mariage ne devait, bien sûr, rien au hasard, même s'il avait été facilité par des circonstances aussi tragiques qu'exceptionnelles. Il était le fruit d'une alliance très ancienne. Depuis le jour où, à peine âgée de quinze ans, elle avait été remarquée et sélectionnée par les rabatteurs de la marquise de Pompadour pour satisfaire le goût du Roi, Marie-Louise O'Murphy était devenue une créature du clan Lenormant-Poisson. Tout au long de sa vie, cette nébuleuse familiale, sociale et politique l'avait encerclée, suivie et protégée.

Dans les dernières années de l'Ancien Régime, Marie-Louise O'Murphy et son second mari fréquentaient le même monde que les Lenormant d'Etiolles, celui de la haute finance parisienne qui maniait, à son profit, les deniers publics. Ainsi croise-t-on souvent les mêmes noms dans les affaires des uns et des autres. La veuve Larrard, par exemple, qui plaçait ses fonds chez Lenormant d'Etiolles investissait aussi des sommes énormes dans les affaires des Lenormant de Flaghac. Enfin, tout ce petit monde vivait dans une étroite proximité géographique. Charles-Guillaume Lenormant d'Etiolles possédait un magnifique hôtel particulier rue de la Grange-Batelière, où l'on verra parfois Marie-Louise résider. Mais surtout, après son mariage avec Marie-Anne Raime, il s'installa rue du Sentier, dans une très belle maison acquise en 1762[29]. Dans les années 1780, les époux Lenormant d'Etiolles s'étaient même portés acquéreurs d'une autre maison située dans la même rue, en face de leur hôtel, et qui disposait d'une autre entrée rue Saint-Fiacre. C'est précisément dans cet immeuble que vivait un certain Valdec de Lessart, qui occupait un superbe appartement avec dépendance pour lequel il acquittait l'énorme loyer de 4 000 livres[30]. Sa mère, la veuve Valdec logeait en face dans l'hôtel Lenormant d'Etiolles[31]. C'est là que Marie-Louise viendra le rejoindre lorsqu'elle devra abandonner l'hôtel du Faubourg-Poissonnière à sa fille nouvellement mariée à Mesnard de Chouzy. Ces multiples cohabitations révélent une réelle familiarité de Marie-Louise avec la famille Lenormant d'Etiolles. Les voisinages ne se limitaient d'ailleurs pas à Paris et l'achat aux Choiseul, par Marie-Louise O'Murphy, du château de Soisy-sous-Etiolles, propriété mitoyenne du fief familial des Lenormant, ne relevait pas, là encore, de la simple coïncidence. La terre d'Etiolles et ses deux châteaux, la « Grande Maison » et le « Château Neuf », entièrement reconstruit par Tournehem dans les années 1730, étaient dans la famille Lenormant depuis 1684. La mise en vente du château de Soisy-sous-Etiolles, que Tournehem avaient déjà dépouillé d'une partie de ses droits féodaux pour les rattacher à Etiolles, n'avait pas pu échapper aux Lenormant et c'est donc par leur intermédiaire que Marie-Louise O'Murphy fut informée de la vente du domaine. Les deux familles qui portaient le même nom ne manquèrent pas de voisiner, les deux propriétés n'étant séparées que par une belle route forestière. Les choses allèrent même bien au-delà du simple voisinage.

En effet, le mariage de Marguerite-Victoire avec Constant au cœur de la tourmente révolutionnaire n'était pas un mariage arrangé, ou plus exactement, s'il avait été prémédité par Marie-Louise, c'était de longue date, car il venait en fait officialiser une relation adultère beaucoup plus ancienne. Constant, qui, se faisait appeler de Tournehem comme son grand-oncle, avait été l'amant de Marguerite-Victoire bien avant de pouvoir en devenir le mari. On les trouve déjà réunis, au Havre en 1792, où Constant s'installait avec Marguerite-Victoire et sa mère dès le mois d'octobre, sous prétexte de monter une maison de commerce. La chose était d'ailleurs, à l'époque de notoriété publique, car les deux amants furent toujours compris dans les mêmes mandats d'arrêt de la période révolutionnaire. L'un d'entre eux désigne même Marguerite-Victoire, comtesse de Chouzy, comme « la maîtresse de cy-devant baron de Tournehem ». Leurs vies étaient donc déjà étroitement liées bien avant l'incarcération de Jean-Didier Mesnard de Chouzy, au mois de septembre 1793, et l'on comprend mieux la rapidité avec laquelle sa femme exigea le divorce dès le lendemain de cette arrestation. Les tribulations du couple illégitime dans les prisons ont pu être reconstituées. Constant est arrêté une première fois le 17 mars 1794 et conduit à la prison des Anglaises où il retrouvait la mère de sa jeune maîtresse, Marie-Louise O'Murphy qui venait d'y être transférée. Quelques jours plus tard, il était rejoint par son père, Charles-Guillaume, dénoncé à son tour comme complice des émigrés. Sa fille, la sœur de Constant, était passée en Espagne pour y rejoindre son mari, le comte de Liniers. Ensuite vint le tour de Marie-Anne, sa mère, arrêtée et emprisonnée elle aussi aux Anglaises. Le clan Pompadour-Lenormant se retrouvait donc emprisonné au grand complet, ou presque, dans l'ancien couvent des bénédictines anglaises de la rue de l'Oursine. La Révolution recomposait en prison le « petit groupe » familial de l'ancienne favorite. Les fantômes de Louis XV et de la marquise de Pompadour hantaient les lieux et le risque était grand de voir ce passé déjà lointain menacer dangereusement l'avenir.

Pourtant, la famille sortit indemne de la Terreur. Marie-Louise O'Murphy fut, on l'a dit, la première à quitter sa prison. Constant, lui, était mis en liberté le 4 septembre, il quittait Paris aussitôt pour rejoindre Le Havre où il rassemblait les documents et peut-être bien l'argent destinés à libérer sa maîtresse, toujours détenue. En effet, deux semaines plus tard, Constant chargeait la femme de son associé havrais d'aller, munie des pièces nécessaires, obtenir la libération de Marguerite-Victoire. Ces documents devaient être particulièrement convaincants car la jeune femme était libérée le 27 septembre. Le 30, les deux femmes partaient, elles aussi, pour Le Havre, mais les retrouvailles furent de courte durée. Trois jours seulement avant la suppression des comités de surveillance, une nouvelle dénonciation venait menacer le bonheur du couple. Le citoyen Leduc, ancien homme de confiance de Constant, qui avait poursuivi sa carrière comme concierge du Tribunal révolutionnaire, accusait son ancien maître d'avoir participé à la défense du château des Tuileries lors de la journée du 10 août 1792 comme « officier dans la garde dudit Roi ». Selon sa déposition, qui a été conservée, le ci-devant baron de Tournehem lui aurait même confié à plusieurs occasions que « dans ce jour mémorable il avait tué pour sa part cinq à six patriotes ». Pour faire bonne mesure et « suivre l'impulsion de sa conscience », le délateur ajoutait même que profitant de ses activités maritimes au Havre, Constant avait aussi « facilité l'émigration du ci-devant prince Joseph de Monaco ». Interpelés, Télémaque et Fleury, les « ci-devant valets de chambre » du baron de Tournehem, ne purent que confirmer son absence dans la nuit du 9 au 10 août 1792. Un an plus tôt, de telles accusations auraient suffi à envoyer toute la famille Lenormant d'Etiolles à l'échafaud mais en quelques semaines, les Thermidoriens avaient heureusement démonté, un à un, les rouages de la machine infernale. Décrété d'arrestation le 28 septembre, Constant ne sera emprisonné à la Force qu'un mois plus tard. Entre-temps ses parents, Charles-Guillaume et Marie-Anne Lenormant d'Etiolles, quittaient la maison de santé de Picpus où ils avaient été transférés pour être libérés le 16 octobre 1794. Le ci-devant baron de Tournehem, lui, était de nouveau libre le 7 novembre, le Comité de sûreté générale ayant estimé que « les pièces nouvellement produites par ce citoyen depuis la dénonciation faite contre lui le 4 vendémiaire » suffisaient à le disculper.

Six jours plus tard, Constant et Marguerite-Victoire signaient un contrat de mariage. Pour ne pas attirer l'attention, ils s'étaient installés à Saint-Denis, à l'opposé d'Etiolles et de Soisy où le passé conjugal de la fiancée était trop bien connu. Ils étaient donc provisoirement domiciliés à la Maison du Nord, rue de la Boulangerie où le contrat fut signé en présence des parents de Constant et de Marie-Louise O'Murphy, mère de la mariée. Pour brouiller davantage les pistes, le mariage civil eut lieu au Havre. Malgré la difficulté des temps, les Lenormant d'Etiolles apportaient à leur fils 400 000 livres et la dot de Marguerite-Victoire était estimée à 200 000 livres auxquels venaient s'ajouter ses droits sur la succession de son premier mari. L'histoire familiale des époux présentait d'étranges similitudes. Ils avaient presque exactement le même âge et partageaient l'un et l'autre des origines troubles. Leurs mères respectives n'étaient pas des vertus et le nom qu'ils portaient, comme leur existence même, restait étroitement lié à la vie privée de Louis XV. Une fois marié à son ancienne maîtresse, Constant assuma aussitôt la tutelle des deux enfants qu'elle avait eu de Mesnard de Chouzy et dont le dernier, Alfred-Louis, né en 1792, ressemblait étonnamment à son tuteur.

Autant Marie-Louise appréciait peu son premier gendre, autant elle paraît avoir entretenu les meilleures relations du monde avec le second auquel elle demanda de bien vouloir être le témoin de son propre mariage avec le conventionnel Dumont.

Peu à peu, les choses rentraient dans l'ordre. En 1795, les Lenormant, rayés de la liste des suspects, retrouvaient leur château d'Etiolles. Louis-Philippe Dumont avait permis de faire accélérer les procédures. A près de soixante ans, la petite créature de la marquise de Pompadour savait donc encore se montrer utile au clan. Un an plus tard, « les citoyens Lenormant, père et fils, de la section de Brutus, longtemps détenus dans les cachots de Robespierre et délivrés par les efforts de la Révolution du 9-Thermidor » recevaient l'autorisation du ministre de la Police générale de retirer des mains du gardien des archives du Comité de sûreté générale, le contenu de leur dossier judiciaire. Les mauvais souvenirs s'éloignaient mais rien ne serait plus tout à fait comme avant. La grande inflation des années 1790 avait anéanti les rentes sur l'Etat qui constituaient le cœur de la fortune des Lenormant et de Marie-Louise. Ainsi, très paradoxalement, le choc économique de la Révolution avait ruiné la grande bourgeoisie d'argent et même cette aristocratie financière qui avait accueilli favorablement les événements de 1789 alors que la vieille noblesse terrienne gardait son patrimoine intact quand elle ne l'avait pas discrètement arrondi aux dépens des biens du clergé. Le château d'Etiolles, avec ses vingt appartements d'invités comprenant chacun une chambre, une garde-robe, un cabinet de toilette et une chambre de domestique, son immense salle à manger où cinquante personnes pouvaient prendre place à table et ses enfilades de salons, était devenu le vestige d'une époque où la « petite Etiolles », future marquise de Pompadour, menait déjà là une véritable vie de cour. Ce temps était bel et bien révolu et ne reviendrait vraisemblablement jamais. Les dépenses d'entretien de cette immense bâtisse représentaient désormais une trop lourde charge. En août 1797, Charles-Guillaume vendait le château et son parc, se réservant néanmoins le domaine exploitable. Etiolles vendu, Marie-Louise ne voyait plus d'intérêt à garder son château de Soisy. Preuve que cette propriété avait bien été acquise dans le but de se rapprocher de la famille Lenormant d'Etiolles, elle fut vendue, elle aussi, le 7 décembre 1798. Le château avait encore fière allure et la propriété, avec ses cent quatre-vingts hectares d'un seul tenant, trouva vite acquéreur chez ces nouveaux riches que les fournitures aux armées avaient fait naître par bataillons entiers. Signe des temps, elle sera acquise, trois ans plus tard, par le général Lecourbe. La noblesse d'Empire remplaçait les financiers d'Ancien Régime. Alors que le château d'Etiolles s'était assez mal vendu, Marie-Louise, comme à son habitude, réalisa une excellente affaire. Le prix fut fixé à 190 000 francs[32], soit une perte minime par rapport à la valeur initiale du domaine, dix ans plus tôt. La transaction aurait pu se révéler moins avantageuse car les événements politiques et la formidable quantité de terre jetée sur le marché depuis la vente des biens nationaux avaient durablement tassé les prix. Marie-Louise, qui n'avait pas encore versé à son fils les cent mille livres qu'elle lui avait promis lors de son contrat de mariage, les rentes de Louis XV ayant fondu elles aussi comme neige au soleil, retint cette somme sur le prix de vente. Les acheteurs s'engageaient à la verser intégralement à Louis-Charles de Beaufranchet d'Ayat, à la mort de sa mère. En attendant, Marie-Louise toucherait une rente de cinq mille francs par an. L'affaire était excellente car la rente était supérieure au revenu du domaine qui, à cause des troubles, n'était loué que 4 000 francs, et elle allait, de plus, être versée pendant seize ans, portant le montant réel de la transaction à 270 000 francs. La Morphise n'avait pas perdu le sens des affaires. A peine le domaine de Soisy était-il vendu qu'elle achetait une jolie maison de campagne à Chantecocq, près de Puteaux, non loin des Migneaux où elle avait connu sa splendeur, pour passer la belle saison à la campagne. A Paris, Marie-Louise s'était installée chez ses enfants, rue du Sentier, mais refusait catégoriquement de payer un loyer, au prétexte que son gendre restait son débiteur. Soucieuse de son indépendance et de son confort de vie, Marie-Louise quittait assez vite cette maison pour aller vivre, avec ses domestiques, dans un bel appartement de la rue du Faubourg-Saint-Honoré[33] où elle continuait à mener une vie mondaine active. Marie-Louise disposait d'une garde-robe impressionnante. Son inventaire après décès, ne comptabilisera pas moins de onze redingotes et presque autant de robes dont les étoffes, « levantine jaune », « taffetas bleu », violet ou cramoisi, « mousseline de soie », « basin », « crêpe » ou encore « percale », évoquent les élégances transparentes de l'Empire. Napoléon régnant, l'ancienne maîtresse de Louis XV gardait bon pied bon œil, courait toujours Paris, mais elle appartenait à l'autre siècle, incarnant une époque et un régime qui semblaient condamnés par l'Histoire. Son fils, quant à lui, était devenu un soutien indéfectible de l'Empire. Louis-Charles de Beaufranchet d'Ayat d'ailleurs avait non seulement retrouvé son titre et ses deux particules, mais il devait au souvenir de son cousin, le général Desaix, d'avoir été protégé par Bonaparte lorsqu'il était Premier Consul. Dans une lettre adressée à titre confidentiel au ministre de la Guerre, Cambacérès écrivait à propos de Beaufranchet, « le Premier Consul m'a dit qu'il s'intéressait à lui ». Cette protection ne lui sera jamais retirée. Charles-Louis sera fait député du Puy-de-Dôme en 1805 puis inspecteur des haras impériaux en 1810. Fils présumé de Louis XV, auquel il devait l'essentiel de sa fortune, Beaufranchet, après avoir servi fidèlement la République, était donc devenu un bonapartiste convaincu. Il avait d'ailleurs marié sa fille, Victoire, à un baron d'Empire, le maréchal de camp Terreyre. Son beau-frère, quant à lui, restait fidèle à l'ancienne monarchie et n'avait pas tardé, après la mort de son père, à reprendre les nom et titre de baron de Tournehem[34]. La Restauration saura le remercier de cette fidélité, le temps venu.

Au mois de mai 1806, Marie-Louise, qui s'était toujours plainte de sa santé mais qui allait tout de même enterrer son propre fils, tomba sérieusement malade. La peur de la mort lui fit ajouter à son testament un codicille olographe qu'elle plaçait très curieusement sous l'invocation de « l'Etre Suprême ». Cette absence totale de référence chrétienne et l'utilisation d'un vocabulaire cher aux philosophes déistes du XVIIIe siècle, à une époque où pourtant le concordat avait rétabli la religion catholique dans tous ses droits, éclaire un aspect jusque-là inconnu de la personnalité et de la culture de Marie-Louise O'Murphy. L'ancienne pensionnaire du Parc aux Cerfs était tout simplement voltairienne, comme la Pompadour et ses amis encyclopédistes. La Révolution, malgré ses excès et le parfait ridicule du culte à la déesse Raison, n'avait pas suffi à lui révéler, comme à tant d'autres, le « Génie du christianisme ». La « petite Morfi » restait imperturbablement fidèle aux Lumières de son siècle. Il est même très vraisemblable que cette fille d'Irlandais fut initiée dès sa jeunesse aux rites maçonniques, importés en France par l'émigration jacobite dont elle était issue et à laquelle son père Daniel avait très certainement appartenu. Le reste du testament montre une femme attentive à ses serviteurs mais consciente de la baisse de son niveau de vie[35]. Soucieuse d'assurer la retraite d'un cocher, qui avait perdu la vue à son service, elle lui avait précédemment constitué une jolie rente que « la diminution considérable de sa fortune » l'obligeait à réduire à 300 francs par an.

Marie-Louise se releva de sa maladie mais l'alerte avait été suffisamment sérieuse pour qu'elle décide de régler ses affaires, au mieux de ses intérêts en jouant un dernier tour aux héritiers de l'abbé Terray. Contrairement à l'acte de désistement qu'elle avait signé devant notaire, au lendemain de la Terreur, pour couper tout lien financier avec l'Ancien Régime, Marie-Louise n'avait pas du tout renoncé à l'usufruit que lui avait légué l'abbé Terray et continuait à toucher régulièrement les revenus de la maison rue Notre-Dame-des-Champs. Certes, le loyer, là encore, n'était plus ce qu'il était à la veille de la Révolution mais il se montait tout de même à 3 000 francs. L'hôtel, lui, était en piteux état car jamais l'usufruitière n'avait jugé bon de faire la moindre dépense d'entretien sur un bien qui ne lui appartenait pas. Aussi eut-elle l'idée de jouer sur son grand âge et ses revers de fortune, tout relatifs cependant, pour proposer aux héritiers de l'abbé de racheter l'usufruit d'une maison dont elle avait perçu les revenus pendant plus de trente ans ! Ils acceptèrent et, le 9 mai 1808, les neveux de l'abbé Terray ainsi que sa nièce, la très pudibonde Aglaé d'Harcourt, se retrouvaient chez maître Robin, successeur de Duclos du Fresnoy, en face de la maîtresse de leur oncle, ministre du Roi Louis XV et abbé commandataire. Le siècle qui commençait était moins tolérant que le précédent pour les faiblesses de la chair et l'on évita de poser la moindre question sur l'origine, déjà lointaine, de cette étrange donation. Les héritiers Terray payèrent sans sourciller 10 000 francs comptant, plus une rente viagère de 1 200 francs pour récupérer un bien qu'ils acceptaient dans « l'état où il se trouve ». Marie-Louise toujours pimpante malgré sa maladie et son âge devait s'amuser de la mine embarrassée que lui présentait Aglaé d'Harcourt dont la rigueur morale tournait déjà à la maniaquerie[36]. Néanmoins tout fut exécuté selon les règles de la plus extrême courtoisie et c'est à l'ancienne maîtresse royale que maître Robin présenta l'acte pour qu'elle signe la première, les paraphes des héritiers Terray ne venant qu'à sa suite. Madame Lenormant avait été aimée du Roi Louis XV, cela se chuchotait à défaut de se savoir, et à ce titre elle rayonnait encore d'un peu de prestige de l'ancienne monarchie.

Des événements tragiques assombrirent les dernières

années d'une trop vieille dame dont le siècle s'éloignait inexorablement. En 1809, son petit-fils, Alexandre de Beaufranchet, tombait en Espagne. En 1812, c'était le tour de son fils Louis-Charles ; cet enfant qui, n'ayant jamais connu de père, vouait à sa mère une véritable dévotion sans qu'il apparaisse vraiment que cette piété filiale ait été payée de retour. La Morphise préférait sa fille qu'elle avantagea toujours et chez laquelle elle finit par se retirer, cette même année, alors que ses forces, peu à peu, l'abandonnaient. Dans un ultime testament olographe, écrit d'une main toujours aussi assurée et daté du 28 novembre 1813, Marie-Louise O'Murphy manifestait l'intention que sa fille Marguerite-Victoire recueille après sa mort tout ce qui lui resterait. Elle ne manquait pas de lui recommander une nouvelle fois ses domestiques et confirmait la clause de son testament précédent établie en faveur de son cocher aveugle. L'instinct de vie chevillé au corps, Marie-Louise survécut encore plus d'un an à ses dernières volontés.

Épilogue

Marie-Louise O'Murphy meurt le 11 décembre 1814 à deux heures et demie de l'après midi dans la chambre qu'elle occupait chez sa fille la baronne de Tournehem, 34, rue Laffitte. L'ancienne maîtresse de Louis XV au Parc aux Cerfs immortalisée par François Boucher, couchée nue sur un sofa rocaille, s'était éteinte dans un décor balzacien ou dominait l'acajou et le « style Empire ». Seules concessions à l'époque de sa splendeur, la chaise de repos en bois de merisier couverte de drap vert qui ne l'avait jamais quittée et un petit semainier en bois de rose, garni de ses cuivres dorés, souvenir de son château des Migneaux. Dans un placard d'alcôve, bien dissimulés, se cachaient même quelques « romans amoureux », derniers souvenirs d'un passé libertin. Le jour même, à la demande de la baronne Terreyre, sa petite-fille, les scellés furent apposés sur la porte de la chambre de Marie-Louise O'Murphy par Dufresne, juge de paix de l'arrondissement.

Dès le lendemain, son gendre, Constant Lenormant d'Etiolles, baron de Tournehem, accompagné du neveu de la défunte, Ange-François Bourlier de Ballimore dont la mère avait fait, soixante ans plus tôt, les délices de l'Opéra-Comique, venait déclarer le décès à la mairie du deuxième arrondissement[1]. Désignée comme Marie-Louise Morfy de Boisfailly, sa belle-mère serait donc enterrée sous le nom que lui avait donné Louis XV et dont elle avait si souvent cherché à se débarrasser. Ses trois mariages étaient également rappelés et chacun de ses maris retrouvaient ses noms et titres sous la plume d'un officier d'état civil soucieux de respecter les titulatures d'un régime qui venait de ressusciter. Marie-Louise avait été « épouse en premières noces de haut et puissant seigneur Jacques de Beaufranchet, chevalier, seigneur d'Ayat, en secondes noces de Messire François-Nicolas Lenormant, seigneur de Flaghac, maître d'hôtel ordinaire de Monseigneur le comte d'Artois, trésorier de l'ordre du Saint-Esprit » et enfin, car il était difficile de le passer sous silence, « épouse divorcée de Philippe Dumont, ancien député de la Convention nationale du département du Calvados ». La situation matrimoniale de la défunte résumait, à elle seule, un demi-siècle de l'histoire du pays.

La messe d'enterrement eut lieu à Saint-Roch et la cérémonie fut sans faste particulier, il n'en coûta que 1 200 francs avec la livrée de deuil des domestiques.

Un mois plus tard, après avoir vérifié l'état des scellés confiés à la garde de la fidèle Rose Thomas, son ancienne femme de chambre, maître Robin, notaire lointain successeur de Patu, assisté de Jean-Nicolas Lacoste, commissaire-priseur, procéda à l'inventaire des biens de Marie-Louise O'Murphy. En inspectant la chambre, il découvrit dans un des tiroirs de son secrétaire d'acajou, une « petite boîte de forme ronde en or » et un « étui en or guilloché de forme très ancienne », que la vieille dame conservait précieuse ment alors qu'elle avait donné ou vendu, depuis bien longtemps, ses somptueux bijoux. Ces objets de prix devaient avoir aussi une grande valeur sentimentale, car on les retrouve encore dans l'inventaire de sa fille Marguerite-Victoire, bien des années plus tard. Après un premier rendez-vous, Louis XV avait pour habitude de remercier la femme qui sortait de son lit en lui faisant porter par Lebel une tabatière et un étui en or contenant un rouleau de louis...

Vaulaville, juillet 2004 – Versailles, mars 2006.

Notes

Prologue

1. La version la plus célèbre et la plus achevée du tableau de François Boucher connue sous le nom de *L'Odalisque blonde*, portant la date de 1752 est conservée à la Alte Pinakothek de Munich. Une autre version, légèrement différente, datée quant à elle de l'année précédente se trouve elle aussi en Allemagne au Wallraf-Richartz Museum de Cologne.

2. *L'Odalisque brune* peinte en 1743 ou 1745 est exposée au Louvre. Ici c'est la femme du peintre qui, selon Diderot, aurait servi de modèle.

3. Jacques de Saint-Victor a pourtant tenté courageusement un renouvellement du genre avec *Madame du Barry, « un nom de scandale »*, Paris, 2002.

4. Jean Nicolle, *Madame de Pompadour et la société de son temps*, Paris, 1980. Etude généalogique de grande qualité mais à utiliser néanmoins avec prudence car les erreurs de références, et parfois de dates, abondent. C'est à partir de ces quelques pages que D. Sprott a écrit son curieux roman, *Notre-Dame des Pommes-de-Terre*, traduit de l'anglais par F. Vidal, Paris, 1997.

5. Yves Durand, *Les Fermiers généraux au* XVIIIe *siècle*, Paris, 1996, et bien sûr Daniel Dessert, *Argent, pouvoir et société au Grand Siècle*, Paris, 1984.

6. En 1744, le Roi qui est alors en campagne tombe brutalement malade à Metz. La Cour et l'armée le croient parvenu à la dernière extrémité, l'évêque de Soissons et le père Pérusseau son confesseur profitent alors du désarroi psychologique de Louis XV pour le contraindre à renvoyer sa maîtresse, la duchesse de Châteauroux, et à faire publiquement amende honorable. Rétabli, le Roi n'oubliera jamais cette humiliation publique.

1. « PUTAIN PAR FAMILLE ET PAR ÉTAT »

1. Personnage assez trouble, Meusnier disparaît en 1757 dans des conditions obscures. On le donne pour mort mais son corps ne fut jamais retrouvé. Et pour cause, huit ans plus tard il réapparaît à Hambourg sous le nom de Meusnier de Précourt comme « aide-major des arquebusiers de France » aux ordres de Catherine II de Russie. Il était chargé de recruter des colons allemands pour peupler la colonie russe de Saratow. Sa conduite ne devait pas être irréprochable car il sera arrêté sur ordre de l'impératrice. On perd ensuite sa trace.

2. Cité par Arlette Farge et Jacques Revel, *Logiques de la foule. L'affaire des enlèvements d'enfants, Paris 1750,* Paris, 1988, p. 52.

3. Célèbre mère maquerelle.

4. Sade, *Aline et Valcour* (1788-1795), Paris, 1971, t. II, p. 188. Cité par Erica-Marie Benabou, p. 161-162.

5. La *Bastille dévoilée ou Recueil de pièces authentiques pour servir à son histoire*, 1789-1790, 3 vol.

6. *Journal et Mémoires du marquis d'Argenson*, publié pour la Société de l'Histoire de France par E.J.B. Rathery, Paris 1859-1867, t. VII, p. 440 et 441. Désormais nous renverrons simplement à Argenson.

7. Les sœurs Morfi n'apparaissent pas dans la distribution de ce spectacle publié à Paris en 1748. On y trouve en revanche le Durancy, la Danctaire, la Jacmont, la Chantilli et la petite Evrard, belle comme l'Amour qu'elle était chargée de représenter.

8. Tel est le terme qui désigne, alors, les maquerelles.

9. Voir Alain Corbin, *Les Filles de noce, misère sexuelle et prostitution aux XIXe et XXe siècles*, Paris, 1978.

10. Voir Daniel Roche, *La Culture des apparences. Une histoire du vêtement XVIIe-XVIIIe siècle*, Paris, 1989.

11. C'est le nom que l'on donne aux amants qui vivent aux dépens de celui qui paie.

12. Daniel Roche, *La France des Lumières*, Paris, 1993, p. 154.

13. Ce jeu de cartes faisait fureur dans toute l'Europe du XVIIIe siècle. Le pharaon se joue entre un banquier et un nombre illimité de pontes qui peuvent effectuer leurs prises à droite et à gauche. Puis le banquier retourne ses cartes, de droite à gauche alternativement, la carte la plus forte faisant gagner le côté où elle est posée ; le banquier double les mises de ce côté, tandis qu'il ramasse les mises du côté opposé. Retournant à droite et à gauche, des cartes de valeur égale, il emporte les enjeux des deux côtés.

14. Argenson, t. VII, p. 440-441.

15. Les notes de Meusnier étant postérieures de quatre à cinq semaines aux indiscrétions du Journal d'Argenson, elles ne peuvent pas avoir été utilisées par l'ancien ministre, comme certains l'affirment.

16. In *Journal historique et anecdotique du règne de Louis XV*, édité

par A. de Villegille, Paris 1847-1856, t. III, p. 453. Désormais nous renverrons à Barbier.

17. René Rouault de la Vigne, « Les sœurs Morphy de Rouen à Paris et Versailles », in *Revue des Sociétés savantes de Haute-Normandie*, 1958, n° 11, p. 45 à 54.

18. D'après les calculs de Guy Chaussinand-Nogaret, « De l'exil religieux aux affaires : les jacobites au XVIIIe siècle », in *Annales, Economies, Sociétés, Civilisations*, sept.-oct. 1973, 28e année, n° 5, p. 1097-1122.

19. Dossier cité par F. Ravaisson, *Archives de la Bastille, documents inédits*, t. XIV (1736-1737), p. 405-407.

20. Né à Saint-Germain-en-Laye en 1699, mort à Montpellier en 1761, il appartient à une des familles jacobites les plus distinguées qui donnera son nom à l'un des régiments irlandais de l'armée française jusqu'à la disparition du dernier vicomte de Clare en 1774.

21. Quinze ans plus tard, en 1745, la France en conflit avec l'Angleterre et soucieuse d'ouvrir un deuxième front financera en secret le débarquement en Ecosse de Charles-Edouard, le fils de Jacques III. L'opération se soldera par un échec cuisant après la défaite de Culloden. Désastre militaire qui marque l'asservissement de l'Ecosse et la fin du rêve politique des Stuarts.

22. Argenson, t. VIII, p. 13.

23. Jacques Casanova de Seingalt, *Histoire de ma vie*, édition présentée et établie par Francis Lacassin, Paris, 1993, t. I, vol. 3, chap. VII, p. 551. Désormais nous renverrons à Casanova.

24. Un autre inspecteur était chargé de la surveillance des étrangers. Il semble que le cas de Casanova ait très vite été considéré comme étant du ressort de la discipline des mœurs.

25. Les Balletti habitaient l'hôtel d'Urfé, situé à l'emplacement de l'actuel n° 20 de la rue Dussoubs dans le IIe arrondissement de Paris. Si l'on en croit cette indication topographique, Victoire habitait la belle maison Louis XV, en vis-à-vis de l'ancien hôtel d'Urfé, qui porte aujourd'hui le n° 15 de la rue Dussoubs.

26. Aujourd'hui rue Greneta dans le IIe arrondissement de Paris. La maison abritera au XIXe siècle, le fameux *Rocher de Cancale*.

27. Aujourd'hui rue Tiquetonne dans le IIe arrondissement de Paris.

28. Claude-Pierre Patu, avocat au parlement de Paris (1729-1757), connaîtra après sa rencontre avec Casanova une petite gloire littéraire, traducteur du théâtre anglais, auteur avec Portelance d'une comédie en un acte, *Les Adieux au goût*, jouée à la Comédie-Française, en 1754, il sera reçu aimablement par Voltaire.

29. Casanova, t. I, vol. 3, chap. VIII, p. 573. Patu meurt en fait, poitrinaire, au retour de son voyage en Italie.

30. Casanova, coutumier de ce genre de comptabilité, indique « on payait six francs pour déjeuner avec une fille, douze francs pour y dîner, un louis pour souper et coucher ». Pour la conversion monétaire voir « question d'argent », p. 289.

31. J.-C. Nemeitz, *Séjour de Paris, c'est-à-dire instructions fidèles pour les voiageurs de condition, comment ils se doivent conduire s'ils veulent faire un bon usage de leur tems et argent durant leur séjour à Paris*, chez J. Van Abcoude, Leyde, 1726, p. 170 à 175.

32. La foire occupait à peu près l'emplacement de l'actuelle gare de l'Est.

33. Concurrencée par la foire Saint-Ovide et la foire Sainte-Claire installées respectivement place Vendôme et devant l'entrée de l'abbaye de Saint-Victor, vidée de sa substance par les spectacles permanents autorisés à se tenir sur les boulevards, la foire ferma ses portes en 1762.

34. J. Monnet, *Supplément au roman comique ou Mémoires pour servir à la vie de Jean Monnet*, Londres (Paris), 1772, p. 166-167.

35. Casanova paya les frais de couches, fit mettre le nourrisson aux Enfants trouvés et déplaça ses malles de quelques mètres pour aller s'installer à l'hôtel de Bourgogne situé lui aussi rue Mauconseil.

36. Le père du mémorialiste occupa les fonctions de lieutenant général de police.

37. Isabelle Martin, *Le Théâtre de la foire. Des tréteaux aux boulevards*, Voltaire Foundation, Oxford, 2002.

38. Champeron prend une participation de 14 000 livres dans la nouvelle direction de l'Opéra-Comique en 1757. Voir Isabelle Martin, *op. cit.*, p.45.

39. Rappelons que le principal protecteur de Victoire était le fils d'un receveur général des finances. Ces officiers étaient chargés de collecter, dans chaque généralité, les produits du domaine royal et les impositions directes. Il étaient quarante-huit et leur fortune rivalisait avec celle des fermiers généraux. Comme eux ils avançaient à l'Etat le produit de l'impôt moyennant intérêt. Ils incarnent le monde de la très haute finance.

40. Désigne une prostituée dans l'argot parisien du temps.

41. Casanova, t. I, vol. 3, chap. XI, p. 620.

42. Née le 22 octobre 1737, Marie-Louise va très exactement sur ses quinze ans au début de l'automne 1752.

2. Battue royale

1. Argenson, t. VII, p. 408 et 409.

2. Cité par Gillette Ziegler in *Les Coulisses de Versailles, Louis XV et sa cour.*

3. Argenson, t. VII, p. 436.

4. Maurice Lever, *Louis XV libertin malgré lui*, Paris, 2001. Cet ouvrage n'est en fait que la reprise hâtive du vieil ouvrage d'Eugène Pelletan, *Décadence de la monarchie,* Paris, 1861.

5. Lettre inédite de Louis XV au maréchal de Richelieu, bibliothèque Victor-Cousin, fonds Richelieu, ms.67. Cité par Evelyne Lever in *Madame de Pompadour*, Paris, 2000, p. 379. Il faut noter que Louis XV

pense ici au maréchal plus qu'à lui-même. Il semble que le vieux libertin, il vient effectivement de passer le cap de la cinquantaine, ait « manqué un coup ». Le Roi s'en amuse beaucoup et lui prodigue ses conseils.

6. Argenson, t. VII, p. 440-441.

7. Barbier, t. III, p. 123.

8. L'anecdote est démentie par Michel Antoine dans son *Louis XV*, mais l'auteur n'apporte aucun élément qui permette de souscrire à sa démonstration.

9. En l'absence d'un système bancaire digne de ce nom, seuls les notaires peuvent « lever » les fonds nécessaires à tout investissement capitalistique d'envergure.

10. Voir les travaux de Frédéric Garrigues et notamment, « Trois mille bouches à nourrir », in « Versailles, le pouvoir de la pierre », *Les Collections de l'Histoire*, n° 2, juin 1998, p. 92-95.

11. Casanova, *op. cit.*, p. 620.

12. Argenson, t. IX, p. 342, 16 novembre 1756.

13. François-Gabriel Bachelier (1684-1754), premier valet de chambre, gouverneur du vieux Louvre et concierge du château de Saint-Germain-en-Laye.

14. Dufort de Cheverny, *op. cit.*, p. 99, 144 et 272.

15. B. Saule, *Versailles triomphant, une journée de Louis XIV*, Paris, 1996, p.182 et suivantes. Le service du Roi Louis XV était strictement identique à celui de son aïeul, à cette différence que depuis 1738 Louis XV ne dormait plus dans la « Chambre du Roi » qui occupe le centre du château mais dans la chambre à coucher plus confortable qui commande l'entrée de ses cabinets intérieurs depuis la salle du Conseil, agrandie en 1755 aux dépens du cabinet des perruques, et où il se retirait après la cérémonie du grand coucher.

16. Barbier, t. III, p. 459.

17. L'expression est d'Alain Corbin.

18. Nom que l'on donne dans la littérature érotique du temps à un fort astringent dont les meilleures mères maquerelles auraient le secret. Selon Louis-Sébastien Mercier, les filles du peuple usent plus simplement du vinaigre du père Maille.

19. Erica-Marie Benabou, *op. cit.*, p. 340.

20. Restif de la Bretonne donne la définition suivante de cette pratique sexuelle, « gamahucher, c'est faire avec la langue et la bouche l'office du membre viril ou du vagin ».

21. Erica-Marie Benabou, *op. cit.*, p. 392.

22. Né en 1696, le duc de Richelieu n'avait alors que cinquante-six ans.

23. *Souvenirs du marquis de Valfons*, Paris, 2003, p. 290-291.

24. Barbier, t. III, p. 459.

25. Les termes « livre » et « franc » s'emploient indistinctement.

26. Casanova, t. I, vol. 3, chap. IX, p. 590.

27. La charge avait déjà été occupée par son oncle Antoine de 1718 à

1743. Je dois, là encore, ces informations précieuses aux travaux encore inédits de William. R. Newton.

28. Casanova, t. I, vol. 3, chap. XI, p. 621 et 622.

29. Anne de Romans (1737-1808), exacte contemporaine de Mademoiselle O'Murphy fut une autre « petite maîtresse » célèbre de Louis XV auquel elle fut présentée en 1759. Casanova prétendra également avoir été à l'origine du destin de cette jeune Grenobloise. Elle aura un fils du Roi en 1762, le futur abbé de Bourbon, mais sera disgraciée en décembre 1765. Les frères Goncourt lui ont consacré un de leurs portraits intimes du XVIIIe siècle.

30. Nicolas Desmarets (1648-1721), neveu de Colbert et contrôleur des finances à partir de 1708, permettra à la France de soutenir son effort de guerre malgré une situation économique et financière catastrophique. Il sera renvoyé par le Régent en 1715.

31. Voir la biographie de Claude-Pierre Patu in *Anecdotes dramatiques*, Paris, 1775, t. I, p. 381.

32. Le *Dictionnaire portatif, historique et littéraire des théâtres contenant l'origine des différents théâtres de Paris*, à Paris, 1763, de M. de Leris, donne bien Patu comme le « *neuve d'un notaire de Paris* », p. 652.

33. *L'Histoire de Madame la marquise de Pompadour*, traduit de l'anglais, à Londres, 1759. Ouvrage attribué à Marianne Agnès de Faulques. Une notice manuscrite insérée dans l'exemplaire de la Bibliothèque municipale de Versailles indique : « Ce livre ayant été traduit du français en anglais, et d'abord imprimé en Hollande, le comte d'Affri, ministre de France, acheta l'édition par ordre du Roi pour la détruire. Ce qui n'a pas empêché quelques exemplaires d'échapper à l'autodafé. »

34. *Mémoires historiques et anecdotes de la Cour de France pendant la faveur de Madame de Pompadour*. Ouvrage conservé dans les portefeuilles de la Maréchale d'E***, Paris, 1802.

35. Comme toutes les vies privées et autres Mémoires apocryphes publiés dans le dernier quart du XVIIIe siècle et dans les premières années du XIXe siècle, l'œuvre de Soulavie trouve en partie sa source dans le flot de libelles et de pamphlets qui dénoncent le comportement de Louis XV à partir des années 1740. Voir R. Darnton, « Mlle Bonafon et *La Vie privée de Louis XV* », in *Dix-huitième siècle*, n° 35, 2003, p. 368-391.

36. *L'Histoire de Madame la marquise de Pompadour*..., *op. cit.*, p. 91.

37. *Tanastès*, publié sous le manteau en 1745.

38. R. Darnton, *op. cit.*

39. Argenson, t. VII, p. 436.

40. Lit fait pour être parallèle au mur. Il comporte deux chevets égaux et n'a pas de dossier.

41. L'inventaire après décès de Madame de Pompadour publié par Cordey en 1938 comporte deux « *couchettes à la turque* » de ce genre. La sculpture très caractéristique qui orne la traverse du lit, reproduite avec précision par le peintre permet d'attribuer avec quasi-certitude la fabri-

cation de ce meuble à Nicolas Heurtaut maître sculpteur puis menuisier exerçant à Paris de 1742 à 1771.

42. Seule la position de la tête diffère entre le tableau de Boucher et la description de Casanova.

43. Jouer avec un nœud a un double sens évident pour les libertins du XVIIIe siècle. Il suffit de se reporter au célèbre portrait de Louise-Anne de Bourbon dite Mademoiselle de Charolais par Natoire conservé au château de Versailles où la princesse, connue pour sa nymphomanie, travestie en mère abbesse, tient dans ses mains un nœud de bonne taille.

44. C'est Alastair Laing qui rédigea la notice consacrée à *L'Odalisque blonde* dans le catalogue de l'exposition Boucher. Cette hypothèse fragile a été reprise sans sourciller par Pierre Rosenberg dans la notice qu'il consacre à ce même tableau dans le catalogue de la récente exposition, *Poussin, Watteau, Chardin, David... Peintures françaises dans les collections allemandes XVIIe-XVIIIe siècles*, Paris, 2005, p. 314.

45. Argenson, t. VII, p. 436, 439, 440 et 441.

46. Argenson, t. VII, p. 408.

47. En fait Trusson.

48. Il semble qu'elle ait été bordelaise, mais l'ancien ministre ne regarde pas à ces détails.

49. Argenson, t. VII, p. 456.

50. Argenson, t. VIII, p. 13.

51. Ces contradictions du Journal d'Argenson avaient déjà été relevées il y a plus d'un siècle. Voir E. Welvert, « Etude critique de quelques textes relatifs à la vie secrète de Louis XV », in *Revue historique*, t. XXXV, 1887, pp. 292-303.

52. Il s'agit de Jean-Baptiste-Marie Pierre (1724-1789) peintre protégé par la marquise et Marigny. Il travailla à la décoration du château de Ménars. Pierre était connu pour rendre « par leur fraîcheur et leur élasticité tout le charme du nu féminin ».

53. *Correspondance des Directeurs de l'Académie de France à Rome avec les Surintendants des Bâtiments*, publiée par M.A. de Montaiglon et Jules Guiffrey, Paris, 1887-1912, t. X, 1900, pp. 438-439. Cité par Alastair Laing *a contrario* de sa démonstration. Il est vrai que, dans son portrait de la petite Morfi, Boucher joue sur les contrastes en exposant la carnation du jeune modèle sur des draps blancs en désordre.

54. A l'emplacement de l'actuelle pyramide de Peï.

55. L'hôtel construit dans les années 1660 est disposé en U autour d'une cour carrée.

56. C'est à un échange de vues avec Alden Rand Gordon, spécialiste incontesté du marquis de Marigny et professeur d'histoire de l'art au Trinity College de Hartford dans le Connecticut que je dois la précision de ces informations sur l'hôtel dit de la Direction des Bâtiments rue Saint-Thomas-du-Louvres. Qu'il en soit ici vivement remercié.

57. Faire mettre une femme entièrement nue avant une relation

sexuelle était considéré, même dans les bordels parisiens, comme une grave dépravation.

58. *Catalogue des différents objets de curiosités dans les sciences et arts qui composaient le Cabinet de feu M. le Marquis De Menars...* etc., son hôtel, place des Victoires (Basan et Joullain), 1782. Cité par Alastair Laing.

59. Ainsi qu'aux dimensions du tableau de Boucher conservé à Munich, soit 73 cm sur 59 cm.

60. Comte de Kaunitz-Rittberg, « Mémoires sur la cour de France en 1752 », publié par le vicomte du Dresnay, in *Revue de Paris*, 11e année, vol. 4, p. 453. Cité par E. Lever.

61. Duc de Croÿ, *Journal inédit*, introduction, notes et index par le vicomte de Grouchy et Paul Cottin, Paris, 1906-1907, p.197. Cette mention date des premiers jours d'avril 1753 et il ne fait pas de doute dans la suite du journal que le duc de Croÿ parle de Marie-Louise O'Murphy. Alastair Laing passe sous silence ce témoignage pourtant primordial.

62. Cité par G. Capon, *Les Petites Maisons galantes de Paris au XVIIIe siècle, Folies, Maisons de plaisance et Vide-Bouteille, d'après des documents inédits et de rapports de police*, Paris, 1902.

63. Ainsi François-Hubert Drouais est l'auteur du seul portrait connu de Mademoiselle de Romans.

64. J.-F. Marmontel, *Mémoires*, publiées par J.-P. Guicciardi et G. Thierrat, Paris, 1999, p. 205.

65. *Histoire de Madame la marquise de Pompadour*, *op. cit.*, p. 93.

66. La propriété est offerte par Louis XV à sa maîtresse en 1746.

67. T.W. Gaehtgens et J. Lugand, *Joseph-Marie Vien. Peintre du roi* (1716-1809), Paris, 1988, pp. 304-305.

68. AN : MC ét/XXIII/649, inventaire du 4 février 1763. Je remercie Madame Chantal Rézig de cette découverte.

69. Alastair Laing, *op. cit.*, p. 259. Il ne s'agit pas selon l'auteur du tableau vendu deux ans plus tôt, à la mort de Vandières.

70. Ici encore, je dois à Wiliam Ritchey Newton l'identification de ce personnage.

71. Le cabinet de Monsieur de Billy contenait aussi une miniature du tableau de Boucher par Charlier.

72. Pierre de Nolhac reconnaissait Marie-Louise O'Murphy dans les célèbres compositions aujourd'hui conservées à la Wallace Collection, *Le Lever* et *Le coucher du soleil*, in *Boucher, Premier peintre du Roi*, Paris, 1925. Il est certain que certaines nymphes représentées dans ces deux tableaux exécutées à la même époque ressemblent étrangement au modèle de *L'Odalisque blonde*.

73. Ainsi, la Lafosse dénonce-t-elle à Meusnier un certain Gautier qui aurait placé dans un couvent une fille vierge destinée à un président de la Chambre des comptes. Erica-Marie Benabou, *op. cit.*, p. 169.

74. Nom donné aux petites voitures de louage qui menaient à Versailles. L'expression est du marquis d'Argenson.

75. Moufle d'Angerville, *Vie privée de Louis XV*, 1781, t. III, pp. 16 et 17.

76. François Boucher avait déjà, quelques années plus tôt, adressé la même demande à Lenormant de Tournehem, dans une supplique en vers troussée par l'ami Piron, mais en vain.

77. Nolhac date l'attribution de septembre 1752, Alastair Laing du mois de juin.

78. Duc de Croÿ, t. I, p. 206.

79. Cette année-là, la Cour resta à Fontainebleau du 26 septembre au 8 novembre.

80. Argenson, t. VIII, p. 358.

81. Voir Alastair Laing, *Les Dessins de François Boucher*, Paris, 2003, pour l'édition française, p. 99.

82. Barbier, t. III, p. 453.

83. S. Castelluccio, « La vie au château de Choisy, 1678-1789 », in *Versalia, Revue de la Société des Amis de Versailles*, n° 9, 2006, p. 54.

84. Casanova, t. I, vol. 3, chap. XI, p. 621 et 622.

85. Ces pièces existent toujours et je remercie Madame Béatrix Saule, conservateur en chef du château de Versailles, de m'avoir permis de les découvrir. L'état de 1741 donne pour le premier valet de chambre de quartier « un entresol à cheminée », celui de 1770, « deux pièces ». W. R. Newton, *op. cit.*, p. 160.

86. Etat de 174. W. R. Newton, *op. cit.*, p. 84.

87. Argenson, t. VII, p. 436.

88. Argenson, t. VII, p. 439.

89. *L'Histoire de Madame la marquise de Pompadour*, *op. cit.*, p. 94.

3. « La jolie dame du Parc aux Cerfs »

1. Pour une nuit catastrophique passée avec Louis XV qui se révéla incapable de lui rendre hommage, Dufort de Cheverny raconte que Madame de La Popelinère reçut le lendemain une cassette contenant 1 000 louis. Le marquis d'Argenson rapporte de son côté l'arrivée particulièrement voyante, à Versailles, d'une belle courtisane expliquant à qui voulait bien l'entendre qu'elle venait « pour servir aux plaisirs de la sacrée personne de Sa Majesté ». Afin d'appuyer ses dires, la jolie personne étalait aux yeux de son voisin de carrosse de louage, le grand vicaire de l'archevêque d'Auch, tabatière d'or, aigrette de diamant et autres babioles de grand prix, cadeaux du Roi. Argenson, t. IX, p. 342, 16 novembre 1756.

2. Argenson t. VII, pp. 447-448.

3. Il s'agissait ni plus ni moins des anciens appartements du comte de Toulouse, ce qui plaçait la favorite au rang des princes légitimés. Il faut dire que cet appartement avait été celui de la Montespan sous le règne de Louis XIV. Il était, d'une certaine façon, dédié.

4. *L'Histoire de Madame la marquise de Pompadour*, *op. cit.*, p. 96 et 97.

5. *Le Parc aux Cerfs ou l'origine de l'affreux déficit*, s.l., 1790, reprint, 1970.

6. Il est aujourd'hui connu sous le nom de quartier Saint-Louis et présente une physionomie presque inchangée depuis la fin de l'Ancien Régime.

7. Actuelle rue Borgnis-Desbordes.

8. Les brevets de places à bâtir du Parc aux Cerfs font office de véritables billets à ordre. Ils sont délivrés par la surintendance et les autres services financiers du château et de la Couronne pour payer les officiers dont les gages n'ont pas pu être réglés ou les fournisseurs dont les factures sont restée impayées. Ces « propriétaires » utilisent à leur tour ces droits à bâtir comme moyen de paiement. Les actes de propriété passent ainsi de main en main sans que les parcelles ne soient construites.

9. J. Castex, P. Celeste, P. Panerai, *Lecture d'une ville : Versailles*, Paris, 1980.

10. A l'emplacement de l'actuel Casino de Paris qui a longtemps maintenu, mais dans un autre genre, cette tradition...

11. Michel Antoine, *Louis XV*, Paris, 1989, p. 503.

12. Argenson, t. VII, p. 439.

13. *Mémoires de Madame Campan, première femme de chambre de Marie-Antoinette*, éditées par J. Chalon et C. de Angulos, Paris, 1988. Publiées pour la première fois en 1822.

14. En vérité, la maison fut vendue le 27 mai 1771 pour 16 000 livres uniquement.

15. J.-A. Le Roi, *Histoire de Versailles, de ses rues, places et avenues, depuis l'origine jusqu'à nos jours*, Versailles, s.d. (1858), t. II, pp. 257 et suivantes.

16. C. Vatel, *Histoire de Madame du Barry, d'après ses papiers personnels et les documents des archives publiques, précédée d'une introduction sur Madame de Pompadour, Le Parc aux Cerfs, et Mademoiselle de Romans*, Versailles, 1883, pp. XVII à LIV.

17. Cette famille détenait la charge de « porte-arquebuse de Sa Majesté » depuis le début du règne personnel de Louis XIV. Elle offrait à ses membres une proximité avec le Roi qui les classait bien au-dessus des simples valets.

18. Tous les renseignements sur la « petite maison » du Grand-Montreuil sont tirées de Paul Fromageot, « Les propriétaires versaillais au temps de Louis XIV et de Louis XV », in *Revue de l'Histoire de Versailles et de Seine-et-Oise*, deuxième année, février 1900, pp. 117 à 120.

19. Il existait un Nicolas de Marne entré au service des Bâtiments du Roi vers 1720, inspecteur de Trappes puis de Saclay à partir de 1750 et qui termina sa carrière comme contrôleur du département de Saint-Hubert à la fin de sa vie. Si c'est lui qui a expertisé la maison de Montreuil, il diffère du locataire de la rue Saint-Médéric. Ici encore il me faut remercier W. R. Newton de m'avoir ouvert sa base de données.

20. 1 013 mètres carrés très exactement.
21. Argenson, t. VII, p. 440.
22. Barbier, t. III, p. 459.
23. Annik Pardailhé-Galabrun, *La Naissance de l'intime, 3 000 foyers parisiens, XVIIe-XVIIIe siècle*, Paris, 1988, p. 151.
24. Voir Jacques Levron, « Charles Collin, intendant de la marquise de Pompadour », in *Les Inconnus de Versailles, les coulisses de la Cour*, Paris, 2003, p. 116-137. Le brevet est toujours en possession d'une famille versaillaise.
25. C'est l'actuel n° 20 de la rue Saint-Louis. Voir J. Robiquet, « La Colette, hôtel de Schonen, 20, rue Saint-Louis », in *Revue de l'Histoire de Versailles et de Seine-et-Oise*, 25e année, janvier-mars 1923, pp. 114-122.
26. Qui existe toujours malgré la désastreuse surélévation de 1908.
27. X. Salmon, *Le Voleur d'âmes, Maurice Quentin de La Tour*, Versailles, 2004, p. 159.
28. C. Piton, *Paris sous Louis XV. Rapports des inspecteurs de police au Roi*, Paris, 1906, t. II, pp. 184-185.
29. La Pompadour avait obtenu le renvoi du ministre après l'attentat de 1757. Celui-ci aurait alors continué à susciter en sous-main les libelles contre la favorite. C'était une pratique politique courante comme aujourd'hui l'on alimente discrètement les échos de presse. Maurepas, d'Argenson, Choiseul manipulaient ainsi la rumeur publique quant ils n'étaient pas eux-mêmes les auteurs des libelles contre le Roi !
30. *Histoire de Madame la Marquise..., op. cit.*, p. 99.
31. Argenson, t. VII, p. 462, 24 avril 1753.
32. Argenson, t. VIII, p. 43, 26 mai 1753.
33. Argenson, t. VIII, p. 358, 24 octobre 1754.
34. Argenson, t. IX, p. 115, 23 octobre 1755.
35. Argenson, t. VII, p. 466, 27 avril 1753.
36. Argenson, t. VIII, p. 2, 2 mai 1753.
37. Argenson, t. VIII, p. 39, 21 mai 1753.
38. Campan, *op. cit.*, p. 463.
39. Argenson, t. VII, p. 447, 8 avril 1753.
40. Argenson, t. VIII, p. 39, 21 mai 1753.
41. Argenson, t. VIII, p. 208, 20 janvier 1754.
42. Argenson, t. VIII, p. 88, 30 juillet 1753.
43. Argenson, t. VIII, p. 1.
44. Argenson, t. VIII, p. 2
45. Argenson, t. VIII, p. 255, 21 mars 1754.
46. Argenson, t. VIII, p. 46, 26 mai 1753.
47. Argenson, t. VIII, p. 88, 30 juillet 1753.
48. Le 11 janvier 1742, Louis XV, renouant avec les grandes réceptions diplomatiques de son aïeul, avait reçu en audience dans la galerie des Glaces, Mehemet Zaïd Effendy, l'ambassadeur du Grand Seigneur. Charles-Nicolas Cochin le fils a laissé un superbe dessin de cette audience.

49. Dufort de Cheverny, *op. cit.*, p. 139. Selon les mémorialistes, la construction de cette maison des bois est datée de 1753 ou 1754 mais c'est bien en 1753 que d'Argenson y fait allusion.

50. Argenson, t. VIII, p. 173.

51. Valfons, *op. cit.*, pp. 290-291.

52. Voir à ce propos Arnaud de Maurepas « Les méthodes documentaires d'un historien méconnu : l'abbé Soulavie », in *Revue d'Histoire moderne et contemporaine*, oct.-déc. 1991, t. XXXVIII, p. 626-648. Qu'il me soit permis de rendre ici hommage à un ami, compagnon d'étude, fauché en pleine jeunesse.

53. Anne-Marie de Croÿ (1706-?), épouse de Jean-François de Beth marquise de Leyde, présentée à la Cour en 1722 et nommée *Camarera major* de Madame Infante, fille aînée de Louis XV.

54. A l'église Notre-Dame, l'église Saint-Louis ne sera achevée et consacrée qu'au mois de juillet de la même année.

55. Duc de Croÿ, t. I, p. 206.

56. *Idem*, t. I, pp. 208-209.

57. Louis de Noailles (1713-1793), comte puis duc d'Ayen en 1737. Capitaine des gardes du corps en survivance en 1731 et capitaine des chasses de Saint-Germain. Il sera fait maréchal de France.

58. Argenson, t. VII, p. 447, 8 avril 1753.

59. Preuve, une nouvelle fois, que le maréchal-duc n'était pour rien dans le recrutement de la « petite Morfi ».

60. Argenson, t. VIII, p. 6, 4 mai 1753.

61. Argenson, t. VII, p. 447, 8 avril 1753.

62. Argenson, t. VII, p. 440.

63. Argenson, t. VII, p. 466.

64. Argenson, t. VIII, p. 6.

65. Argenson, t. VIII, p. 7.

66. Argenson, t. VIII, p. 29.

67. La demoiselle Morfi est citée, vingt fois en 1753 dont onze fois pour les seuls mois d'avril et mai, sept fois en 1754, quatre fois en 1755 et trois fois en 1756.

68. F. Calvi, *Curiosté storiché e diplomatiché del sec* XVIII. *Corrispondenze segrete di grandi personnagi*, Milan, 1878, p. 265.

69. Les Parisiens louaient leurs logements « à la pièce », ils habitaient donc le plus souvent sur plusieurs étages.

70. Sur le plan de Paris dit de Turgot, les rues Sainte-Apolline et Neuve-Saint-Denis ne font qu'une. Madame Morfi mère n'aurait donc pas changé d'adresse.

71. Argenson, t. VIII, p. 183, 18 décembre 1753.

72. Argenson, t. VIII, p. 217.

73. Argenson, t. VIII, p. 255.

74. Argenson, t. VIII, p. 297.

75. Argenson, t. VIII, p. 358.

76. F. Calvi, *op. cit.*

77. Duc de Luynes, *Mémoires sur la Cour de Louis XV, 1735-1758*, publiés par L. Dussieux et E. Soulié, Paris, 1860-1865, t. XIII, p. 435. Désormais Luynes.

78. Homme de peine qui se loue à la journée.

79. Aujourd'hui rue Pernelle dans le IVe arrondissement de Paris.

80. Voir Michel Antoine, « Les bâtards de Louis XV », in *Le Dur Métier de Roi*, Paris, 1986, pp. 293-313. Travail essentiel paru en première version in *Revue des Deux Mondes*, 1er août 1961, pp. 452-464.

81. *Mémoires sur Louis XV et Madame de Pompadour, par Madame du Hausset*, Paris 1985, pp. 62-67. Comme toutes les citations qui suivent.

82. Gabriel Sénac de Meilhan (1736-1803).

83. P. Gaxotte, « Les Mémoires de Madame du Hausset », in *La Nouvelle Revue de Paris*, 5 mars 1986, pp. 209-214.

84. Voir Alden R. Gordon, « The Longest-Enduring Pompadour Hoax : Sénac de Meilhan and the Journal de Madame du Hausset », in *Art and Culture in the Eighteenth Century, New Dimensions and Multiple Perspectives*, edited by Elise Goodman, Londres, 2002. Je remercie l'auteur de m'avoir fait parvenir un tiré à part de cet article qui mériterait de servir d'introduction à une prochaine édition des *Mémoires de Madame du Hausset*.

85. Cité par Michel Antoine dont les recherches ont permis de recenser très exactement les bâtards de Louis XV nés des amours du Roi avec de jeunes femmes qui n'étaient pas mariées et dont les accouchements durent être entourés d'une discrétion particulière.

86. Agathe-Louise Saint-Antoine de Saint-André le 20 juin 1754, Agnès-Lucie-Auguste le 14 avril 1761, Anne-Louise de La Réale le 17 novembre 1762 et Benoît-Louis Le Duc le 7 février 1764. Voir Michel Antoine, *op. cit.*

87. Dans une lettre datée du 31 mars 1764, le duc de Nivernais écrit : « Madame de Pompadour retourne aujourd'hui à Versailles. Elle est guérie de la maladie aiguë. » Citée par D. Gallet, *Madame de Pompadour ou le pouvoir féminin*, Paris, 1985, p. 245.

88. Argenson, t. VIII, p. 358.

89. Argenson, t. VIII, p. 208.

90. Argenson, t. VIII, p. 217.

91. Luynes, t. XIII, p. 435.

92. Valfons, p. 290.

93. Campan, p. 35.

94. Enquête entièrement publiée par Camille Piton, *Paris sous Louis XV, rapports des inspecteurs de police au Roi*, Paris, 1908, t. IV, pp. 66-72.

95. Cinquième fille de Louis XV née à Versailles en 1733 et morte à Trieste en 1799.

96. Luynes, t. XIII, p. 435. La prise en charge de l'enfant par le Roi est confirmée chez d'Argenson, t. IX, p. 158, 28 décembre 1755.

97. Voir le chapitre consacré à Agathe-Louise de Saint-Antoine de

Saint-André par J. Valynseele et C. Brun in *Les Bâtards de Louis XV et leur descendance*, Paris, 1992, pp. 129-133.

98. Campan, p. 22 et p. 467.

99. Voir M. Antoine, *op. cit.*, p. 303. Ces différents placements joints aux gains de jeux — le Roi perd rarement aux cartes — rendaient bon an mal an un revenu de 250 000 livres, ce qui constituait une sorte d'argent de poche privé à la disposition du monarque. Nous reviendrons ultérieurement sur ce système financier complexe.

100. Luynes, t. XIII, p. 435.

101. Comte Fleury, *Louis XV intime et les petites maîtresses*, Paris, 1909, pp. 130-137.

102. La ville du Mans était la marraine du jeune homme, d'où ce prénom curieux.

103. Fleury, *op. cit.*

104. La mère du marié était peut-être alliée au ministre du même nom qui veillait sur les intérêts privés de Sa Majesté et qui présida aux mariages de toutes les petites bâtardes.

105. Jean Duma, *Les Bourbon Penthièvres (1678-1793) : une nébuleuse aristocratique*, Paris, 1995, pp. 44-suiv.

106. Abbé Soulavie, *Mémoires historiques et anecdotes de la Cour de France pendant la faveur de Madame de Pompadour, tirés du portefeuille de la Maréchale D****, Paris, 1802. Nous avons travaillé sur l'édition de ce texte établie par M. Vitrac et A. Galopin publiée chez Fayard en 1906.

4. « Madame de Pompadour paraît bien complice »

1. Argenson, t. IX, p. 158, 28 décembre 1755.
2. Argenson, t. IX, p. 115.
3. Argenson, t. IX, p. 144, 5 décembre 1755.
4. Selon d'Argenson, qui est le seul à y faire allusion, la tante de cette autre jeune fille se faisait appeler « Madame de Saint-André ». Ce nom n'est pas sans rappeler celui qui fut attribuée à la petite Agathe-Louise. Cette homonymie est intrigante. La jeune femme était-elle la mère réelle de la petite fille ? Le marquis d'Argenson a-t-il une nouvelle fois dédoublé la petite Morfi ? Une chose est sûre, tous les témoins du temps attribuent la maternité de l'enfant à Marie-Louise O'Murphy et aucun ne fait allusion à une demoiselle de Saint-André.
5. Argenson, t. VII, p. 456.
6. Argenson, t. VII, p. 458, 19 avril 1753.
7. Argenson, t. VIII, p. 29. Meusnier, on la vu, relayait à l'époque la même information.
8. Argenson, t. VIII, p. 39.
9. Argenson, t. IX, p. 151, 11 décembre 1755. Marie-Brigitte était en fait beaucoup plus âgée.
10. Argenson, t. IX, p. 169, 7 janvier 1756.

11. En fait il s'agirait d'une demoiselle Hainault.

12. Au lendemain de la Pompadour, Colin vend sa maison du Parc aux Cerfs à une veuve Robert. Certains ont voulu voir là plus qu'une coïncidence.

13. Luynes, t. XV, p. 325, février 1756.

14. Argenson, t. IX, p. 198, 14 février 1756.

15. Argenson, t. IX, p. 170, 7 janvier 1756.

16. *Histoire de Madame la marquise...*, *op. cit.*, pp. 107-109.

17. Casanova, t. I, vol. 3, chap. XI, pp. 620 et suivantes.

18. Au mois de janvier 1757, quelques jours à peine après l'entrée de Bernis au Conseil du Roi.

19. Argenson, t. VIII, p. 6, 4 mai 1753.

20. Argenson, t. VIII, p. 255, 21 mars 1754.

21. Dans le conflit qui opposait l'archevêque de Paris avec une partie de son clergé janséniste, les billets de confession exigés jusque-là des seuls nouveaux convertis furent étendus à tous les fidèles. Ces billets devant être délivrés par des curés « sûrs » et produits au moment de l'extrême-onction, ils étaient nécessaires pour recevoir les derniers sacrements. On refusa ainsi « d'apporter le Seigneur » à de vieux prêtres jansénistes agonisants et à de vieilles filles hystériques, anciennes « convulsionnaires ». Ce chantage au salut provoqua un scandale énorme dans une opinion publique parisienne très proche de son clergé janséniste et qui voyait là un viol des consciences. Le parlement de Paris, dont les membres ne cachaient pas leurs sympathies jansénistes, s'empara de cette question religieuse et voulu contraindre juridiquement l'archevêque de Paris aussi pieux qu'obstiné à revenir sur sa décision.

22. Argenson, t. VIII, p. 39, 21 mai 1753.

23. R. Darnton, *op. cit.*

24. Soulavie, *op. cit.*, p. 109.

25. Description des cabales de 1709 magistralement décryptée par E. Le Roy Ladurie et J.-F. Fitou, in *Saint-Simon ou le système de la Cour*, Paris, 1997.

26. Cette partie de notre étude doit beaucoup à l'ouvrage essentiel de B. Hours, *Louis XV et sa Cour*, Paris, 2002, même si certaines de ses conclusions font preuve d'une connaissance un peu lointaine du pouvoir et de ses pratiques.

27. Argenson, t. IX, p. 195, 10 février 1757.

28. C'est l'hypothèse de Bernard Hours, *op. cit.*, pp. 257 et suivantes.

29. Barbier, *op. cit.*, t. IV, p. 366. Cité par B. Hours.

30. *Idem*, p. 622.

31. Le clergé est alors le seul ordre à pouvoir ainsi bénéficier d'une existence politique régulière à l'échelle du royaume.

32. Si l'on excepte la période révolutionnaire, il faut attendre 1905 et la loi de séparation de l'Eglise et de l'Etat pour retrouver un tel degré de tension politique entre le pouvoir civil et le clergé.

33. Argenson décrit pour la première fois ce fameux « parti dévot » en 1751 en pleine affaire du Vingtième.

34. Le Dauphin ne sera admis à participer au Conseil des dépêches qu'à partir du 23 octobre 1750, un mois après la rupture de l'Assemblée du clergé. Le Roi conscient des influences qui travaillaient son fils voulu l'associer aux débats du gouvernement pour lui permettre de prendre la juste mesure de la situation et le convaincre du bien-fondé des réformes de Machault.

35. Voir D. Gallet, « Madame de Pompadour et l'appartement d'en bas au château de Versailles », in *Gazette des Beaux-Arts*, VIe période, t. CXVIII, septembre 1991, p. 129 et P.-X. Hans, « L'appartement d'en bas au château de Versailles », in *Madame de Pompadour et les Arts*, Paris, 2002, p. 78-84.

36. Nous empruntons cette formule à Pierre-Xavier Hans.

37. Madame Infante, l'aînée des filles de Louis XV, avait quitté la Cour pour son mariage.

38. Argenson, t. VI, pp. 125-126, 16 janvier 1750.

39. Barbier, t. VII, p. 172, février 1752. Cité par B. Hours.

40. Argenson, t.VII, p. 130. Cité par B. Hours.

41. Argenson, t. VII, p. 456, le 15 avril 1753.

42. Cité par Pierre de Nolhac in *Madame de Pompadour et la politique*, Paris, 1928, p. 37.

43. Argenson, t. VIII, p. 255, 21 mars 1754.

44. Cette bulle publiée par le pape Clément XI le 8 septembre 1713 condamnait les théories sur la grâce du jansénisme et divisa l'Eglise de France pendant une bonne partie du XVIIIe siècle. La déclaration royale du 24 mars 1730 lui donnait force de loi.

45. Voir P. de Nolhac, *op. cit.*, p. 74-110.

46. Argenson, t. IX, p.151, 11 décembre 1755. Le duc de Luynes n'y fait, quant à lui, allusion qu'au mois de février 1756.

47. Barbier, t. VI, p. 248.

48. Lettre citée par P. de Nolhac, *op. cit.*, p. 90-91 et B. Hours, *op. cit.*, p. 271-272.

49. Croÿ, t. I, pp. 335-338. Cité par B. Hours.

50. Argenson, t. IX, p. 195, 10 février 1756.

51. Le pape adoptait une position raisonnable, sans condamner la bulle *Unigenitus*, il supprimait l'obligation des billets de confession mais dénonçait comme réfractaires tous ceux qui, au moment de recevoir l'extrême-onction continuaient à professer leur désobéissance à la bulle.

52. Le Roi de France tient lit de justice lorsqu'il assiste en personne aux délibérations de son parlement. Par cette seule présence physique, le monarque récupère l'exercice direct d'un pouvoir judiciaire dont les magistrats n'usent en fait que par délégation. Il leur est alors juridiquement impossible de s'opposer aux décisions royales qui sont enregistrées automatiquement.

53. Le 5 janvier 1757, vers 6 heures du soir, un domestique parisien,

François Damiens, frappait d'un coup de couteau Louis XV qui s'apprêtait à monter en carrosse pour se rendre à Trianon. Ayant servi dans plusieurs maisons de parlementaires, cet esprit fragile avait été échauffé par les discours virulents qui se tenaient alors contre le Roi. Le régicide sera écartelé en place de Grève.

54. C'est ce qu'affirme Monsieur de Vitzthum, ambassadeur d'Auguste III de Saxe. D. Gallet, *op. cit.*, p. 227.

55. Recueil du marquis de Paulmy cité par le comte de Fleury, *op. cit.*, p. 121.

56. Argenson, t. IX, p. 151, 11 décembre 1755 et p. 158, 28 décembre 1755.

57. Argenson, t. IX, p. 169.

58. Archives de Vincennes : A.R., dossier n° 1471, carton n° 16.

59. Les bois taillis désignent les bois où il n'y a que des arbres de petites tailles que l'on coupe à intervalle régulier sans leur laisser le temps de grandir. Allusion ironique au sort de la « petite » Morfi ? Ce serait bien là dans l'esprit du XVIIIe siècle. Marie-Louise cherchera toujours à se défaire de ce patronyme encombrant. Peut-être en avait-elle saisie le sens caché ?

60. Argenson, t. IX, p. 169.

61. Les dots étaient souvent constituées d'avances sur héritage dont les parents se conservaient l'usufruit.

62. Le marquis d'Argenson parle de 1 000 livres en bijoux. Il paraît loin du compte. Valfons est plus proche de la vérité lorsqu'il parle « de beaucoup de diamants qu'elle avait reçus auparavant ». Un état des diamants de Marie-Louise O'Murphy établi à sa demande en 1774 estime la valeur de ses bijoux à 50 773 livres. Certes, la jeune femme a pu en vingt ans augmenter son écrin mais il y a fort à parier qu'il était essentiellement composé des libéralités du Roi.

63. Au XVIIIe siècle on entend par une « toilette et ses dépendances », l'ensemble des ustensiles disposées sur la table de toilette. C'est-à-dire le grand miroir, l'aiguière et son bassin, les boules à savon et à éponge, deux bougeoirs, les pots à fards et une multitude de boîtes et de flacons. Ces toilettes somptueuses, le plus souvent en argent, parfois en or, sont indispensables à toute les élégantes qui reçoivent à leur petit lever.

64. Sa mère, Charlotte-Victoire était la sœur de Charles-Guillaume Lenormant d'Etiolles, le mari de la marquise de Pompadour.

65. De la Gorce, *Souvenirs d'un homme de la Cour ou Mémoires d'un ancien page contenant des anecdotes secrètes sur Louis XV et ses maîtresses, des observations sur les femmes, les mœurs, etc. suivis de notices historiques, critiques et littéraires*, an XIII (1805), t. II, p. 369. Ce texte reprend en grande partie la *Vie Privée de Louis XV* de Moufle d'Angerville.

66. Argenson, t. IX, p. 199, le 14 février 1756.

67. *L'Histoire de Madame la marquise...*, *op. cit.*, p. 110.

68. Argenson, t. IX, pp. 169-170, le 7 janvier 1756.

5. L'OMBRE DU ROI

1. Aujourd'hui Ayat-sur-Sioule dans le Puy-de-Dôme.

2. Argenson, t. IX, p. 183, 189 et 190. 28 janvier et 1er février 1756.

3. Il s'agissait en fait de fabriquer pour la marine des poudres alimentaires, ancêtres de nos aliments lyophilisés, destinées à remplacer les vivres périssables. Les archives départementales du Puy-de-Dôme conserve un dossier complet sur ces expériences du château de Marsat sous la cote C812.

4. Valfons, *op. cit.*

5. L'affaire Dereine est bien connue aujourd'hui car elle a fait l'objet de deux études particulièrement érudites ; M. Antoine, « En marge ou au cœur de l'affaire de Bretagne ? Intrigues et cabales de M de La Chalotais », in *Le Dur Métier de Roi*, Paris, 1986 et J. Meyer, *La Chalotais : affaires de femmes et affaires d'Etat sous l'Ancien Régime*, Paris, 1995.

6. Village situé dans le Hainaut au sud-est de Tournai.

7. Le château de Veygoux est situé sur la commune de Charbonnières-les-Varennes. Il existe toujours.

8. Le « Pavillon Dumesnil » existe toujours. C'est une véritable folie construite aux portes de la ville de Riom et qui conserve encore aujourd'hui une partie de son magnifique décor intérieur. Elle a été classée monument historique en 2002.

9. Véritable « savonnette à vilains » la charge de secrétaire du Roi permettait d'anoblir celui qui en était revêtu en une seule génération. Il suffisait de la conserver pendant vingt ans ou de mourir en charge. Ce privilège qui permettait de transformer un simple roturier en gentilhomme se payait très cher. Il en coûte plus de 150 000 livres.

10. Le père de François Lenormant était né le 23 septembre 1683, c'est lui qui avait acquis la charge de receveur et les terres de Maupertuy et de La Gravière. A sa mort, le 16 septembre 1751, le lendemain du mariage de son fils, il est inhumé à Saint-Amable.

11. La majorité parfaite, c'est-à-dire celle qui permettait de contracter mariage sans l'autorisation de ses parents était alors fixée à 25 ans.

12. « Journal de Messeix, habitant de Riom — Journal tenu de 1743 à 1783 », in *L'Auvergne historique, littéraire et artistique*, Riom, 1906, p. 131.

13. C'est là qu'est signé le contrat de mariage. Preuve supplémentaire de la présence de Marie-Louise O'Murphy dans cette jolie maison des faubourgs de Riom.

14. G. Paul, *Armorial général du Velay et des enclaves de l'Auvergne, du Gévaudan, du Vivarais et du Forez formant le département de la Haute-Loire*, Marseille, 1913, Reprint, p. 323.

15. Haute-Loire. Le château qui existe toujours est resté jusqu'à une date récente dans la famille Lenormant de Flaghac.

16. Le titre sera reconnu à la famille par lettres patentes en 1776.

17. Journal d'Antoine Messeix, *op. cit.*, p. 157.

18. Journal d'Antoine Messeix, *op. cit.*, p. 172 et 178. Le dîner fut rendu le lendemain par le maréchal et le surlendemain par l'intendant.

19. L'hôtel existe toujours, 28, rue de l'Horloge à Riom. Reconstruit au début du XVIIIe siècle par Jean-Paul Courtin, trésorier de France au Bureau des finances de la ville, il avait été acquis en 1737 par le père de François Lenormant en même temps que le domaine de La Gravière. Le grand escalier et la terrasse qui surplombe les environs de la ville sont les principaux ornements de cette maison qui a longtemps abrité l'école du Sacré-Cœur. L'étroitesse de la façade sur rue, avec seulement quatre travées, ne laisse pas deviner les dimensions généreuses de cette maison.

20. Michel Louis, *La Bête du Gévaudan*, Paris, 2003, p. 100.

21. Michel Antoine, *op. cit.*, p. 307 et suivantes.

22. L'inventaire après décès de Marguerite-Victoire mentionne les deux courriers du directeur de la Maison du Roi l'informant de la décision du Roi Charles X. Cette dernière était donc sa tante de la main gauche.

23. Soulavie, *op. cit.*, p. 110.

24. *Journal des inspecteurs de M. de Sartine*, 1re série 1761-1764, Bruxelles, 1863, p. 45.

25. Elle était alors au sixième mois de sa grossesse, dans un état qui interdisait au Roi de lui rendre des visites trop fréquentes. Son fils, le futur abbé de Bourbon, naîtra le 13 janvier de l'année suivante. Il n'est pas impossible d'imaginer que Marie-Louise fut appelée pour assurer l'intérim.

26. La maison qui existait encore à la fin du XIXe siècle était située à l'angle de la rue de Passy et de la rue Gavarni dans le XVIe arrondissement de Paris.

27. In *Souvenirs d'un ancien page, ou Mémoire d'un homme de Cour*, Paris, 1805, t. II.

28. Pidansat de Mairobert, *Anecdotes sur M. la Comtesse du Barri*, Londres, 1775, p. 60.

29. Document analysé par Michel Antoine, « Le Testament de Louis XV », in *Le Dur Métier de Roi*, Paris 1986, p. 277.

30. *Vie privée de Louis XV, ou Principaux Evénements, particularités et anecdotes de son règne*, à Londres, 1781, p. 258.

31. *Pidansat de Mairobert*, *op. cit.*, p. 59.

32. A l'emplacement de l'actuel n° 54. L'hôtel magnifiquement décoré par les plus grands sculpteurs et ornemanistes s'étendait jusqu'au boulevard du Montparnasse et jusqu'à la future rue de la Grande-Chaumière, il sera rasé en 1850.

33. *Vie privée de Louis XV*, *op. cit.*, p. 256.

34. *Catalogue d'une très belle collection... provenant de la succession*

de feu M. l'abbé Terray..., P., 1778, cité par François Bluche, *Les Magistrats du parlement de Paris au* XVIII*e siècle*, Paris, 1986, p. 254.

35. Cette propriété somptueuse fut construite en 1754 pour le compte de l'abbé et de son frère par l'architecte François Nicolas Lancret. Bien que les jardins et les décors intérieurs aient été très remaniés, le château existe toujours et il offre l'image de ce que pouvait être la douceur de vivre sous l'Ancien Régime.

36. C'est le bail dit Alaterre passé en 1768.

37. Y. Durand, *op. cit.*, p. 126 et suivantes.

38. Marie-Adélaïde de Bullioud avait épousé, à quinze ans le comte de Séran, aussi riche que laid. Marmontel affirme dans ses Mémoires que Louis XV entretenait avec la belle comtesse, dame d'atour de Mesdames, un simple commerce d'esprit qui n'alla jamais plus loin. Dufort de Cheverny soutient au contraire de façon beaucoup plus vraisemblable que « que la jolie Madame de Séran avait passé quelques nuits avec Sa Majesté, et que cette faveur lui avait valu une belle maison derrière l'Oratoire et 100 000 écus ». Comme par hasard la comtesse de Séran était une amie très proche du marquis de Marigny.

39. La jeune Marie-Louise de Marny fut une des pensionnaires du Parc aux Cerfs. Elle sera mariée en 1759 à Octave Giamboni, banquier génois.

40. Appelé au Contrôle général des finances par Louis XVI au mois d'août 1774.

41. Le testament olographe, lui, est daté du 29 décembre 1776. Son frère Terray de Rosières était désigné comme son légataire universel et le jeune du Myrat recevait à titre personnel la terre de Bethon et une somme de 30 000 livres pour y faire construire un château. Dans son codicille, Terray changera d'avis, instituant comme légataire universel non pas son frère mais le fils de celui-ci.

42. C'est l'hypothèse retenue par Jean Nicolle, in *Madame de Pompadour et son temps*, Paris, 1980.

6. Sauver ce qui peut l'être

1. Les maîtresses déclarées devaient tenir un rang et assumer à la Cour un train de vie princier dont les libéralités du Roi tenaient compte.

2. L'hôtel, bien que dénaturé, est toujours visible au 30 de la rue du Faubourg-Poissonnière, il abrite aujourd'hui des logements sociaux de la Ville de Paris. Voir P. Etienne, *Le Faubourg Poissonnière. Architecture, élégance et décor*, Délégation à l'Action artistique de la Ville de Paris, 1986, p. 133 à 153.

3. Archevêque de Bourges de 1757 à 1787 et chancelier et garde des Sceaux de l'ordre du Saint-Esprit de 1770 à 1787, il était connu pour la somptuosité de son train de vie et résidait plus souvent à la Cour que dans son diocèse.

4. Casanova, t. I, p. 621.

5. De fait il brûlera deux ans plus tard…

6. Je remercie une nouvelle fois W. R Newton pour les renseignements qu'il a bien voulu me communiquer sur la famille Mesnard de Chouzy.

7. Luynes, t. XII, p. 402-420.

8. C'était là le chef-d'œuvre du maître serrurier Marguerit qui réalisera quelques années plus tard l'armoire de fer de l'Assemblée nationale. L'énorme coffre-fort avait coûté à lui seul, 1 000 livres et il se trouvait dans une pièce elle-même défendue par « une forte serrure de 8 pouces, faite exprès, avec sujétion à bascule garnie de trois serrures fermant haut et bas et par-derrière à double secret. » Voir P. Etienne, *op. cit.*, p. 133.

9. Somme réservée aux fils cadets sur l'héritage paternel dont ils étaient exclus par le droit d'aînesse qui s'appliquait en Auvergne comme dans tout le sud de la France et pas uniquement dans les familles nobles.

10. Ancienne Madame Pater, belle Hollandaise qui manqua de remplacer la comtesse du Barry dans la faveur royale. Un pamphlet révolutionnaire la désigne comme l'une des meilleures « fellatrices » de la capitale.

11. Nom d'épouse de la célèbre Mademoiselle de Romans.

12. Cité par M. Antoine, *Le Cœur de l'Etat. Surintendance, contrôle général et intendances des finances 1552-1791*, Paris, 2003, p. 534.

13. Aujourd'hui Soisy-sur-Seine. Le château n'existe plus.

14. Jacques-Charles Delcro, le père de Joseph, après avoir été, « galopin de la cuisine commune de la Maison du Roi » était devenu « écuyer et maître queue de le cuisine-bouche de la Maison de la Reine ». Joseph Delcro avait d'ailleurs la survivance de son père. Je remercie W. R. Newton pour ces précisions.

15. O. Blanc, *L'Amour à Paris au temps de Louis XVI*, Paris, 2002, p. 268-275. Dans ses nombreux ouvrages, Olivier Blanc a parfaitement décrit ce milieu libéral-libertin que fréquentait Marie-Louise, sa fille et leurs amants.

16. O. Blanc, *Les Libertines. Plaisir et liberté au temps des Lumières*, Paris, 1997, p. 73-88.

17. Voir Jacques de Saint-Victor, *op. cit.*, qui consacre un long passage au massacre de l'amant de la comtesse du Barry.

18. La maison existe toujours 2, rue du Maréchal-Joffre et ses fenêtres donnent en effet sur le carrefour. Ici la réalité de la topographie urbaine recoupe parfaitement les renseignements recueillis par la police révolutionnaire.

19. Les historiens ont longtemps considéré que Valdec de Lessart était mort à Versailles le 9 septembre ; or, il a survécu pour être emporté huit mois plus tard par une fièvre maligne.

20. Elle meurt le 25 août 1793 à près de soixante-six ans.

21. Voir O. Blanc, *op. cit.*, p. 25-48. Le Club des arts sur lequel

régnait la Sainte-Amaranthe était installé sous les arcades du Palais-Royal au n° 50.

22. E.J.J. Foignet, *Encore une victime, ou Mémoires d'un prisonnier des Anglaises*, à Paris chez Maret, libraire, Cour des Fontaines, s.d.

23. Les Anglaises étaient bien réservées à une « clientèle » riche. La population carcérale étant estimée à une soixantaine de prisonniers, cela représente plus de 1 000 livres par personne.

24. E.J.J. Foignet, *op. cit.*, p. 7

25. Le 7 juin 1794.

26. Après son divorce, Louis-Philippe Dumont se remarie avec une Parisienne dont il eut une fille, Blanche, mariée au marquis de Saffray. Il meurt à Bernières, où l'on peut encore voir sa tombe, le 11 juin 1853, à quatre-vingt-huit ans. Il était un des derniers survivants de la Convention.

27. Les travaux de Jean Nicolle ont définitivement établi la paternité de Lenormant de Tournehem.

28. En fait, Charles, François, Constant, mais Constant était son prénom d'usage et c'est ainsi qu'il est toujours désigné.

29. Actuels numéros 22 et 24 de la rue.

30. Jean Nicolle, *op. cit.*, p. 322.

31. Je remercie O. Blanc pour cette indication.

32. A quelques centimes près, le franc retrouvait la valeur de la livre.

33. Au n° 29.

34. L'époux de la marquise de Pompadour, Charles-Guillaume Lenormant d'Etiolles était mort rue du Sentier, le 18 mars 1800 à l'âge de quatre-vingt-quatre ans. Il avait survécu trente-six ans à sa première femme.

35. Son revenu s'élevait pourtant à l'époque à près de 20 000 francs par an et ses enfants étaient mariés et dotés.

36. Aglaé d'Harcourt expurgea impitoyablement la fabuleuse bibliothèque du château de Grosbois, vouant aux flammes les nymphes gravées et les poèmes licencieux.

ÉPILOGUE

1. Selon l'ancien découpage administratif de la capitale qui fut modifié par le préfet Haussmann.

Question d'argent

Du monnayage de sa virginité jusqu'au dernier inventaire de ses biens, l'argent aura été omniprésent dans la vie de Marie-Louise O'Murphy. La question des équivalences de valeur entre les monnaies du XVIIIe siècle et nos euros actuels se pose donc au lecteur, comme à l'historien, de façon continuelle. Il serait vain de convertir la valeur métallique des monnaies ayant cours à l'époque pour obtenir leur équi valence aujourd'hui. Nous vivons dans des systèmes économiques incomparables où les métaux précieux ne jouent pas le même rôle. Le poids de l'or n'est plus un étalon monétaire. Le lecteur, lui, attend de pouvoir comparer des ordres de valeur et un pouvoir d'achat. Une méthode parfaitement empirique et qui n'a d'autre justification qu'une longue pratique des archives d'Ancien Régime consiste à multiplier par quinze environ la livre tournois pour obtenir une valeur approximative en euros. Les résultats de cette opération systématique donnent des résultats vraisemblables.

Pour que le lecteur puisse lui-même éprouver cette méthode, voici quelques prix et salaires du XVIIIe siècle glanés au hasard des archives et qui peuvent être encore parlants pour nos contemporains : une paire de souliers, 4 livres ; la construction d'un beau château à la campagne, 30 000 livres ; une berline d'occasion, 800 livres ; une maison bourgeoise avec jardin dans un petit village d'Ile-de-France, 10 000 livres ; un roman à la mode dans sa belle reliure d'éditeur, 3 livres. Un curé de campagne, nourri et logé par ses paroissiens, reçoit une indemnité de 700 livres par an soit plus de trois fois le salaire d'un ouvrier parisien.

Pour mémoire, la livre tournois est une monnaie de compte abstraite. Aussi, le louis d'or vaut 24 livres, le « gros écu », 6 livres et le « petit écu », 3 livres.

SOURCES ET BIBLIOGRAPHIE

Sources manuscrites

Archives nationales

- Sous série F^{4} :
  F^{4} 1960, dossier de pensions.

- Sous série F^{7} :
  F^{7}4570, Delcro et Lenormant.
  F^{7}4667, dossier n° 3, Delcro.
  F^{7} 4747, dossier n° 1, Imbert.
  F^{7} 4774^{17}, dossier Lenormant.
  F^{7} 4774^{38} dossier n° 4, Lenormant d'Etiolles.
  F^{7} 4774^{43} dossier n° 5, Mesnard de Chouzy père et fils.
  F^{7} 4775^{32} dossier n° 3, Lenormant de Tournehem.

- Série MM :
  MM 810, honneurs de la Cour

- Sous série O^{1} :
  O^{1} 90, f° 75 et 195.
  O^{1} 118.
  O^{1}285, f° 451
  O^{1}290, f° 66.
  O^{1}412, f° 813.
  O^{1}1860-1, n° 4.
  O^{1}1827 à 1829.

- Série W :
  W 348.702 bis, procès Mesnard de Chouzy père et fils.

- Série X :
  X^{IA} 8806, f° 626-648. Lettres de noblesse d'Agathe-Louise.

- Série Y :
  Y 387, f° 112, contrat du 15 juillet 1755.
  Y 4994, tutelle du 9 septembre 1774.
  Y 5105.

- Sous Série Z^{IJ} :
  Z^{IJ} 1101-18 juin 1780, expertise de la rue Poissonnière.

- Minutier central des notaires parisiens :

  Etude XIV :
    431 : Remise de fonds du 30 mars 1772.
    433 : Constitution de rentes du 10 juillet 1772.
  Etude XXVI :
    851 : 14 frimaire an VII, vente de Soisy.
  Etude XXXVI :
    598 : le 25 avril 1787, quittance au Roi de Marguerite-Victoire Lenormant pour remboursement du prix de la charge de trésorier du Marc d'or.
    600 : 1er octobre 1787, donation du comte de Chouzy à Madame de Verville.
  Etude XLVII :
    490 : Achat par la veuve Lenormant d'une maison à Chantecocq chez Paulmier le 8 prairial an VIII.
    498 : Obligation de 7 000 francs de la veuve Lenormant à Pierre Ficquet chez maître Paulmier notaire à Paris le 9 floréal an
  Etude XLVIII :
    Déficitaire : 25 novembre 1755, contrat de mariage entre Louise Morphy et Jacques de Beaufranchet d'Ayat. Présent au répertoire.
    Déficitaire : 25 novembre 1755, acte de désistement par lequel François Vallet, huissier au Châtelet de Paris en faveur de Louis XV pour la propriété d'une maison située à Versailles rue Saint-Médéric. Présent au répertoire.
    Déficitaire : Contrat de constitution de rentes par Messieurs les Secrétaires du Roi en faveur de Marie-Louise Morfy de Boisfailly du 17 mars 1756. Présent au répertoire.
    107 : 26 février 1760, dépôt de pièces contenant :
      - Les actes de baptêmes de Louise-Charlotte et Charles-Antoine de Beaufranchet d'Ayat.

- Acte de décès de Louise-Charlotte.
- Contrat de mariage Lenormant-O'Murphy.
- Acte de mariage Lenormant-O'Murphy.
- Renonciations à la communauté.
- Nomination d'un nouvel Auteur.

107 : 26 février 1760, acte de notoriété.

107 : 26 février 1760, consentement de Claude Gin procureur d'Amable de Beaufranchet d'Ayat tuteur de Charles.

186 : 20 mars 1771, quittance.

193 : 7 novembre 1771, donation de 150 000 livres par Jean-Léon de Lane.

194 : 16 décembre 1771, déclaration du prix d'un office.

197 : 7 mars 1772, donation de 150 000 livres par Jean-Léon de Lane.

200 : 27 juin 1772, vente par François Lenormant du domaine de la Gravière.

202 : 22 août 1772, contrat de mariage entre Charles-François du Myrat et Marie-Antoinette Joséphine Lenormant.

205 : 14 novembre 1772, quittance de Marie-Louise O'Murphy pour la somme de 300 000 livres reçue du Roi.

205 : 15 novembre 1772, donation de 40 000 livres par Jean Fouillet prêtre.

205 : 16 novembre 1772, constitution de rentes par François Lenormant en faveur de sa femme.

206 : 22 décembre 1772, transport de rentes au principal de 150 000 livres.

208 : 14 mars 1773, acte de notoriété.

209 : 23 avril 1773, résiliation de bail.

209 : 26 avril 1773, vente par François Lenormant de ses droits féodaux en Auvergne.

211 : 15 juin 1773, vente par François Lenormant de terres à La Gravière.

214 : 15 octobre 1773, acte de cautionnement en faveur de Jacques Lenormant de Fontenelle.

217 : 25 janvier 1774, convention, quittance et association sur la régie des droits réunis.

217 : 30 janvier 1774, obligation en faveur de Terray.

219 : 14 mars 1774, cessions et obligations des droits sur les Salines au profit de Marie-Louise O'Murphy, François Lenormant, Charles-François de Myrat.

220 : 20 avril 1774, association entre Gauthier d'Hauteserve et

Marie-Louise O'Murphy pour participer aux intérêts sur les fermes unies.
221 : 2 mai 1774, procuration de Marie-Louise O'Murphy à Antoine Suchet.
228 : 3 avril 1774, procuration de Myrat à Lenormant.
228 : 4 avril 1774, procuration de Marie-Louise O'Murphy à François Lenormant.
228 : 9 avril, pouvoir de l'abbé Terray aux frères Cornet.
228 : 14 avril 1775, vente Gouve à Terray maison rue Notre-Dame-des-Champs.
228 : 4 et 25 avril 1775, reconnaissance par Marie-Louise O'Murphy de l'origine des fonds.
229 : 4 mai 1775, dépôt de prise de possession par Terray.
229 : 21 juin 1775, quittance au Roi de François Lenormant pour le remboursement du prix de son office.
234 : 1er et 30 mars 1776, baux entre l'abbé Terray et François Lenormant pour une maison rue Notre-Dame-des-Champs.
239 : 19 février 1776, codicille au testament de l'abbé Terray en faveur de Marie-Louise O'Murphy et de sa fille.
246 : 28 janvier 1777, délaissement par Marie-Brigitte O'Murphy de la rente qui lui avait été accordée sur la Ferme générale.
246 : 18 février 1778, transport et constitution de rente viagère des époux Lenormant sur la tête de Marie-Brigitte O'Murphy.
247 : 13 avril 1778, nomination par François Lenormant à la vicairerie de Sainte-Catherine.
251 : 6 octobre 1778, quittance de legs à la succession de l'abbé Terray.
252 : 8 janvier 1779, nomination par François Lenormant à la chapelle d'Aubusson.
252 : 20 janvier 1779, transaction entre les héritiers Terray.
252 : 1er février 1779, quittance de Choynet à Antoine-Jean Terray.
252 : 12 février 1779, liquidation de substitution de la succession Terray.
253 : 26 mars 1779, quittance de Marie-Louise O'Murphy à la succession de l'abbé Terray.
254 : 24 mai 1779, quittance au Roi de François Lenormant pour 38 600 livres.
254 : 26 mai 1779, quittance au Roi de Marie-Louise O'Murphy pour 101 185 livres.
254 : 26 mai 1779, quittance au Roi de Marie-Louise O'Murphy de 50428 livres.

254 : 28 mai 1779, quittance au Roi de Marie-Louise O'Murphy pour 20 000 livres.
254 : 2 juin 1779, obligation de Richard Pichon de Livry à François Lenormant pour 30 000 livres.
254 : 14 juin 1779, quittance au Roi de Marie-Louise O'Murphy pour 16393 livres.
255 : 11 août 1779, bail à ferme de François Lenormant à Jean-Nicolas Mouret.
256 : 25 septembre 1779, testament olographe de Marie-Antoinette Joséphine Louise Lenormant épouse du Myrat.
256 : 28 octobre 1779, procuration de du Myrat.
260 : 1er mai 1780, bail de la maison rue Notre-Dame-des-Champs.
264 : 28 février 1781, testament de François Lenormant.
265 : 20 mars 1781, procuration d'Antoine-Jean Terray.
265 : 22 mars 1781 délivrance de legs.
265 : Renouvellement de cure du 24 mars 1781.
269 : 21 décembre 1781, bail pour un appartement de la rue Poissonnière.
269 : 24 décembre 1781, transport par Lenormant des loyers de la rue Notre-Dame-des-Champs.
269 : 24 décembre 1781, déclaration de Jean-François Frémin prête-nom de Lenormant pour 34 000 livres.
269 : 24 décembre 1781, déclaration d'Etienne Gilbert Gaby prête-nom de Lenormant pour la somme de 3 000 livres.
274 : 2 décembre 1782, consentement de mariage.
274 : 20 décembre, déclarations de du Myrat en faveur des époux Lenormant.
274 : 28 décembre 1782, procuration de du Myrat à Frémin.
280 : 31 mai 1783, inventaire après décès de François-Nicolas Lenormant (achevé le 3 décembre).
282 : 25 juin 1783, procuration de Marie-Louise O'Murphy à Louis-Charles Beaufranchet d'Ayat.
282 : 13 août 1783, procuration de Marie-Brigitte Morfi à sa sœur.
283 : 15 septembre 1783, remboursement d'un prêt de 21 000 livres par Marie-Louis O'Murphy.
283 : 20 septembre 1783, bail pour deux appartements rue Poissonnière.
286 : 24 mars 1784, arrêté des comptes entre Marie-Louise O'Murphy et Joseph Duruey.
286 : 4 avril 1784, règlement d'une dette de 3 000 livres par Marie-Louise O'Murphy.
286 : 7 avril 1784, procuration des héritiers Lenormant.

286 : 23 avril 1784, quittance de Marie-Louise O'Murphy à Belamy pour 12 000 livres.
286 : 24 avril 1784, consentement à l'exécution du testament de Lenormant.
287 : 4 mai 1784, liquidation de communauté entre du Myrat et Lenormant de Flaghac, légataire universel de sa sœur.
287 : 27 mai 1784, mainlevée de Boutaudon sur la succession Lenormant.
288 : 14 août 1784, bail pour un appartement rue Poissonnière.
293 : 11 mars 1785, foi et hommage des héritiers Lenormant à Gilbert de Voisin pour la terre de Migneaux.
294 : 12 avril 1785, quittance de Bonal à la succession Lenormant.
294 : 19 avril 1785, vente de Migneaux.
294 : 20 avril 1785, compte rendu pour la succession de François Lenormant comme trésorier du Marc d'or.
301 : 3 janvier 1786, constitution de 1 000 livres de rente de Marie-Louise O'Murphy à sa sœur Marie-Brigitte.
301 : 23 janvier 1786, quittance et mainlevée sur la succession Lenormant.
301 : 24 février 1786, acte de notoriété et rectification du nom de Marie-Louise O'Murphy.
301 : 26 février 1786, contrat de mariage entre la demoiselle Victoire Lenormant et Didier François-René Mesnard de Chausy.
310 : 14 décembre 1786, quittance des époux Mesnard de Chouzy à Terray de Rozières.
317 : 22 et 29 septembre 1787, achat de la terre Soisy-sous-Etiolles.
320 : 1er et 2 février1788, procès-verbal de recollement de la succession Lenormant.
321 : 18 et 31 mars 1788, transaction entre la veuve Lenormant et sa fille à propos de la succession Lenormant.
327 : 2 octobre 1788, procuration de Marie-Louise O'Murphy à Antoine Jacques Delcro.
330 : 31 mars 1789, obligation de Marie-Louise O'Murphy à Romieu du Pavillon.
333 : 4 avril 1789, obligation de Marie-Louise O'Murphy à monsieur Jacques Delcro pour 14 000 livres.
335 : 10 septembre 1789, transaction entre Marie-Louise O'Murphy et Lenormant de Maupertuis.
336 : 19 septembre 1789, cautionnement de Marie-Louise O'Murphy à Pierre Boutaudon.
347 : 4 mai 1791, cautionnement Lenormant/Bourlier.

351 : 11 août 1791, transaction entre de Marie-Louise O'Murphy et Lenormant de Flaghac.
357 : 17 mars 1792, quittance de Marie-Louise O'Murphy à Pierre Germain Boucheron.
360 : 23 juin 1792, vente d'une maison rue de la Tour d'Auvergne.
360 : 23 juin 1792, vente du château d'Ayat.
368 : 9 janvier 1793, procuration de Marie-Louise O'Murphy à Frémin.
377 : 26 brumaire an II, procuration de Marie-Louise O'Murphy au Havre à Frémin.
389 : 27 fructidor an II, notoriété par le citoyen Frémin.
389 : 28 fructidor an II, désistement d'usufruit de Marie-Louise O'Murphy
394 : 29 pluviôse de l'an III, acte de notoriété après le décès de Marie-Brigitte O'Murphy.
399 : 1er messidor an III, procuration de Marie-Louise Morfy à Frémin.
416 : 4 vendémiaire an VI, autorisation de Louis-Philippe Dumont à la citoyenne Morfi.
425 : 1er prairial an VII, vente d'une maison à Chantecoq, à Puteaux des époux Revel à Marie-Louise O'Murphy.
425 : 13 prairial an VII, constitution viagère de Marguerite-Victoire Lenormant à Demart.
438 : 12 vendémiaire an X, obligation de Marguerite-Victoire Lenormant à sa mère.
441 : 13 germinal an X, mainlevée de Marie-Louise O'Murphy à Lejeune.
442 : 6 floréal an X, bail de Marie-Louise O'Murphy à Pallu.
442 : 6 floréal an X, vente d'immeubles de Marguerite-Victoire Lenormant à Brillon-Beaumont.
443 : 18 thermidor an X, obligation de Marie-Louise O'Murphy à la dame Bourlier Ballimore.
453 : 8 brumaire an XII, mainlevée de Marie-Louise O'Murphy aux héritiers Terray.
455 : 16 ventôse an XII, reconnaissance des héritiers Terray en faveur de Marie-Louise O'Murphy.
472 : 1er mars 1806, procès-verbal d'enchère d'une maison à Chantecocq.
479 : 6 juin 1807, mainlevée définitive à Madame Lenormant.
479 : 6 juin 1807, vente de Chantecocq.
484 : 14 mars 1808, mainlevée en faveur de Madame Lenormant.

486 : 11 juin 1808, vente par la veuve Lenormant à la famille Terray de l'usufruit d'une maison rue Notre-Dame-des-Champs.

493 : 4 mai 1809, dépôt par Madame Lenormant de son acte de divorce avec Dumont.

517 : 1er décembre 1812, notoriété de Madame de Beaufranchet d'Ayat.

517 : 4 novembre 1812, inventaire après décès de Louis-Charles de Beaufranchet.

529 : 13 décembre 1814, Testament olographe de Marie-Louise Morfy de Boisfailly veuve Lenormant.

530 : 17 janvier 1815, inventaire après décès de Marie-Louise Morfy de Boisfailly veuve Lenormant.

Etude LIII :

520 : 5 septembre 1775, emprunt de 150 000 livres fait par François Le Normant à Marie-Anne de Larrard.

551 : 26 avril 1780, transport de dette de Larrard sur Lenormant.

Etude LXV :

320 : 15 juillet 1755, contrat de mariage entre Simon Bourlier et Marie-Madeleine Murphy.

Etude LXVI :

577 : 25 novembre 1760, constitution de rente. L'acte de baptême d'Agathe-Louise de Saint-André est joint au document.

Etude LXXXIV :

552 : 15 mai 1778, consentement des héritiers Terray au testament de l'abbé.

Etude XC :

465 : 2 mai 1775, pouvoir de Marie-Louise O'Murphy à François Lenormant.

465 : 2 juin 1775, obligation et transport des époux Lenormant au sieur Bonal.

Etude XCIV :

429 : 22 février 1778, dépôt du testament de l'abbé Terray daté du 29 décembre 1776.

Etude CIX :

773 : 2 août 1783, contrat de mariage entre Louis-Charles-Antoine de Beaufranchet d'Ayat et Anne-Marie-Elisabeth Guyot de Mongrand.

Etude CXI

536 : le 9 juillet 1830, inventaire après décès de Marguerite-Victoire Lenormant de Tournehem.

Etude CXVII :

413 : 3 février 1737, testament.

Etude CXXII :

837 : 20 octobre 1782, achat de la maison et des meubles de Migneaux.

Etude CXXXVII :

9 : Contrat de mariage du 12 novembre 1794.

Archives départementales

- Archives départementales du Puy-de-Dôme :
  1J 336, généalogie de la famille Desaix.

- Archives départementales des Yvelines :
  IV Q 161.
  A-279. Plan terrier de Versailles 1696.
  Aa-49. Plan terrier de Versailles 1736.
  2B-609. 18 décembre 1739, partage entre Louise Brochard, veuve de Jean-Michel Crémer et son fils Jean-Michel Denis Crémer.
  2B-612. 3 août et 3 septembre 1740, rapport d'expertise de Lesueur et Villonne du jardin et des bâtiments de la propriété Crémer.

- Archives départementales de l'Essonne.
  2^E^41.123, Contrat de mariage entre Marie-Louise Morfy de Boisfailly veuve Lenormant et Louis-Philippe Dumont chez maître Marsault notaire à Corbeil le 16 germinal an III.

Archives de la Préfecture de police

- AA16, pièce 251, 28 pluviôse an II.
- AA25, pièce 82, 18 frimaire an II.
- AA25, pièce 147, 15 ventôse an II.
- AA28, pièce 110 bis, 27 germinal an II.
- AA28, pièce 111, 28 germinal an II.
- AA41, pièce 197, 17 brumaire an III.
- AB 319, f° 225 et f° 227.

Service historique de l'armée de terre

- A.R, n° 1471 carton 16 : dossier de Jacques de Beaufranchet d'Ayat, colonel d'infanterie et aide-major général de l'armée de Soubise.

- 4 YD-3917 : dossier de Louis Charles de Beaufranchet d'Ayat

Bibliothèque nationale, département des manuscrits

- Cabinet des titres :
  Nouveau d'Hozier 31.630
  Dossiers Bleus 70.1670.
  Chérin 145
  Pièces originales 1945.44644
  Pièces originales 242.
- Manuscrits français :
  Manuscrits français 6681, f° 266, f° 269.
  Manuscrits français 7729, f° 160.
  Manuscrits français 11358, fol.35.36.
  Manuscrits français 11358, fol.625.626.
  Manuscrits français 32129.

Bibliothèque de l'Arsenal

- Manuscrits Bastille 10251, rapport sur la famille Morphis, mai 1753.
- Manuscrits Bastille 10252, rapport de Meusnier sur la petite maison de Paris.
- Manuscrits Bastille 10234, journal de Meusnier.
- Manuscrits Bastille 10239, rapport de Meusnier.
- Manuscrits Bastille 10242, rapport sur la Delle Guerbois.
- Manuscrits Bastille 10243, rapport sur la Delle Morphis, décembre 1753.
- Manuscrits Bastille 11050.
- Manuscrits Bastille 11914, plainte Lavabre.

Musée de l'armée, hôtel des Invalides : 2Xy/16 n° 20631

Sources imprimées

Anecdotes dramatiques, chez la veuve Duchesne, Paris, 1775.

Anonyme, *La Bastille dévoilée ou Recueil de pièces authentiques pour servir à son histoire*, 1789-1790, 3 vol.

Anonyme, *Le Parc aux Cerfs ou les origines de l'affreux déficit, 1790*, Reprint, Paris, 1970.

Anonyme, *Les Lauriers ecclésiastiques ou campagnes de l'Abbé de T****, à Luxuropolis, de l'imprimerie ordinaire du clergé, 1747.

Argenson, marquis d', *Journal et Mémoires*, publiés par E. J. B. Rathery, Société de l'Histoire de France, Paris, 1859-1867, 9 vol.

E. J. F. Barbier, *Journal historique et anecdotique du règne de Louis XV*, édité par A. de Villegille, Paris, 1847-56, 4 vol.

E. J. F. Barbier, *Chroniques de la Régence et du règne de Louis XV*, Paris, Charpentier, 1857, 8 vol.

Bernis, cardinal de, *Mémoires*, édition présentée et annotée par P. Bonnet, Paris, 1986.

Bouffonidor, *Fastes de Louis XV, de ses ministres, généraux et autres notables personnages de son règne*, Villefranche, 1782.

Campan, *Mémoires de Madame Campan, Première femme de chambre de Marie-Antoinette*, édition présentée par J. Chalon et établie par C. de Angulo, Paris, 1988.

J. Casanova, *Histoire de ma vie*, édition établie par Francis Lacassin, Paris, 2000, 3 vol.

Chamfort, *Œuvres principales*, Paris, 1960.

F.-A. Chevrier, *Les Ridicules du siècle*, Londres, 1752.

F.-A. Chevrier, *Le Colporteur, Histoire morale et critique*, 1761.

Choiseul, duc de, *Mémoires*, préface et texte de liaison de J.-P. Guicciardi, notes de Philippe Bonnet, Paris, 1987.

Coquereau, *Mémoires de l'abbé Terray, contrôleur général, contenant sa vie, son administration et sa chute*, Londres, 1776.

Croÿ, duc de, *Journal inédit du duc de Croÿ, 1718-1784*, édité par le vicomte de Grouchy et P. Cottin, Paris 1906-1907, 4 vol.

J.-N. Dufort de Cheverny, *Mémoires*, texte établi, présenté et annoté par J.-P. Guicciardi, Paris, 1990.

Du Hausset, *Mémoires sur Louis XV et Madame de Pompadour*, édité par J.-P. Guicciardi, Paris, 1985.

Favart, *Les Nymphes de Diane, opéra-comique représenté pour la première fois le premier de juin 1747 sur le grand théâtre de Bruxelles par les comédiens de SAS Monseigneur le comte de Saxe, maréchal général des camps et armées du Roi*, 1748.

M.A. de Faulques, *L'Histoire de Madame la marquise de Pompadour*, traduit de l'anglais, Londres, 1759.

Fougeret de Montbron, *Margot la Ravaudeuse*, 1748.

E.J.J. Foignet, *Encore une victime ou Mémoires d'un prisonnier de la maison d'arrêt dite des Anglaises, rue de l'Oursine*, à Paris chez Maret, libraire, Cour des Fontaines, s.d.

M. de Leiris, *Dictionnaire portatif historique et littéraire des théâtres*, chez A.Jombert, Paris, 1768.

Lemaire, « La police à Paris en 1770, mémoire inédit composé par ordre de G.Sartine sur la demande de Marie-Thérèse », édité par A. Gazier, in *Mémoires de la Société de l'Histoire de Paris et de l'Ile-de-France*, t. I, 1879.

Journal des Inspecteurs de M. de Sartine, 1er série, 1761-1784, publié par Loredan-Larchey, Bruxelles 1863,

De la Gorce, *Souvenirs d'un homme de la Cour ou Mémoires d'un ancien page contenant des anecdotes secrètes sur Louis XV et ses maîtresses, des observations sur les femmes, les mœurs, etc. suivis de notices historiques, critiques et littéraires..., an XIII (1805).*

Luynes, duc d'Albert de, *Mémoires sur la cour de Louis XV, 1735-1758*, publiés par L. Dussieux et E. Soulié, Paris, Firmin-Didot frères, 1860-1865.

J. Monnet, *Supplément au roman comique ou Mémoires pour servir à la vie de Jean Monnet*, Londres, 1772.

A. Messeix, « Journal d'Antoine Messeix, habitant de Riom. Journal tenu de 1743 à 1783 », in *L'Auvergne historique, littéraire et artistique*, Riom, 1906.

J.-C. Nemeitz, *Séjour de Paris, c'est-à-dire instructions fidèles pour les voiageurs de condition, comment ils se doivent conduire s'ils veulent faire un bon usage de leur tems et argent durant leur séjour à Paris*, Leyde, 1726.

Pompadour, marquise de, *Correspondance*, publiée par Poulet-Malassis, Paris, 1888.

SOURCES ET BIBLIOGRAPHIE

L. Ravaisson-Mollien, *Archives de la Bastille*, 1866-1904, 10 vol.

Richelieu, maréchal de, *Au risque de la volupté*, textes choisis et présentés par V. Von der Heyden-Rynsck, Paris, 2004.

J.-F. Marmontel, *Mémoires,* édition établie, présentée et annotée par J.-P. Guicciardi et G. Thierriat, Paris, 1999.

Mirabeau, *Observations d'un voyageur anglais sur Bicêtre* (1788), in *Œuvres*, Paris, 1834-1835, 8 vol.

B.F. Moufle d'Angerville, *Vie privée de Louis XV ou Principaux événements, particularités et anecdotes de son règne,* Londres, 1781, 4 vol.

Pidansat de Mairobert, *Anecdotes sur Madame la comtesse du Barri,* Londres, 1775.

C. Piton, *Paris sous Louis XV, rapports des inspecteurs de police au Roi*, 1910-1914, 4 vol.

F. Ravaisson, Archives de la Bastille, documents inédits, t. XIV (1736-1737).

J.-L. Soulavie, *Mémoires historiques et anecdotes de la cour de France pendant la faveur de la marquise de Pompadour [...] ouvrage conservé dans les portefeuilles de madame la maréchale d'E****, Paris, 1802.

F.V. Toussaint, *Anecdotes curieuses de la cour de France sous le règne de Louis XV,* Paris, 1908.

Valfons, marquis de, *Souvenirs*, édition présentée et annotée par J. Hellegouarc'h, Paris, 2003.

Bibliographie

J. Adhémar, « Sirette, Casanova et Boucher », in *La Revue française de l'élite européenne,* juin 1957, p. 37-40.

M. Albert, *Le Théâtre de la foire (1660-1789)*, Paris, 1900.

A. Ananoff, *Catalogue raisonné de l'œuvre de François Boucher, publié avec la collaboration de D. Wildenstein*, Paris, 1976, 2 vol.

M. Antoine, *Le Cœur de l'Etat. Surintendance, contrôle général et intendance des finances, 1552-1791*, Paris, 2003.

M. Antoine, *Le Dur Métier de roi*, Paris, 1986.

M. Antoine, *Le Gouvernement et l'administration sous Louis XV. Dictionnaire biographique*, Paris, 1978.

M. Antoine, *Louis XV*, Paris, 1989.

P. Arrizzoli-Clémentel, *Le Mobilier de Versailles,* XVIIe *et* XVIIIe *siècles*, Dijon, 2002, 2 vol.

O. Aubry, *Le Lit du Roi, Casanova, Louis XV et Mademoiselle de Romans*, Paris, 1926.

J.-P. Bardet, *Rouen aux* XVIIe *et* XVIIIe *siècles. Les mutations d'un espace social*, préface de P. Chaunu, 2 t., Paris, 1983.

Baron de B., *Le Parc aux Cerfs*, Versailles,

R. Barry, Le Théâtre de la foire, textes et documents, hypertexte, http ://foires.net, 1996-2000.

E.M. Benabou, *La Prostitution et la Police des mœurs au* XVIIIe *siècle*, Paris, 1987.

Bernet-Rolande, *Les Ancêtres du général Desaix*, Clermont, 1990.

A. Blanquet, *Le Parc aux Cerfs*, Paris, 1877.

O. Blanc, *La Corruption sous le Terreur*, Paris 1992.

O. Blanc, *L'Amour à Paris au temps de Louis XVI*, Paris, 2002.

O. Blanc, *Les Libertines : plaisir et liberté au temps des Lumières*, Paris, 2001.

F. Bluche, *Les Magistrats du parlement de Paris au* XVIII*e siècle*, préface de E. Le Roy Ladurie, Paris, 1986.

R. Bouscayrol, *Sur Desaix et sa famille*, Clermont, 1985.

C. Briand, *François Boucher et le derrière de Mademoiselle O'Murphy ou de l'obscénité dans les beaux-arts*, Paris, 1954.

E. Brossin de Méré, *Le Parc aux Cerfs, ou Histoire secrète des jeunes demoiselles qui y ont été renfermées*, publiée par M. de Faverolle, Paris, 1832.

G. Chaussinand-Nogaret, *Les Dessus et les Dessous de l'Europe des Lumières*, Paris, 2006.

G. Chaussinand-Nogaret, « De l'exil religieux aux affaires : les jacobites au XVIIIe siècle », in *Annales, Economies, Sociétés, Civilisations*, sept.-oct. 1973, 28e année, n° 5, p. 1097-1122.

L. Chazal, « L'abbé Terray, contrôleur général des finances », in *Journal des économistes*, n° 68,1847.

C -L. Chassin, « Un bâtard de Louis XV, général républicain en Vendée », in *Revue bleue politique et littéraire*, 13 septembre 1890.

F. Calvi, *Curiositè storiche e diplomatiche del sec XVIII. Corrispondenze segrete di grandi personnagi*, Milan, 1878.

E. Campardon, *Madame de Pompadour et la cour de Louis XV au milieu du* XVIII*e siècle*, Paris, 1867.

E. Campardon, *Les Spectacles de foire*, 2 vol., Paris, 1877.

G. Capon, *Casanova à Paris. Ses séjours par lui-même, avec notes, additions et commentaires*, Paris, 1913.

G. Capon, *Les Petites Maisons galantes de Paris au* XVIII*e siècle, folies, maisons de plaisance et vide-bouteilles d'après des documents inédits et des rapports de police*, Paris, 1902.

S. Castelluccio, « La vie au château de Choisy, 1678-1789 », in *Versalia, Revue de la Société des Amis de Versailles*, n° 9, 2006, p. 54-75.

P. Clarke de Dromantin, *Les Réfugiés jacobites dans la France du* XVIII*e siècle*, Bordeaux, 2005.

Y. Combeau, *Le Comte d'Argenson (1696-1764), ministre de Louis XV*, Paris, 1999.

N. Coquery, *L'Hôtel aristocratique. Le marché du luxe à Paris au* XVIII*e siècle*, Paris, 1998.

A. Corbin, *Les Filles de noce, misère sexuelle et prostitution aux* XIX*e et* XX*e siècles*, Paris, 1978.

F. Crouzet, *La Grande Inflation. La Monnaie en France de Louis XVI à Napoléon*, Paris, 1993.

C. Dallard, *Les Mystères du Parc aux Cerfs*, Paris, 1888.

R. Darnton, « Mademoiselle Bonafon et la vie privée de Louis XV », in *Dix-Huitième Siècle*, n° 35 (2003), p. 369-391.

A. Daumard et F. Furet, « Structures et relations sociales à Paris au XVIIIe », in *Cahier des Annales* n° 18, Paris, 1961.

Dash (comtesse), *Les Galanteries de la cour de Louis XV. Le Parc aux Cerfs*, Paris, 1863.

M. Da Vinha, *Les Valets de chambre de Louis XIV*, préface de Y.-M. Bercé, Paris, 2004.

P. Descamps, « De quelques exagérations de M. Henri Martin. La vérité sur Mademoiselle Tiercelin », in *Aux carrefours de l'Histoire*, 1958, n° 10, p. 1021-1026.

D. Dessert, *Argent, pouvoir et société au Grand Siècle*, Paris, 1984.

H.-G. Duchesne, *Mademoiselle de Charolais, procureuse du roi. Amours de Louis XV et des demoiselles de Nesle. Les petits cabinets de Versailles. Les orgies de Madrid. Le Parc-aux-Cerfs...*, Paris 1909.

J. Duma, *Les Bourbon-Penthièvres (1678-1793) : une nébuleuse aristocratique*, Paris, 1995.

Y. Durand, *Les Fermiers généraux au XVIIIe siècle*, Paris, 1996.

A. Dupuy, « L'abbé de Terray et les Etats réunis à Morlaix en 1772 », in *Bulletin de la société académique de Brest*, 1881.

P. d'Estrées, « Un policier homme de lettres », in *Revue Rétrospective*, t. XVII, p. 265-271.

P. Etienne, *Le Faubourg Poissonnière*, Paris, 1986.

A. Farge, *La Vie fragile. Violence, pouvoirs et solidarités à Paris au XVIIIe siècle*, Paris, 1986.

A. Farge et J. Revel, *Logiques de la foule. L'affaire des enlèvements d'enfants, Paris 1750*, Paris, 1988.

M. Ferron, *Une favorite de Louis XV et ses alliances en Auvergne*, Clermont, 1935.

C. Fleury, *Louis XV intime et les petites maîtresses*, Paris 1894.

P. Fromageot, « Les propriétaires versaillais au temps de Louis XIV et de Louis XV », in *Revue d'Histoire de Versailles et de Seine-et-Oise*, 2e année, février 1900, p. 117 à 120.

P. Frankl, « Boucher's girl on the couch » in *Essays in Honor of Erwin Panofsky*, pp. 138-52, New York, 1961.

F. Funck-Brentano, *Les Lettres de cachets de Paris, étude suivie d'une liste des prisonniers de la Bastille*, Paris, 1903.

T.W. Gaehtgens et J. Lugand, *Joseph Marie Vien, peintre du Roi*, Paris, 1988.

D. Gallet, « Madame de Pompadour, et l'appartement d'en bas au château de Versailles », in *Gazette des Beaux-Arts*, VIe période, t. CXVIII, septembre 1991.

D. Gallet, *Madame de Pompadour ou le pouvoir féminin*, Paris, 1985.

M. Gallet, *Les Architectes parisiens du* XVIIIe *siècle. Dictionnaire biographique et critique*, Paris, 1995.

M. Garcin, *Mademoiselle de Romans, la « Grande »*, Biarritz, 2006.

F. Garrigue, « Circuits économiques, comptabilité et contrôle administratif ; le cas des trésoriers à la cour de France au XVIIIe siècle », in *Actes du 12e Congrès international d'histoire économique*, Paris, 1998.

F. Garrigue, « Les marchés d'approvisionnement de la Cour de France au XVIIIe siècle », in *L'Histoire*, numéro spécial Versailles, juin 1998.

Abbé J.Gaston, *Une prison parisienne sous la Terreur, le couvent des Bénédictines anglaises du Champ de l'Alouette*, Paris, 1911.

P. Gaxotte, « Les Mémoires de Madame du Hausset », in *La Nouvelle Revue de Paris*, 5 mars 1986, p. 209-214.

R. Girard, *L'Abbé Terray et la liberté de commerce des grains (1769-1774)*, Paris, 1924.

G. Glorieux, *A l'enseigne de Gersaint. Edme-François Gersaint marchand d'art sur le pont Notre-Dame (1694-1750)*, préface de D. Roche, Paris, 2002.

E. et J. de Goncourt, *La Femme au* XVIIIe *siècle*, préface de E. Badinter, Paris, 1982.

E. et J. de Goncourt, *Les Maîtresses de Louis XV et autres portraits de femmes, La duchesse de Châteauroux et ses sœurs, Madame de Pompadour, la du Barry, Sophie Arnould, histoire de Marie-Antoinette*, édition établie et présentée par Robert Kopp, Paris, 2003.

A.R. Gordon, « The Longest-Enduring Pompadour Hoax : Sénac de Meilhan and the Journal de Madame du Hausset », in *Elise Goodman, Art and Culture in the Eighteenth Century New Dimension and Multiple Perspectives*, Newark-Londres, 2001.

J.-M. Goulemot, *Ces livres qu'on ne lit que d'une main. Lecture et lecteurs de livres pornographiques au* XVIIIe *siècle*, Minerve, 1994.

J. Hedley, *François Boucher, Seductive Visions*, Londres, 2004.

A. Heilard, *La Foire Saint-Laurent, son histoire, ses spectacles, avec deux vues de la foire, deux estampes et un fac-similé d'affiche*, Paris, 1878.

J. Hellegouarc'h, *L'Esprit de société. Cercles et salons parisiens au* XVIIIe *siècle*, préface de M. Fumaroli, Paris, 2000.

P. de Heriz, *La Belle O'Morfi*, sl, sd (1947).

J. Hervez, *Le Parc aux Cerfs et les petites maisons galantes*, Paris, 1910.

B. Hours, *Louis XV et sa cour, le roi, l'étiquette et le courtisan*, Paris, 2002.

M. Jallut, « Château de Versailles : cabinets intérieurs et petits appartements de Marie-Antoinette », in *Gazette des Beaux-Arts*, VIe période, t. LXIII, mai-juin 1964, p. 289-354.

A. Kuscinski, *Dictionnaire des Conventionnels*, Paris, 1916.

P. Lacroix « L'achat de la seigneurie de Melz-sur-Seine par l'abbé Terray en 1774 », in *Provins et sa Région*, n° 139-140 (1985-1986).

L. Lacour, *Le Parc aux Cerfs du roi Louis XV*, Paris 1859.

A. Laing, *Les Dessins de François Boucher*, Paris, 2003.

L. Laugier, *Un ministère réformateur sous Louis XV : le triumvirat (1770-1774)*, Paris, 1975.

J. Lagny, *Versailles, ses rues, le quartier Saint-Louis*, Versailles, 1990.

H. Lagrave, *Le Théâtre et le public à Paris de 1715 à 1750*, Paris, 1972.

Lenormant des Varennes, *Généalogie de la famille Le Normant*, 1853.

J.A. Le Roi, *Histoire de Versailles, de ses rues, places et avenues, depuis l'origine jusqu'à nos jours*, Versailles, sd, 2 vol.

E. Le Roy Ladurie et J.-F. Fitou, *Saint-Simon ou le système de Cour*, Paris, 1997.

M. Lever, *Louis XV libertin malgré lui*, Paris, 2001.

E. Lever, *Madame de Pompadour*, Paris, 2000.

J. Levron, *Secrète Madame de Pompadour*, Paris, 1951.

J. Levron, « Une sultane du Parc aux Cerfs : Louise O'Murphy », in *Histoire pour Tous*, n° 102, octobre 1968.

J. Levron, *Le Maréchal de Richelieu, un libertin fastueux*, Paris, 1971.

J. Levron, *Les Inconnus de Versailles. Les coulisses de la Cour*, Paris, 1968.

M. Louis, *La Bête du Gévaudan*, Paris, 2003.

A. et J. Marie, *Versailles au temps de Louis XV*, Paris, 1984.

M. Marion, *Machault d'Arnouville. Etude sur l'histoire du Contrôle général des finances*, 1749-1754, Paris, 1891.

I. Martin, *Le Théâtre de la Foire. Des tréteaux aux boulevards*, Voltaire Foundation, Oxford, 2002.

A. de Maurepas, « Les méthodes documentaires d'un historien méconnu : l'abbé Soulavie », in *Revue d'histoire moderne et contemporaine*, oct.-déc. 1991, t. XXXVIII, p. 626-648.

A. de Maurepas et A. Boulant, *Les Ministres et les ministères du siècle des Lumières, 1715-1789, Etude et Dictionnaire*, Paris, 1996.

Abbé Merle, « Les Terray à Boën, notes généalogiques sur les ascendants de l'abbé Terray », in *Bulletin de la Diana*, t. XXIV (1931-1934), p. 301 à 310.

J. Meyer, *La Chalotais : affaires de femmes et affaires d'Etat sous l'Ancien Régime*, Paris, 1995.

J. Meyer, *Louis XV ou le scepticisme politique*, Paris, 2003.

A. Meyrac, *Louis XV, ses maîtresses, le Parc aux Cerfs*, Paris 1914, 2 tomes.

F. Moureau, *Répertoire des nouvelles à la main. Dictionnaire de la presse manuscrite clandestine* XVIe-XVIIIe *siècle*, Oxford, 1999.

Nauroy, *Le Curieux*, deuxième volume, n° 36, janvier 1887.

W.R. Newton, *L'espace du Roi. La cour de France au château de Versailles 1682-1789*, Paris, 2000.

J. Nicolle, *Madame de Pompadour et la société de son temps*, Paris 1980.

P. de Nolhac, *Boucher premier peintre du Roi*, Paris, 1925.

P. de Nolhac, « La conversion de Madame de Pompadour », in *Revue d'histoire et de littérature religieuse*, t. X, 1905, n° I, p. 1-18.

P. de Nolhac, *Madame de Pompadour et la politique*, Paris, 1928.

A. Pardailhé-Galabrun, *La Naissance de l'intime, 3 000 foyers parisiens XVIIe-XVIIIe siècles*, Paris, 1988.

G. Paul, *Armorial général du Velay et des enclaves de l'Auvergne, du Gévaudan, du Vivarais et du Forez formant le département de la Haute-Loire*, Marseille, 1912. Reprint.

E. Pelletan, *Décadence de la monarchie*, Paris, 1861.

P. Piéra, *L'Embellissement des villes de Clermont-Ferrand et Riom et les châteaux et maisons de Plaisance en Basse-Auvergne entre 1688 et 1823*, université de Paris I Panthéon-Sorbonne, UFR Art et Archéologie, 2002, 4 vol. Thèse inédite.

M. Rabourdin, *Condamnés à mort par le tribunal révolutionnaire, 1793-1795*, Les Editions de Saint-Alban, 1998.

H. Racinais, *Un Versailles inconnu : les appartements des roys Louis XV et Louis XVI, Paris*, 1950.

D. Reynaud et C.Thomas, *Le Régent. Entre fable et histoire*, Paris, 2003.

J. Rives Childs, *J. Casanova, biographie nouvelle d'après des documents inédits*, Paris, 1962.

P. Richard, *Vie privée de Louis XV*, Paris, 1954.

J. Robiquet, « Etudes de topographie versaillaise ; La "Colette" (hôtel de Schonen, 20, rue Saint-Louis », in *Revue de l'histoire de Versailles et de Seine et Oise*, 25e année, 1923, p. 114-121.

D. Roche, *Humeurs vagabondes. De la circulation des hommes et de l'utilité des voyages*, Paris, 2003.

D. Roche, *La Culture des apparences. Une histoire du vêtement XVIIe-XVIIIe siècle*, Paris, 1989.

D. Roche, *La France des Lumières*, Paris, 1993.

D. Roche, *Le Peuple de Paris*, Paris, 1981.

J. Rogister, « Le petit groupe et le grand cercle de Madame de Pompadour à la Cour », in *Versalia, revue des Amis de Versailles*, n° 7, 2004, p. 168-175.

R. Rouault de la Vigne, « Les sœurs Morphy de Rouen à Paris et à Versailles », in *Revue des Sociétés savantes de Haute-Normandie*, 1958, n° 11, p. 45-54.

J. de Saint-Victor, *Madame du Barry. Un nom de scandale*, Paris, 2002.

X. Salmon, *Le Voleur d'âmes, Maurice Quentin de Latour*, Versailles, 2004.

C. Samaran, *Jacques Casanova, Vénitien*, Paris, 1914.
B. Saule, *Versailles triomphant, une journée de Louis XIV*, Paris, 1996.
F. Saulnier, « La famille O'Murphy », in *Revue historique de l'Ouest*, 1897 (année 15).
D. Sprott, *Notre-Dame des Pommes-de-terre*, traduit de l'anglais par F. Vidal, Paris, 1997.
A. Tardieu et A. Madebène, *Histoire illustrée de la ville et du canton de Saint-Gervais d'Auvergne*, 1892.
H. Thirion, *La Vie privée des financiers au* XVIIIe *siècle*, Paris, 1895.
J. Valynseele et C. Brun, *Les Bâtards de Louis XV et leur descendance*, Paris, 1992.
C.-J. Vatel, *Histoire de Madame du Barry d'après ses papiers personnels et les documents des archives publiques, précédée d'une introduction sur Madame de Pompadour, le Parc aux Cerfs et Mademoiselle de Romans*, Versailles, 1883.
P. Vendrix, *L'Opéra-Comique en France au* XVIIIe *siècle*, Liège, 1992.
H. Vrignault, *Les Enfants de Louis XV, descendance illégitime*, Paris, 1954.
A. Wallon, *Histoire du Tribunal révolutionnaire de Paris avec le journal de ses actes*, Paris, 1881, 5 vol.
E. Welvert, « Etude critique de quelques textes relatifs à la vie secrète de Louis XV », in *Revue historique*, t. XXXV,1887, p. 292-303.
O. Wormser, *Amours et intrigues du maréchal de Richelieu*, Paris, 1955.
G. Ziegler, *Les Coulisses de Versailles, Louis XV et sa cour*, Paris, 1965.

Collectif, *François Boucher*, Paris,1986.
Collectif, *L'Autre Exil. Les jacobites en France au début du* XVIIIe *siècle*, Paris et Montpellier, 1993.
Collectif, *La Cour des Stuarts à Saint-Germain-en-Laye au temps de Louis XIV*, Paris, 1992.
Collectif, *Lecture d'une ville : Versailles*, Paris, 1980.
Collectif, *Madame de Pompadour et les Arts*, Paris, 2002.
Collectif, *Poussin, Watteau, Chardin, David... Peintures françaises dans les collections allemandes* XVIIe-XVIIIe *siècles*, Réunion des Musées nationaux, Paris, 2005.
Collectif, « Château de La Motte-Tilly » in *Monuments historiques*, n° 102.
Collectif, *Katalog der Kgl. Älteren Pinakothek*, Munich, 1911.

Remerciements

Mes remerciements doivent aller, en tout premier lieu, à Madame Chantal Humbert-Rezig, sans le dévouement et l'efficacité de laquelle ce livre n'aurait jamais pu voir le jour.

Je veux dire aussi ma reconnaissance à tous les chercheurs qui, avec une très grande générosité scientifique, m'ont ouvert leurs dossiers, me donnant ainsi accès à des travaux souvent inédits. Ce livre est aussi le fruit de ces échanges et de ces rencontres souvent prolongés par une correspondance nourrie. Que soient donc, ici, tout particulièrement remerciés, Monsieur William Ritchey Newton, spécialiste incontesté du château de Versailles, de ses logements et de ses gens de cour, Monsieur Alden Rand Gordon, professeur d'histoire de l'art au Trinity College de Hartford, biographe du marquis de Marigny, Monsieur Frédéric Didier, architecte en chef des Monuments historiques, Monsieur Olivier Blanc, historien de la Révolution et de ses libertines, Monsieur Alexandre Gady, maître de conférences à l'université Paris IV Sorbonne, Monsieur Frédéric Garrigues, fin connaisseur des fournisseurs de la cour de Louis XV et de ses circuits financiers.

Par ailleurs, sans un accès facilité aux sources qui ont nourri ce livre, jamais je n'aurais pu mener à bien ce travail. Je veux donc exprimer ma gratitude pour leur accueil et leur compréhension à Madame Frédérique Bazzoni, directeur des Archives départementales de l'Essonne, Monsieur Bruno Blasselle, conservateur en chef de la Bibliothèque de l'Arsenal, Madame Martine de Boisdeffre, directrice des Archives de France, Monsieur Thierry Boudignon, conservateur du Minutier central des notaires parisiens, Madame Françoise Mosser, conservateur général des Archives nationales chargée du Minutier central des notaires parisiens, Mademoiselle Bénédicte Renaud, conservateur du Patrimoine au service régional de l'Inventaire de la Drac d'Auvergne, Mademoiselle Marie-

Françoise Rose, conservateur général de la Bibliothèque de Versailles et Madame Béatrix Saule, conservateur en chef du château de Versailles.

Je tiens aussi à saluer l'extrême courtoisie avec laquelle Monsieur et Madame Bargé ainsi que Monsieur et Madame Lagourgue m'ont ouvert leurs maisons du quartier Saint-Louis de Versailles. Une pensée tout particulièrement amicale doit aller aussi à Madame la duchesse d'Harcourt et au comte Anne-François d'Harcourt, auxquels je dois quelques anecdotes savoureuses sur la famille de l'abbé Terray.

Que soient aussi vivement remerciés Monsieur Gérard Dubuisson et Madame Sylvie Genevoix, membre du Conseil supérieur de l'audiovisuel, qui ont bien voulu renouer avec leur ancien métier d'éditeur en acceptant de relire ces pages avant leur publication.

Enfin, je veux remercier ma femme et mes enfants qui ont eu la patience de tolérer, pendant près de trois ans, la présence quasi quotidienne de leur encombrante voisine du Parc aux Cerfs.

Index

C

Maintenon (marquise de) : 118, 171.

Q

R

S

W, Y, Z

Table

La photocomposition de cet ouvrage
a été réalisée par
GRAPHIC HAINAUT
59163 Condé-sur-l'Escaut

Cet ouvrage a été imprimé par la
SOCIÉTÉ NOUVELLE FIRMIN-DIDOT
Mesnil-sur-l'Estrée
pour le compte des Éditions Perrin
11, rue de Grenelle
*Paris 7e*
en septembre 2006

Imprimé en France
Dépôt légal : octobre 2006
N° d'édition : 2195 – N° d'impression : 81489